釈伝 空海 上

西宮紘

藤原書店

釈伝　空海　上

目次

第I部　修学・求道遍歴の日々

第Ⅱ部　入唐

第Ⅲ部 帰朝

第Ⅳ部　最澄との関わり

〈下巻目次〉

釈伝 空海 上

装　丁・作間順子
部扉字・空　海

第Ⅰ部　修学・求道遍歴の日々

1　系譜の章

中つ道を南下する二つの影

平城の都からまっすぐ南下する古《いにしえ》の主な道が二筋ある。都の正門羅生門から南下する下《しも》つ道、東の京極から南下して天香具山を越えて行く中つ道の二筋である。

その中つ道を、養老七年（七二三）五月九日には、元正女帝が下られ、神亀《じんき》元年（七二四）三月一日には、女帝から譲位されたばかりの聖武天皇が大勢の御伴を連れて南下され、昔の藤原宮を右にしのばれながら、香具山で朝の宮づかえを受けられ、飛鳥川に沿って栢森《かやのもり》を過ぎ、芋峠《いもとうげ》を越えて吉野の離宮に行幸《みゆき》された。

このいずれの折にか詠まれた歌が、『万葉集』に入っている。

みてぐらを　奈良より出でて　水蓼《みずたで》穂積《ほづみ》に至り　鳥網《となみ》張る坂手を過ぎ　石橋の　神奈《かむな》備山《びやま》に　朝宮《あさみや》に仕へ奉りて　吉野へと　入ります見れば　古思《いにしえおも》ほゆ

「みてぐらを」は奈良に、「水蓼」は穂積に、「鳥網張る」は坂手に、「石橋の」も神奈備山にそれぞれかかる枕詞である。奈良を出発して、穂積に至り、坂手を過ぎて南下し、天香具山（神奈備山）で朝宮の奉仕を受けられ、吉野に入られるのを見れば、昔のことがしのばれる、というのである。穂積は現在の磯城《しき》郡田原本町《たわらもとちょう》保津であって、中つ道の西側にあり、坂手は同町阪手にあたる中つ道の東側に接した集落である。

宝亀《ほうき》三年（七七二）の秋口、この中つ道を南下して坂手のあたりを歩む主従二人の人影があった。前を行く二十代半ばとも見える人物は、菅笠をわずかに前に傾けてかぶり、その下から涼しげな眼光を放ち、白い筒袖の上着と膝下でくくった白袴に鞋《わらぐつ》といった出で立ち、腰は上着の上から黒い帯をしめ、黒鞘の太刀を平緒《ひらお》で吊りさげている。それがわずかに地位を示していた。

従者の方はといえば、白髪まじりの頭髪を無造作に後頭部で結い、薄墨色の膝まで達する衣を腰紐で結び、袴は着けず素足のままである。右肩から背にかけて布袋の荷を負うていた。

この太刀の主こそ、讃岐国郡司少領佐伯直《さえきのあたえ》田公《たぎみ》であった。今朝、都にある讃岐国の出先である調邸を出立して、この中つ道に向かったのである。田公は、十三日前、讃岐介《さぬきのすけ》佐伯宿禰《すくね》藤麻呂《ふじまろ》に従って讃岐国を発し、舂米《つきまい》（白米）を朝廷に納めるために上京してきたのであった。昨日、ようやく調邸に荷を納めたばかりで、その足で、藤麻呂に伴って讃岐守藤原楓麻呂《かえでまろ》の邸宅を訪い、挨拶をすませたのであった。

楓麻呂は四月に参議になったばかりで、正四位下の高官であり、右衛士督《うえじのかみ》を兼務する在京の讃岐守である。実際の讃岐の国務は五月に讃岐介になった藤麻呂が取り仕切っている。

藤麻呂と田公は同じ佐伯氏として同族意識があり、藤麻呂が讃岐介として就任してきたとき、田公は父の男足《おたり》に続いて少領にひき立てられていた。

この時代、佐伯宿禰氏と佐伯直氏とは同族と意識されており、佐伯宿禰氏の先祖である大伴《おおとも》武日命《たけひのみこと》は佐伯直氏の祖であるとも考えられていた。その上、大伴武日命の子の大伴武持《たけもち》を直接の祖とする大伴氏も、佐伯氏とは同祖であると意識されていた。

しかし実際には、佐伯宿禰氏と佐伯直氏とは必ずしも同族ではなかった。佐伯宿禰氏は代々、常に大和国という中央に居続けたのであり、佐伯直氏は、その先祖が現在の香川県善通寺市に古墳群を造っていた讃岐西部の土着豪族の流れを汲んでいたからだ。

景行《けいこう》天皇の時代、大伴武日命は倭武命《やまとたけるのみこと》に随って、東国を平定し、そのときに捕虜とした佐伯《さえき》部《べ》を、播磨や讃岐など五ヶ国に配したが、そのとき讃岐の佐伯部を統轄したのが佐伯直氏であるが、それに任ぜられたのが讃岐西部の土着豪族であったのだ。他の四つの国も同様で、これら五ヶ国の佐伯直氏を中央から統轄したのが佐伯連《むらじ》で、大伴武日命の分かれであった。この中央の佐伯連が後に佐伯宿禰となったのである。つまり、佐伯連—佐伯直—佐伯部という支配関係が、しだいに佐伯宿禰氏と佐伯直氏との同族意識を生み出すもととなったのである。

佐伯直氏は律令制以前においては、讃岐国造《くにのみやつこ》として成長していた。一方、五、六世紀、朝鮮半島との関係で瀬戸内海一帯には紀伊水軍が往き来していた。紀伊国は木ノ国と言われたように、造船材が豊富であり、紀伊国は当時の紀伊水軍の根拠地であった。六世紀半ば、かの有名な大伴狭手彦《おおともののさでひこ》は欽明朝の大将軍であって、紀伊を本拠地として水軍を率いて朝鮮半島に出兵、高句麗を討ち、珍宝と美女を略奪して天皇や蘇我稲目大臣《そがのいなめのおおおみ》に献じたと伝えられる。このときにも紀伊水軍は活躍したのであるが、それに伴って瀬戸内海を大域的に統轄する凡直《おおしのあたえ》という氏族が創出され、讃岐国の場合も、凡直国造が佐伯直国造を統合し、佐伯直氏は単なる佐伯氏におとしめられてしまった。

こうした流れの中で、紀伊の豪族である紀氏たちは、瀬戸内海沿岸に動員されたのだが、その中心となったのが紀伊国造《きいのくにのみやつこ》である。その系譜は、

神皇産霊尊―天道根命―比古麻命―鬼刀禰命―久志多麻―大名草彦―紀菟道彦……

と続き、この系譜は後の紀伊国の紀直《きのあたえ》氏につながってゆく。特にこの系譜に見える大名草彦《おおなぐさひこ》から分かれた太遣馬宿禰《たけまのすくね》の子孫は、讃岐国に至り、西部の佐伯氏の女と婚姻して土着化した。そして天智朝に成立した庚午《こうご》の年（六七〇）の戸籍では妻方の姓すなわち佐伯氏として記載されたのであった。

このように紀氏が庚午の戸籍に妻方の姓《かばね》で記載された例は多い。たとえば周防《すおう》国都濃《つぬ》郡に移った紀氏の子孫は、その後、讃岐国寒川郡岡田村に移り、その地の女と婚姻し、女の姓である佐婆《さば》部首《べのおびと》を名乗るようになり、庚午の戸籍にもそのように記載されたが、延暦十年（七九一）佐婆部首牛養《うしかい》のとき、居住地にちなんで岡田臣《おかだのおみ》の氏姓《うじかばね》を賜って大学博士に任ぜられている。

さて、田公の父佐伯男足《おたり》のとき、和銅元年（七〇八）三月、大伴宿禰道足《みちたり》が讃岐守となって就任してきた。このとき、大伴氏とは同族であるという縁で、男足は郡司に任ぜられた。男足は道足に懇願した。自分の本来の氏姓は佐伯直であるのに、庚午の戸籍以来ずっと佐伯のままである、どうかもとの佐伯直に戻していただきたいと。この願いはすぐ聞きとどけられ、勅許をもって佐伯直氏に復帰することができた。これが契機となって、大伴宿禰道足と佐伯直男足とは、互いに先祖について語り合える親密な仲となった。その先祖のことについて語る道足の話は、男足にとってとりわけ興味深いものであった。

道足の父の馬来田《まぐた》は、三十六、七年前の壬申《じんしん》の年（六七二）に起こった天下分け目の戦《いくさ》で、一族を率いて吉野に拠った大海人皇子《おおあまのみこ》（後の天武帝）の軍に加わり、近江朝の大友皇子《おおとものみこ》の軍と戦った。その折の、馬来田の弟大伴連《おおとものむらじ》吹負《ふけい》の奮戦ぶりは今でも語り草になっているという。特に男足が興味を持ったのは、大和の中つ道での戦であった。吹負は金綱井《かなづなのい》（奈良県橿原市今井町）に陣をかまえ、中つ道を南下する近江軍に備えていた。このとき、中つ道沿いの東側に広大な社域をもつ村屋坐《むらやにいます》弥富都比売《やふつひめ》神社の神が神官に憑依して、「今、わが社《やしろ》の中道《なかつみち》より軍衆《いくさども》至らむ。故《かれ》、社の中道を塞《た》ふべし」と教えた。数日たたぬうち、廬井造鯨《いおいのみやつこくじら》の率いる近江軍が攻めてきた。神のお告げによって備えていた吹負の軍は、大井寺の奴《やっこ》の徳麻呂《とこまろ》を先頭に、鯨の軍に激しく矢を射かけ、その進撃をくいとめた。他方、上《かみ》つ道で戦勝した味方の軍が近江軍の背後を断ったために、鯨の軍は総崩れとなり、吹負の勝ち戦となった。

後に吹負は天武朝の功臣として宿禰の姓を賜うが、村屋神の神慮を忘れず、村屋神の位階を上げることを許され、神社には戦勝の感謝の供料を捧げるとともに、大伴氏の先祖である建持《たけもち》（武持）大連《おおむらじ》とその子の室屋大連《むろやのおおむらじ》の二祖を祀り、それに奉仕する大伴氏の供領地を設けた（現在の伴堂《ともんどう》）。

男足《おたり》は大伴氏と同族と思っていたから、この道足の話を聞いて、ぜひともその村屋神社に参ってみたいものだと考えていた。しかし男足には、大和国の村屋神社に参詣する機会はめぐってこなかった。

この男足の遺志を継いだのが、その子の田公《たぎみ》であったのである。舂米を都に運ぶ途次、父から聞いていた村屋神の神慮のことや、大伴氏の二祖がその神社に祀られており、父が参拝を望んでいたことなどを、讃岐介の藤麻呂に語ったのである。藤麻呂にしてみれば、大伴氏は佐伯宿禰と同族であった。田公が村屋神社に参拝することを好意的に受け取り、自らも供料を託して田公を促すほどであった。かくして、佐伯直田公は、後事の一切を藤麻呂に委ね、都を出立して中つ道を南下してきたのである。

宝亀三年（七七二）というこの年は、あまり良い年ではないようだ。天候は不順で、国元では疫病がはやったり、日照りが続いたと思えば暴風雨に襲われ、昨年もそうであったが、今年も稲は不作であった。都では八月に入って異常な風雨のために樹木が根こそぎにされ、多くの家屋が倒壊した痕跡が残っていた。河内国では茨田堤《まんだのつつみ》や渋川堤《しぶかわのつつみ》が何ヵ所も決壊したと噂されていた。朱雀《すざく》大路の柳や槐《えんじゅ》の木も、倒木はさすがに片付けられていたが、枝の折れ目が痛々しかった。

人々は、伊勢神宮の月読神《つくよみのかみ》の祟りだとか、廃帝（淳仁）の祟りではないかと口々に噂しあっていた。先帝が称徳女帝として再度、帝位につかれたとき、淳仁帝は廃されて配流先の淡路で無念の涙をのまれたのだ。八月に廃帝を淡路国で改葬したばかりである。

称徳女帝といえば、女帝に寵愛されて法王の位までのぼりつめた道鏡が、下野国の薬師寺で死んだという噂もある。それに今年の三月には、今上（光仁帝）の皇后の井上内親王が光仁帝を呪詛した罪で廃后になったという。内親王が自ら帝位をねらってやったとも、自分の子の他戸《おさべ》皇太子を帝位につかせるためにやったとも、その真相は定かではない。その他戸親王も廃太子となったのだ。

その上、都の人々には、手足にむくみがきたり、全身がけだるくなったり、咳がつづき血を吐いたり手足がきかなくなったりする、奇妙な病のものたちが少なくなかった。みな何かの呪いではないかと噂し、巫女や僧尼が横行して怪しげな治療が行われていた。去年、東大寺毘盧遮那《びるしゃな》大仏の光背の鍍金《ときん》が終り、大仏はその絢爛たるお姿を人々の前に見せるようになっていたが、しかるべき筋からは、その鍍金の際に生じる朱砂《すさ》の気（水銀の蒸気）の呪いらしいと、密に漏れてきていた。しかしそれを聞いたものはほんのわずかであった。かりに知ったにせよ、治療する手立てはなく、ただ神仏に頼る以外、何もできなかったのだ。

田公、阿刀氏の女を見初める

田公《たぎみ》主従は、坂手の集落でひとりの老人に、村屋神社はどこかとたずねた。老人は左手を挙げて東方半里ばかり先のこんもりとした森を指し示した。

田公と従者は、中つ道から集落の脇道に入り、その森に向かって歩いた。あたり一面は稲穂の海で、倒れた稲穂を刈り取っている農夫たちの姿がちらほらと見られた。このあたり一帯は村屋神社の神領であるらしい。右手前方にも集落があり、このあたりではまれな瀟洒なたたずまいの家々が見られ、その左端に神社の森がつらなり、鳥居とおぼしき鮮やかな朱の色が風に揺れる緑の葉陰から見え隠れする。

道は神社の森につきあたり、大きく南に迂回して、いきなり神社の境内に入った。先ほどちらちら見えていた朱色の一の鳥居が右側に、左側には二の鳥居が立っている。神社の境内は南北に細長く連なっているのだ。左右に欝蒼とした杉の古木がそそり立つ参拝路に入ると、正面に遥拝殿が現われ、その奥に正殿が鎮座していた。遥拝殿の東脇には、二棟の立派な社殿があり、そこに大伴氏の二祖が祀られていた。さらにその東側に垣根を隔てた奥まったところに、この神社の祝《はふり》（神官）の館《やかた》があった。

田公《たぎみ》たちは大伴氏の社殿にそれぞれ礼拝したのち、祝の館を訪れた。館の前庭には一頭の馬が繋がれおり、馬の主の従者らしき人物が馬の汗を拭き取っている。館の玄関は開け放たれていた。田公は従者を外に待たせて案内を乞うた。中を見ると、身分の高そうな初老の人物が上框《あがりかまち》に腰をかけ、左手を太刀の柄にあてて、あがり口に正座した人物と会話を交わしている。

正座の人物はこの館の主、祝の室屋《むろや》氏であり、上框に腰掛けた人物は、阿刀宿禰豊嶋《あとのすくねとよしま》であった。豊嶋は、所用で都から妻の実家に通う途中、祝の館に立ち寄ったところであった。豊嶋はこの神社の最も有力な神人（氏子）であったのだ。

田公は丁寧に挨拶をして、来社の由来を語り、自らの供料と藤麻呂から預かった供料を差し出し、大伴氏の二祖への祭りごとを乞い願ったのである。

祭祀は、祝《はふり》の室屋氏を先頭に、田公とその従者、それに豊嶋とその従者も加わって、総勢五名で、まず村屋神への祭祀からはじまって、大伴氏の二祖への祭祀へと、厳粛に執り行われた。すべてがとどこおりなく終り、祝の館で直会《なおらい》となり、しばし盃が交わされた。酒宴の座ではさまざまな話題が出たが、大伴連《おおとものむらじ》吹負《ふけい》の中つ道での戦についてひとしきり語り合ったのち、室屋氏は次のようなことを語りはじめた。

祝の室屋氏と阿刀豊嶋の先祖は、ともにかつての豪族物部《もののべ》氏であった。特に室屋氏は物部守《もののべのもり》屋大連《やのおおむらじ》の子孫である。物部守屋は、河内国の渋川に本宅を構え、北の淀川と南の大和川の水運を押え、絶大な勢力を誇っていた。さらに、時の用明帝の宮が磐余《いわれ》（桜井市安倍）にあったから、その宮に近い阿都《あと》の地に別業《なりどころ》（別宅）を設け、宮廷に出仕の際に利用していた。阿都の地は、大和川の上流初瀬川の中流域にあり、昔から大和川舟航の終着点として、新羅《しらぎ》や任那《みまな》の使人たちが上陸した船着場があり、川辺にはそういう使人たちを休息させる館《むろつみ》が置かれ、海柘榴市《つばいち》も立つ賑やかで異国情緒のある土地柄であった。推古十年（六〇八）に帰国した遣隋使小野妹子《おののいもこ》が隋人裴世《はいせい》清《せい》らを伴って、ここから上陸している。

豊嶋の先祖は、この大和川の水運に携わる跡部《あとべ》を統轄して、本拠地をこの阿都の地に置き、同時に物部守屋の別業《なりどころ》を管理していた。用明帝の二年（五八七）四月、用明帝が亡くなられると、その三ヵ月後、国つ神を奉じて仏教を排そうとしていた物部守屋は、泊瀬部皇子《はつせべのみこ》（崇峻帝）や厩《うまや》戸皇子《どのみこ》（聖徳太子）、蘇我馬子《そがのうまこ》らの軍に攻められ、渋川の本宅で討たれてしまった。ここに守屋の末流たちは榎井《えのい》、石上《いそのかみ》、阿刀《あと》などと、その住む地名に氏名《うじな》を変えて生き延びた。

榎井を名乗った守屋の子の忍勝《おしかつ》は、後に物部の氏名に戻り、物部忍勝連《むらじ》となり、推古女帝の元年十月、村屋神社の世襲の祝職《はふり》を継ぎ、以後、室屋（守屋）氏を代々名乗ってきた。また、阿刀氏も阿都の地にあって、この神社の神人（氏子）の長《おさ》を代々継いできたのである。

田公《たぎみ》は、あらためて室屋氏と阿刀氏との関係の深さに感じ入っていた。一方で室屋という氏名から想い出したことがあった。父の系統ではないが、同じ佐伯一族で、はるか昔の允恭《いんぎょう》帝のころ、倭胡連公《わこのむらじのきみ》が讃岐国造《さぬきのくにのみやつこ》に任ぜられたが、この人物はこの神社に祀られている大伴氏第二祖大伴室屋大連の長男の系統から出ているということを。

一方で、豊嶋は田公の涼しげな目元と、讃岐国郡司少領という地方官にしてはなかなかの知識の持主であり、爽やかな雰囲気が気に入っていた。

直会《なおらい》も打ち上げとなり、日も傾いてきたために、田公は豊嶋に誘われて豊嶋の宅に宿を借りることになった。馬は先に行かせ、豊嶋と田公主従はぶらぶら歩きながら、二の鳥居をくぐり、一の鳥居をぬけて、緑に囲まれ閑散とした夕暮の阿刀の集落に入って行った。

豊嶋の妻家は集落のほぼ中央に位置し、阿刀氏一族の中でも中心的な存在であることを示していた。割竹を葺いた屋根の土塀をめぐらし、南側に入口があった。その門をくぐると広い空間があり、左手には生垣があってその西側は庭園であるようだ。右手に厩舎があり、二頭の馬が飼葉を食んでいる。厩舎の北側から長屋が連なり、この家の召使いが住んでいるのであろう。正面の母屋は、切妻の茅葺き屋根の下に瓦葺きの庇《ひさし》屋根をもつドッシリとした木組の建物で、玄関は開かれていた。先に馬を曳いてきた豊嶋の従者から客の来訪を伝え聞いていたのであろう。土間に入るとさっそく、この家の主である豊嶋の妻が、召使いたちとともに出迎えた。ひとしきり賑やかな挨拶があり、田公の従者は長屋の一室に案内されて行った。

田公《たぎみ》は足をすすぐと板の間の上り口から湯殿へとみちびかれ、汗埃を流してさっぱりしたところで、庭に南面する一室に案内された。黒光りする床板に円座が二つ置かれてある。北側の板壁には何段もの棚がしつらえてあり、さまざまな巻子《かんす》や書物が積み置かれ、左の片隅には経机があり、硯箱、麻紙《まし》、黄紙《こうし》（写経用）らしき巻いたものが載っている。燈台の油皿の灯心には早くも火が点ぜられ、風覆いがしてあった。

庭には、さまざまな樹木が暮れゆく薄暗がりの中から、まだ明るい澄んだ秋空に梢を揺らし、どこからか引かれた細流は建物の下から流れ出て池を形作り、土塀の下から外側の水流につながっているようだ。部屋の南面二枚の蔀戸《しとみど》と西面の一枚の蔀戸ははね上げられて金具でとめてある。母屋の西側には、渡り廊下で連絡した草葺きの御堂のような建物が見える。

やがて湯上りのくつろいだ姿で豊嶋が現れると、妻女と召使いが次から次へと、酒の入った瓶《へい》子《し》や肴を盛りつけた高坏《たかつき》を並べはじめる。まずは安楽にと、豊嶋が書棚を背に円座に就くと、田公も向かい合って坐す。こうして、またしても酒宴がはじまったのであるが、二人の会話は、自然に、暮らし向きのこと、世情の噂や、先祖のことへと移っていった。

田公が、国元の多度津には時折、唐の江南地方の商人などがやってきて、貿易をする様子を語ると、豊嶋は興味深げに聞き入り、かすかに嘆息をもらし、近頃は中央の官吏などよりも地方官のほうが豊かな生活に恵まれている、と愚痴をこぼした。

実際、阿刀氏の一族のものは、ほとんどが中央の下級官吏であって、生活に厳しいものがあり、一族のものには書の才能のある者が多いため、写経所などに写経生として雇われる場合があるが、薄給であった。あるいは豊嶋の父雄足のように、造東大寺司《ぞうとうだいじし》の舎人《とねり》から抜擢され、東大寺の荘園である越前国坂井郡の桑原荘に送り込まれ、そこでの経営を勤め、片手間に私出挙《しすいこ》（稲・米を貸し元手と利息を執る）を行って豊かになる者もいた。

豊嶋の官位は従五位下《じゅごいげ》で、かろうじて上級官吏の端くれではあるが、上級の官職は、藤原氏や紀氏、大伴氏、佐伯宿禰氏などの名族によって占められ、中級官吏たるに甘んじざるを得なかった。しかし、阿刀氏一族の本流たる阿刀宿禰氏は、さかのぼればかつての名族物部大連《もののべのおおむらじ》の一族であった、と豊嶋は声を強めて続けた。

かの壬申《じんしん》の年（六七二）の戦《いくさ》に、彼の祖父の阿刀連智徳《あとのむらじちとこ》は、弟の阿加布《あかふ》とともに、大海人皇子《おおあまのみこ》の吉野軍に加わっていた。この戦には、近隣の集落出身の多臣品治《おおのおみのほむち》や佐味君宿那麻呂《さみのきみのすくなまろ》なども参戦していた。智徳は吉野の行宮《あんぐう》で、皇子の舎人《とねり》としてお側《そば》近くに侍し、皇子が唐人《からびと》たちから作戦を聞かれるご様子を記した日記を残している。

その功で、天武帝の御世に宿禰の姓《かばね》を賜い、さらに和銅元年（七〇八）には、元明《げんめい》女帝から従五位下を賜ったのである。もともと阿刀氏は、学問と書に造詣があったために、それによって朝廷に仕えてきたのであった。

しかし、不名誉なこともある。今上帝（光仁）の皇后井上内親王の許へ阿刀一族から出仕していた阿刀堅石女《かたしめ》が、内親王の光仁帝呪詛事件に加担した罪で遠流に処せられた。今年の三月二日のことである。密告によって事件が明るみに出たのであるが……。話がとぎれた……。

田公《たぎみ》が燈台のともし火に眼をやったとき、部屋に入ってくる者があった。部屋中にかすかな香の薫りが漂う。女性《にょしょう》である。瓶子を捧げ持っている。白い絹の袿《うちぎ》をすらりと着流し、薄紫の帯を前に結んで余りを垂らし、浅緋《あさあけ》色の絁《あしぎぬ》の袍《ほう》（上衣）を上からはおっている。つややかな黒髪は二つの髻（わげ）を頭上に結い、残りを後背に垂らしている。ややふっくらした顔立ちで、瞳は湖をたたえたように静かで思慮深い眼差しを客に向けている。

わが最愛の娘であると豊嶋は言う。村屋神社の大祭の日に生まれたので、祭神弥富都比売《やふつひめ》にあやかって、弥穂都子《やほつこ》と呼ぶという。十七、八歳というところか。田公はといえば、その匂うような気品に気おされて、しばし、われを失っていた。豊嶋が娘の名を口にしたとき、娘は父を軽く睨んで、瓶子を少し傾け田公に盃を促した。田公はわれに返って娘の酌を受けた。

豊嶋によれば、娘には二人の兄がいるという。長男は真足《またり》といって、今は都に住んでおり、外従五位下で、今年四月に大学助《だいがくのすけ》になったばかりという。次男の大足《おおたり》については余り語らなかったが、どうやら大変な学者であるらしい。しかし田公は豊嶋の話をうわの空で聞いていた。娘の方から滲み出てくる何かが田公をとらえていたのだ。しかも、娘が女にしては珍しく学問を身につけていることに感嘆していた……。

翌日、日が斜めに昇りかかるころ、中つ道を北上する田公主従の影があった。従者は、田公の様子がいつもとは違っていることに気づいていた。時折、ホーッと溜息をつき、何事かを考えこんでいるようであった。なんとしても通わねばなるまいと思わず口に出る。国元で唐の商人から手に入れた、青い石の埋め込まれた銀の笄《こうがい》のことを考えていた。

2　誕生と幼き日々

その子の特異な性格

宝亀五年（七七四）十月二十七日、大和国磯城《しき》郡阿刀の村のほぼ中央、阿刀《あと》宿禰氏の妻家に元気な産声があがった。母は阿刀宿禰弥穂都子、父は讃岐国郡司少領佐伯直田公である。赤子は母によって、遥か遠い讃岐の海を思いやって真魚《まお》と名づけられた。真魚出生の知らせは、すぐさま讃岐国の父の許へ届けられ、折り返し、父から、近く都への所用があるゆえ必ず対面に参るという喜びに満ちた書状と帛《きぬ》や真綿《まわた》など大量の祝いの荷が送られてきた。

この年、諸国には悪い疫病が流行り、治療する手立てもないため、光仁帝は四月に天下の諸国に老若男女をとわず、行住坐臥に「摩訶般若波羅蜜《まかはんにゃはらみつ》」を念誦するようにと勅《みことのり》を発していた。幸い阿刀家の母子はともに健康そのものであった。その上、七月には、陸奥国が風雲急を告げ、蝦《えみ》夷《し》が反乱を起こし、橋を焼き道を塞いで往来を遮断し、桃生城《もものうのき》に侵攻、九月に按察使《あぜち》の大伴宿禰駿河麻呂《するがまろ》が掃蕩に成功したのだが、蝦夷の反乱は以後もずっと続き、世情はようやく騒然としはじめていた。

阿刀氏一族からは真足《またり》が三月五日、安芸介《あきのすけ》に任ぜられ安芸国に赴任して行った。安芸守は陰《おん》陽頭《みょうのかみ》の大津連大浦《おおつのむらじおおうら》が兼任で在京であったから、事実上の国務は真足が行った。最近、遣唐使派遣の気運も高まっていたから、やがては遣唐使船の建造に采配を揮わねばならないだろう。

賢き向きでは、光仁帝の御子で去年皇太子になられたばかりの山部《やまべ》親王が、藤原良継《よしつぐ》の女《むすめ》乙牟《おとむ》漏《ろ》との間に、小殿《おて》親王を設けられた。山部親王は後に桓武帝となられる方であり、小殿親王は後に安殿《あて》親王といわれ平城《へいぜい》帝となられる方で、真魚と同年齢ということになる。

一昨年、廃后となられた井上内親王は、昨年の十月に、光仁帝の姉にあたる難波《なにわ》内親王を呪詛して殺した罪で、子の他戸《おさべ》王とともに、大和国宇智郡のさる邸宅に幽閉されていた。その内親王の女《むすめ》で他戸王の姉の酒人《さかひと》内親王は、斎宮《いつきのみや》となられ、この九月、伊勢に向かわれ、その壮麗な行列が下つ道を通って行ったが、かつては井上内親王も同じ道を伊勢に向かい、二十年の長きにわたって斎宮を勤められ、そこで培われた恐るべき呪力を忌まれ、やがて吉野川を越えた地に遠ざけられるのである。この内親王は先帝の称徳女帝とは異母姉妹という高貴な血筋であったから、死罪にすることはできなかったのだ。

他方、うら若き斎宮酒人内親王は、後に桓武帝の妃となり、その晩年の遺言書を自ら代筆することになるとは、生まれたばかりの真魚は知る由もなかった。

時代はこうして何か大きな転換の予兆をはらんで動きつつあった。真魚は母や祖母、さらには時折訪れる父の慈愛に見守られてすくすくと育っていった。しかし、物心がつくかつかない頃から、常の幼児とは異なった風を見せるようになった。

都に居を構える母のすぐ上の兄大足《おおたり》が、しばしば姿を現わし、書棚のある部屋で、母と学問や『文選』に出てくる詩や賦《ふ》について話合っていると、真魚は、母のかたわらにキチンと正坐したまま、涼しげな目元に、湖のような静けさを湛えた瞳を大足の方に向け、じっと聞き入っているのだ。大足にはその様子がいかにも話の内容を深く理解しているように思え、内心、驚きの念をかくせなかった。そして真魚の顔を見つめながら、母に向かって思わず、玄昉《げんぼう》僧正の名は、わが一族の間では禁句になっているのだが、と口にした。母は頷き、それで？　と問い返す。

玄昉僧正とは、阿刀氏の一族から出て、天皇から紫の袈裟《けさ》を賜るほどの高僧となった人物である。養老元年（七一七）、遣唐使に随って入唐、法相宗《ほっそうしゅう》の第三祖撲陽《ぼくよう》大師智周につき、唯識《ゆいしき》教学を学び、その奥義を極め、唐の玄宗皇帝から三品の位に準じた紫の袈裟を賜わった。在唐十八年に及ぶのであるが、その間、天台山に周遊、数々の奇跡に出会い、ついには文殊菩薩に対面したという。天平七年（七三五）に仏像や経論五千四十六巻を伴って、吉備真備《きびのまきび》らとともに帰国した。翌年、聖武帝から紫の袈裟を下賜され、天平九年、疫病が流行ったため宮中の道場で祈禱し験《げん》を現わし、僧正に任ぜられた。また、聖武帝の母である皇太夫人宮子の長年の病を治療し、聖武帝と光明皇后の信任を篤くした。さらに、諸国に国分寺と国分尼寺を建造し、その総本山として東大寺と法華尼寺をすえ、東大寺には新たに巨大な盧舎那仏《るしゃなぶつ》の建造を進言した。

こうした玄昉僧正の動きは宮人たちの妬みをかうようになり、太宰少弐藤原広嗣《ひろつぐ》は、玄昉僧正や吉備真備の政策に反感を覚え、ついに九州に兵を挙げて僧正と真備を除こうと図ったが、鎮圧され、広嗣は殺されてしまった。しかし宮人たちの妬みは一層増し、やがて、僧正と皇太夫人宮子とのあらぬ噂が流され、筑紫に流され、筑紫観世音寺の造営を命じられた。天平十八年（七四六）六月十八日、玄昉僧正は観世音寺供養の際、落雷のために急死してしまった。世間では広嗣の怨霊が僧正を殺したと噂した。

このような玄昉僧正の記憶は、広嗣の乱や噂とともに、阿刀氏一族には昨日の事のように思われており、僧正の名は禁句となっていたのである。このことは、僧正をまねしようとし、称徳女帝の寵を得て法王となった道鏡の記憶と重なり合って、ますます口に出し難いことになっていたのである。

玄昉僧正は幼い頃、と大足《おおたり》は語りはじめた。一を聞いて十を知るというまことに優れた資質をもって知られ、若い頃には外典《げてん》（仏教以外の学問）も学ばれ、梁《りょう》代の詩人の謝玄暉《しゃげんき》や書の達人任昉《にんぼう》に心酔され、それぞれから玄と昉の字をとられ、出家のときの法号を自ら玄昉とされたという伝説もあると、いかにも学者らしい注釈をする。この玄昉僧正の弟子となった、今を時めく法相宗の闘将善珠《ぜんしゅ》禅師も、わが阿刀氏一族の出身で、興福寺に在って法相と因明《いんみょう》に精進され、法相教説の異端派に闘いを挑んでおられる。この善珠禅師も幼少の頃は、この阿刀村の南のはずれに真魚と同じように母と一緒に暮していたのだ。

そう言いながら大足は、真魚の方を見やった。禅師は今では玄奘三蔵の弟子慈恩大師（法相宗第一祖）の生まれ変わりではないかと取沙汰されているが、年少の頃はむしろ愚鈍ではないかと言われていた。興福寺で法相の唯識教学を学んだのだが、その難解さは大変なもので、夏の盛りなどにはその激しい勉学のために頭が腫れて熟し瓜のようになり、頭髪がすっかり落ちてしまうほど猛烈な学修をされたという。

この子は、と真魚を指し示し、むしろ玄昉僧正に匹敵するほどの人物になるかも知れない……かりに官吏になったとしても、この子の父の官位は正六位であって、どれほどの才能があろうとも、せいぜい五位どまりであろう、と大足は愚痴っぽく言うと、母も頷く。しかし、と大足は気を取り直したかのように言った。この子の資質がいかなるものであるか教えてみたい。いずれ僧侶の道を歩むにせよ、官吏の道を歩むにせよ、広く学問を身につけることは、この子の将来のために大切なことなのだ、と。

真魚はすでに、母から書の手ほどきを受け、書聖といわれる王羲之《おうぎし》の字を集めて韻文とした『千字文《せんじもん》』を手本とし、時折、母が好きな『文選《もんぜん》』の中の詩を、覚えた文字で書してみたりした。母は魏《ぎ》の詩人曹子建《そうしけん》の賦や詩が好きで、真魚によく読んで聴かせたものであった。読みは洛陽・長安の漢音であったが、それは兄の大足から教えられていた。この漢音はこの時代の正統な唐語である。日本の大学や官界、仏教界では呉音が幅をきかせている時代である。

大足はしかし、この正統な唐語をどうやって身につけていたのだろうか。大足が都の大学の明経科に在学中、正統な唐語を学生《がくしょう》に教えていたのは袁晋卿《えんしんけい》という音博士であった。音博士とは経書の読音を教える博士である。大足はこの袁晋卿に就いて学び、袁も大足の優れた才能を愛で、大足が大学を出て宮廷に仕え、官吏の道に入ってからもしばしば行き来する間柄になっていたのである。

袁晋卿はもともと唐人である。唐長安の宮廷に唐楽をもって仕えていたのであったが、たまたま入唐していた吉備真備に見出され、天平七年（七三五）に楽器を伴って日本に入朝したのである。

十七、八歳の時である。同じ遣唐使船には、玄昉僧正も乗り合わせていた。しかし、唐楽は日本ではなかなか日の目をみなかったために、『文選』や『爾雅《じが》』などを漢音で読む作業に従事するようになり、やがて大学の音博士になったのである。唐楽が公に認められたのは、天平神護二年（七六六）十月二十日、法華寺で舎利の法会に彼自身が唐楽を奏したときであった。このとき袁は従五位下を授けられ、翌年二月七日、称徳女帝が臨席された大学での釈奠《せきてん》（孔子の祭）では従五位上を授けられた。次いで宝亀二年（七七二）八月十九日、日向守となって日向国に赴任、同九年二月二十三日、玄蕃頭《げんばのかみ》として都に戻り、この年の十二月二十八日、清村宿禰《きよむらのすくね》という氏姓を賜わった。

かくして、阿刀大足《おおたり》は、出仕の合間を見ては馬を駆って阿刀の村に赴き、ほとんど二日あるいは三日おきに真魚《まお》に『孝経』から『論語』や『文選』などを教えはじめた。ところが、真魚の頭脳は水を吸う海綿のようで、大足の一言一句ことごとく吸い取られていくかの感があった。特に韻文に対する感性は恐るべきものがあった。たとえば、曹子建（曹植《そうしょく》）、三国時代の魏の始祖曹操の三男で、子供のころから天才的な詩文の才を発揮した詩人であるが、その曹植三十一歳のときの作に「洛神賦《らくしんふ》」という賦がある。賦というのは叙事を事とする長い韻文のことである。この「洛神賦」は、彼が洛陽を出て封国に帰る途中、洛陽の南を流れる洛水のほとりで、洛水の女神に出会うという幻想的な物語であるが、その中に、「是《ここ》に於《おい》て精《せい》移り神駭《しんおどろ》き、忽焉《こつえん》として思いを散《さん》ず。俯《ふ》しては即《すなわ》ち未《いま》だ察《さっ》せず、仰《あお》ぎて以《もっ》て観《かん》を殊《こと》にす。一麗人《いちれいじん》を巌《いわお》の畔《ほとり》に観《み》る」という件りがある。真魚はこのようなことはどうして起こるのかとたずねるのである。

むろん、大足は、曹植の心が普段とは違った恍惚とした状態になり、下を見ているうちは目に入らなかったが、目を上げると異世界のもの、すなわち女神が巌のそばにたたずんでいるのを観たのだと説明するのだが、真魚は納得しない。「精《せい》移り神駭《しんおどろ》き、忽焉《こつえん》として思いを散《さん》ず」とはどういうことかとたずねる。忘我の状態だと答えると、それは夢を見るのとはどう違うのか、忘我になるとなぜ神が観えるのかと、矢つぎばやに問うてくる。わずか五歳の幼児である。大足は窮して、自分にはそのような体験はないから応えることはできないとして打ち切るよりほかはなかった。

ある時、いつものように大足は馬の鞍に揺られながら、阿刀の集落に入ろうとしていた。集落の中の巷《ちまた》に数人の子供たちが遊んでいるようだ。馬の脚を止めて、しばらくその様子に見入っていると、道端を流れる水流の近くにいた幼い子が呼ばれて流れから離れていく。その姿を見て、近くにいた年嵩の子が、何か残念といった素振りを示した。幼い子を道の中央に呼んだのは真魚であった。それだけのことであったが、大足には、何か気にかかる情景であった。

食事を一緒にしながら、大足は、真魚に聞いてみた。巷で遊んでいたとき何があったのかと。

真魚が言うには、年嵩の子が危ないことをしようと考えていたので、幼い子を助けたのだという。どうして年嵩の子の考えがわかったのかと問うと、真魚は、どうしてか分からないが、わかってしまうという。そばに居た母は笑いながら話し出した。

真魚には変わったところがある。庭に咲く桔梗の花が風に揺れているのをじっとしゃがみこんでいつまでも見続けているというのだ。母が何をしているのかとたずねると、真魚は風に揺すられていると気持がいいのだという。あら、真魚は桔梗になったのね、というと、真魚はコクンと頷く。この子は何にでもなり切ることができる。きっとその年上の子そのものになっていたから、その子の心の中がわかっていたのでしょうと、母は言った。

大足は、その話を聞きながら、『荘子《そうじ》』の斉物論《せいぶつろん》の一節を思い出していた。荘周《そうしゅう》が夢に胡蝶《こちょう》となり周であることなど忘れていた。ふと目覚めるとなんと荘周であった。周が蝶になったのか、蝶が夢に周となったのか……と。

遣唐使船漂着し、大足が伊予親王侍講となり、長岡京遷都騒動起こる

真魚五歳の宝亀九年（七七八）という年は、皇太子山部親王が何ヵ月にもわたる病に苦しまれた年であった。世間では、宝亀六年の四月に幽閉先で亡くなられた井上内親王の祟りではないかと噂していた。さらに先年の六月に出航した遣唐使一行が帰ってきた。遣唐大使は本来佐伯宿禰

今毛人《いまえみし》であったのだが、今毛人が病のために副使の小野朝臣石根《あそんいわね》が大使を代行していたのである。

十月に第三船が、十一月には第四船と第二船・第一船が着岸したのであるが、特に第一船は嵐に遭遇し、艫《とも》と舳《へさき》に分かれて別々に漂着したという。代理大使の石根はこのとき溺死した。これらの遣唐使船は阿刀真足が安芸介のときに建造されたものであった。無事に帰国した一行の中には先年入唐した大学直講《じきこう》の伊与部家守《いよべのやかもり》や、二十六年の長期にわたり唐で仏教を研鑽した戒明《かいみょう》という大安寺の僧侶がいた。

家守は新たに『春秋公羊伝《くようでん》』や『春秋穀梁伝《こくりょうでん》』を請来し、大学に新風をもたらすことになる。戒明は、天平勝宝四年（七五二）閏三月に遣唐使に随って入唐したのであるが、その際、聖徳太子が著された『勝鬘経《しょうまんぎょう》義疏《ぎしょ》』を携えていた。そして帰国に際しては、さまざまな経論を請来したのであったが、その中には後に仏教界に物議を醸すことになる『釈摩訶衍論《しゃくまかえんろん》』という論書が含まれていた。この書は大乗仏教への入門書である『大乗起信論』の注釈書であるが、宝亀十年（七七九）の五月、大安寺の南塔院中堂でこの書について議論がなされ、偽書ではないかと論難された。大学頭《かみ》で文章博士でもあり、かつては僧侶の経験もある淡海真人三船《おうみのまひとみふね》は、偽書であるとして戒明を糾弾したのである。しかし、この書や戒明という人物は、真魚の将来に重大な意義をもって立ち現われてくることになろう。

天応元年（七八一）、真魚が八歳の年の二月、光仁帝の女《むすめ》の能登内親王が亡くなられると、光仁帝は病に臥せられ、各地の兵器庫が不自然に鳴動し、悪い予兆があり、病状はかんばしくなかった。そこで四月三日譲位され、皇太子山部親王が帝位につかれた。桓武天皇の即位である。

真魚の学習意欲はとどまることがなかった。大足がいない時には、書棚からさまざまな書巻を取り出しては読み耽るようになった。また、自ら詩を作るようになり、『文選』などはほぼ暗誦できるまでになっていた。時には『尚書』（書経）の一節にある「牝雞《ひんけい》は晨《とき》する無《な》し。牝雞《ひんけい》之《も》し晨《とき》せば、惟《こ》れ家《いえ》を之《こ》れ索《つく》す」という句を挙げて、唐の則天武后や日本の称徳女帝のことを問い、大足を困らせたことがある。つまり、『尚書』のこの一節は、めんどりは朝のときをつげることはないが、もしめんどりがときをつくれば家財をなくしてしまうとして、殷王の紂《ちゅう》が女の言うことばかり用いて祭政をないがしろにし、優秀な人材を用いず国を亡ぼそうとしていることを譬えているのだが、真魚は、それが正しいのなら、なぜ唐には則天武后が立ち、日本には女帝が立つことになったのか、それともこの譬えは間違っているのかと大足に問うたのである。大足は、唐のことはともかく、日本の場合は、男性の天皇が立つまでのつなぎに過ぎないのだとしか答えられず、大いに困惑したのであった。

十二月二十三日、光仁上皇は崩御され、翌年の一月七日に添上郡広岡の山陵に葬られたが、それを待っていたかのように、氷上真人川継《ひかみのまひとかわつぐ》が謀叛を起こした。川継は井上内親王の妹の不破《ふわ》内親王が母である。川継は従者に武器をもたせて宮中に侵入させ、平城宮の北門を開けさせ衆を集めて入り、朝廷を覆そうと陰謀をめぐらしたが、従者が捕われその計画を白状したために事が露見し、川継は逃走したものの捕縛された。しかし、先帝の服喪が始まったばかりであったから、死を免ぜられ遠流となり伊豆国三嶋に配流となった。母の不破内親王や川継の姉妹も連坐して淡路国に移配された。

それだけではない。三月に入ると、三方王《みかたのきみ》とその妻弓削《ゆげ》女王や山上船主らが共謀して桓武帝を呪詛したということで、三方王と弓削女王は日向国へ、船主は隠岐《いき》に配流されるという事件が起こった。

こうした不穏な事件ばかりでなく、天変地異がしきりに起こり、地震や落雷があり、太陽の周囲を虹がめぐったりしたために、その理由を陰陽寮に占わせたところ、先帝の服喪のために天下は喪服を着用しており、吉礼と凶礼が入りまじり、伊勢大神や諸神社が祟りをなしていると出たという。そこですべての官人は喪服を脱ぎ、八月十九日に天応二年（七八二）を延暦元年と改元したのである。

阿刀の一族からは真足が六月二十日に大学助に任ぜられ、翌延暦二年には主計頭《かずえのかみ》となり、延暦三年（七八四）正月七日には従五位下を授けられた。この延暦三年という年は、大足にとっても重要な年となった。というのは、大学頭淡海三船に代わって清村宿禰晋卿《しんけい》が大学頭となったのだが、桓武帝と藤原吉子の間に設けられた伊予親王が来年は八歳となられ、親王に学問を教え始めるため、侍講を就ける予定になっていた。その親王の侍講として、晋卿が親しい大足を推挙したのである。かくして、延暦四年（七八五）正月、阿刀宿禰大足は伊予親王の侍講となったのである。同時に大学頭は藤原中継に引き継がれ、晋卿は安房守となって安房国へ赴任して行った。

ところが他方で、延暦三年という年は、天下に激震が走った年でもあった。すなわち、山背《やましろ》国乙訓《おとくに》郡長岡村に遷都が決断されたからである。

そもそも平城京は仏教の都となっていた。聖武帝と光明皇后は玄昉僧正の建策を容れて、諸国に金光明四天王護国之寺と称する僧寺と法華滅罪之寺と称する尼寺を置き、七重の塔一基を造り金光明最勝王経と法華経を納めさせ、それら国分寺・国分尼寺の総本山として、東大寺・法華尼寺を定め、東大寺には巨大な廬舎那仏を建立させた。その上、聖武帝は本来南面すべきであるのに大仏の前殿に出御し、北面して大仏に向かって礼拝し、自らは沙弥勝満と号していた。次の孝謙女帝も淳仁帝（廃帝）に譲位ののち出家し、さらに還俗することなく重祚して称徳女帝となられたから、この女帝は尼天皇であった。しかも道鏡を篤く信任され、法王の位につけられた。道鏡は天皇の位をも得ようとする野心を持つようになる。この流れからも分かるように、天下の体制は、朝廷と諸国の国衙との政治的関係と、東大寺・法華尼寺と諸国の国分寺・国分尼寺という宗教的関係とが、表裏一体となり、しかも平城京の大寺院は施入や寄進（荘園化）が盛行してその財産はふくらむ一方で、多くの寺院や小仏堂には無数の僧尼が出入りしていた。

特に道鏡が政治に深く介入しているさまを桓武帝は若いころからつぶさに見ていたのである。そのころから桓武帝は、僧侶とは学問と修行に励むべきであり、人民の救済は官の役割であり朝廷がなすべきだと考えるようになっていた。つまり、僧侶や尼僧を政治から切り離すべきだと考えておられたのだ。平城京は平城宮と寺院とが同居している都だ。この双方を切り離さなければ官も僧も癒着して腐敗していくだけだという思いが痛切であられたのだ。しかし、平城京に組み込まれている仏教的構造を解体するのは、本質的に不可能であった。

皇室や貴族、民衆の間には因果応報・輪廻転生の思想が染み渡り、さまざまな災いの前兆におびえ、陀羅尼《だらに》や厭魅《えんみ》による呪詛が盛行し、あらぬ噂が飛びかい、人々は神仏に救いを求め、一方でえたいの知れない巫覡《ふげき》や僧尼たちが奇怪な説を振りまわして人々を迷わせていた。高僧といわれる僧侶たちも、いたずらに自己の学説に固執し、論敵を駁することに夢中になり、僧侶としての地位や名誉を追う者が多かった。彼らが政治に介入し新たな道鏡が出現しても不思議ではなかった。

それに輪をかけて、宝亀年間から打ち続く陸奥国の蝦夷の叛乱は、その鎮定に動員される東国の人心を荒廃させ、その影響は平城京にも及び、加えて律令制下の公田制が崩れはじめ、諸国に荘園が出現し、王臣家や大寺院による山林の占有が進み、諸国の民衆は右往左往して天下は騒然としていたのである。

桓武帝は即位したころから、遷都を敢行する決意を固めていた。もちろん平城京の寺院は移さず、新たな寺院の建立も許可するつもりはなかった。遷都を敢行する中心的実務者として、若いときから股肱の臣であった藤原種継《たねつぐ》を登用した。種継の母は山背《やましろ》国の秦朝元《はだのちょうげん》の女《むすめ》であり、桓武帝と同年齢であった。桓武帝の母の新笠《にいがさ》女《め》も山背国の土師《はじ》氏の出である。帝が皇太子のときから種継の地位の引き上げに手を貸したから、種継の栄進はめざましく、延暦三年（七八四）正月には中納言にのしあがっていた。

遷都を敢行する上で気がかりな人物は春宮《とうぐう》大夫として皇太子早良《さわら》親王に仕える大伴宿禰家持《やかもち》という老将であった。以前から種継とは仲が悪く、遷都敢行となれば真向から反対する可能性があった。そこで帝は種継の策を用いて、延暦三年二月、家持を持節征東将軍に任じて陸奥国へ遠ざけたのである。

五月十六日、種継や藤原小黒麻呂を山背国に遣わし、乙訓郡長岡村の地を視察させ、六月十日には造長岡宮使に種継らを任命して長岡京造営に着手させた。同時に、新京に宅を造営させるため、諸国の正税十八万束を、左大臣以下参議以上の宮人、内親王、夫人、尚侍《ないしのかみ》らに、地位に応じて賜わったのである。

新京造営の敢行を聞いて平城京の人々は驚いたのであるが、わけても諸寺院は、移転の禁止と新寺院建立の禁止を聞き、驚天動地の騒ぎとなった。そこで仏教寺院や反遷都派官人たちは、皇太子早良親王に働きかけ遷都を阻止しようとした。親王は親王禅師として東大寺の運営に実権を握っており、平城仏教寺院と深いつながりを持っていたからだ。しかし、こうした働きかけも、種継の強引なやり方には通じなかった。家持も九月ころ陸奥国から帰京したものの、造営という既成事実を前にしてはどうしようもなかった。そして十二月十一日、桓武帝は平城宮から長岡宮に移られてしまった。

延暦四年（七八五）、阿刀大足は伊予親王の侍講となり、居を平城京から長岡京に移した。そのために、阿刀の村に通う回数が間遠になっていった。四月六日には、将来、真魚のライバルとも運命づけられている最澄という人物が、東大寺で具足戒を受け、七月には世俗の喧騒を避けて比叡山に登り、草庵を構えて山林修行に入っていた。

平城京の斎院で斎戒に入っておられた朝原内親王が、いよいよ斎戒の期を終えられ、伊勢大神宮に向かわれることになった。そのため桓武帝は八月二十四日長岡宮を出立され、平城宮に行幸《みゆき》された。平城京や伊勢への道筋が清められた。同月二十八日に春宮大夫の大伴家持は六十八歳で没したのだが、朝原内親王の伊勢行きが終るまで埋葬することができなかった。九月七日、文武百官は、大和と伊賀の国境まで朝原内親王をお見送りした。翌日、桓武帝は山背国の水雄岡《みずのおのおか》に行幸され、遊猟されて平城宮に帰られた。

事件は、この桓武帝ご不在の間に長岡京で起こったのである。すなわち春宮少進佐伯宿禰高成を中心とする春宮職員らが決起、それに大伴氏や佐伯氏の人々が加わって、藤原種継暗殺を企てたのである。種継は桓武帝ご不在の間、新京造営の指揮をとり、長岡京に残っていたのだが、九月二十三日の夜、遅くまで工事現場を見回っていた。朝堂院西側の島院のあたりに炬《たいまつ》をかざしてさしかかったとき、夜陰をついて放たれた二本の矢が種継の胸板を貫いた。左少弁大伴宿禰継人《つぐひと》や大伴宿禰竹良《ちくら》らの仕業であった。種継は翌日矢傷がもとで自邸で亡くなった。四十九歳であった。その知らせにより桓武帝はただちに長岡宮に還幸、一味徒党を逮捕、反逆の罪に決し、斬罪・流罪を執行した。皇室警護の名族大伴氏はその長老家持が病没していたにもかかわらず、位階剝奪、田地没収、佐伯氏もその長老佐伯宿禰今毛人《いまえみし》が事件には無関係であったにもかかわらず、官職を解かれ、在京の大宰帥《そち》に就かされた。

その上で、この事件を背後で指揮したのは、皇太子早良親王であるとされ、廃太子となり、長岡京の乙訓寺《おとくにでら》に幽閉されたのち、淡路国へ配流の途中、憤死、遺骸は淡路国に埋葬された。皇太子には新たに安《あ》庭《て》親王が就かれた。

真魚、詩作に耽り「方の外」を模索する

このころ真魚は何をしていたのか。すでに十三歳である。大足《おおたり》が伊予親王の侍講となり、住居を長岡京に移していたため、あまり姿を見せなくなった。しかし真魚にとっては自由な時間が多

くなり、好きなことができるようになっていた。なかでも、詩をつくることに没頭した。真魚の心は物に感応して、思いは風のように胸中に生じ、言葉は泉となって口から溢れ出し、次々に勢いよく溢れてくる語句を書き記すのであった。たしかに、真魚は、梁時代の武帝に仕えた沈約《しんやく》という人物の詩論なども読んでいた。それによると、詩の一句のなかで、文字の音韻はすべて異なっているべきで、二句の間では音の軽重をことごとく違うようにしなければならない、とされているが、真魚にとっては、想わず得られたようなものこそ尊重すべきであり、たとえば『文選』の古詩にある

行きて行きて重ねて行き　君と生きながら別離す

というような、リフレーンを好む傾向があった。要するに真魚は苦しんで詩作するのは嫌いであった。天空に、にわかに沸き起こり、恵みの雨を降らす雲のように、自然に涌き出る詩を理想としていたのである。

沈約の仕えた梁の武帝は蕭衍《しょうえん》といい、『文選』の編者である蕭統《しょうとう》の父である。梁の普通元年（五二〇）、禅の第一祖菩提達磨は広州に至り、梁の首都健康で武帝と禅問答を行ったが、いまだ機の熟していないことを悟り、健康を去り、北魏の嵩山《すうざん》少林寺に入って面壁九年の坐禅を行い、禅

の第二祖慧可に禅を伝えたという。真魚はかつて大足に禅とは何かと聞いたことがある。大足は禅については余り知らなかったが、恐らく禅定のことであり、坐って瞑想に入り、仏教の奥義に達する山林修行のことであろうとだけ答えた。さらに語を次いで、梁の武帝は、息子の蕭統のことを、幼いころ維摩《ゆいま》と呼んでいたが、それは武帝が仏教に造詣があり、『維摩経』にちなんでつけた字《あざな》であったのであろうと述べ、蕭統自身も仏教を信仰していたと教えた。

なるほど仏教の奥義に達する修行とは、山林に入って禅定すなわち瞑想に入ることか、と真魚は一応納得したのであるが、真魚が仏教について知るようになったのは、必ずしも大足との問答によってではなかった。なにしろ阿刀の一族からは、玄昉僧正や善珠禅師のような優れた僧侶が出ているし、写経生としていくつかの写経所に官吏として出仕している者も多かった。造東大寺司《ぞうとうだいじし》に出仕して、東大寺と密接な関係のある者もいた。道を歩けばさまざまな僧尼とすれ違い、彼らがお経をあげる姿も見ている。時には、自ら頭を剃り、袈裟をまとった自度僧や、師に得度してもらったが朝廷の許可を得ていない私度僧の群に出会うこともあった。父の田公と同族とされる佐伯宿禰氏の長老今毛人《いまえみし》は、何度も造東大寺司の長官となり、兄の真守《まもり》とともに大安寺に氏寺として佐伯院の建立に着手するほど仏教に深く帰依し、かつては聖武帝から「東大居士《こじ》」とも称されたという。

あるいは、真魚が書を学ぶ手本の一つとして座右に置いてある『大唐三蔵聖教序』は、唐の弘福寺の僧懐仁《かいにん》が、唐内府所蔵の王羲之《おうぎし》の法書から行書を集めて集字したものであったが、それには玄奘《げんじょう》三蔵が梵語から漢訳した「般若心経」が入っている。何度も臨書しているうちに、「般若心経」は完全に真魚のものになっていたが、そこには不可解な仏教の神髄らしきものが述べられていた。母もそうだが、「般若心経」を唱えるものが実に多かった。理解できるようで理解できないというのが幼少のころからの実感であった。「色即是空　空即是色」の「空」とは何か、「不生不滅」とはどういうことか……さらには出家、出世間とは何を意味しているのか……天下は朝廷が治めているが、その朝廷が僧尼の出家に許可を与えるのはなぜか……と疑問は尽きない。そして究極の仏とは何か、仏教の奥義に達するとは仏になることなのか、そのために山林に入って修行しなければならないのかと、真魚の心は転々とする。

書棚のある部屋から渡り廊下を通って御堂に入ると、そこには、大きな孔子像と小さな二体の仏像が鎮座している。その一体は釈迦像でありもう一体は弥勒菩薩であると母はいう。お釈迦さまは仏になられた方で、弥勒さまはお釈迦さまがなくなられてから、五十六億七千万年のちに、この世に下降なされ、お釈迦さまの救いに漏れたすべての人たちを救う未来の仏さまなのだという。お釈迦さまは私と同じように生身のままに仏となられたのかと聞くと、母はそうだという。では、仏教とは、生身のままに仏になって人々を救うための教えなのかと尋ねると、母は少し言いよどんだが、そうだと答えた。そしてどこか遠くを眺めるような目付きをして、でも、それはなかなか難しいと善珠さまが仰られたとも言った。それを聞くと真魚は奇妙にだまりこんで、じっと弥勒菩薩を観つづけた。

世間では天変地異や疫病、人災によって人々が苦しんでいた。地は震え、落雷で寺院の塔は炎上し、暴風雨で樹木は根こそぎになり、多くの家屋が倒壊するかと思えば旱魃で飢饉や疫病が広がる。河内国では大洪水のために三十万七千余人もの人たちが流され、船に乗ったり堤防の上で仮住まいをしている。平城の旧都では盗賊が横行し、街路での掠奪や恐喝、家屋への侵入や放火が頻繁にあり、博奕に興ずるものもいた。

諸国では国守や郡司が正税の一部をかすめ取ったり、林野を占有して民衆の生業を妨げ、物資を民間に横流ししては中央への貢納物に粗悪品をあて、土地を開墾して人々の農業や養蚕の地を侵すといった不正を行い、長岡京の造営には諸国から三十一万四千人もの役夫を動員していた。あるいは口分田を取り上げ、有力な寺院に施入させ、耕作の不便な遠方の班田を代わりに支給するなど、民衆は徹底的に苦しめられ、やがて民衆の中にはあちこちに浮浪人が増え、餓死して道端に横たわる者もあれば、偽りの僧となって正業から脱け出す者も少なくなかった。

人々は災いにおびえていた。しかし災いは必ず前兆があり、その後に災害が来るものと信じられていた。災いを免れるには、災いを除く術《すべ》を知らねばならない。人々は神仏に祈り巫覡《ふげき》や僧尼に救いを求めた。巫覡は陰陽《おんみょう》の術を用い、僧尼は仏の霊験を説き、お経を唱え写経による功徳を教えた。前世の悪業は因となり現世においては身体的な欠陥や病となって結果し、あるいは前世に人間であっても現世においては馬や牛などに生まれ変わるという因果応報と輪廻転生の法を説いた。現世での悪業は必ずや地獄行きとなり、その果てに四つ足やさまざまな動植物に転生するであろうと恫喝した。「法華経」あるいは「金剛般若経」を誦持し写経すればその功徳によって救われるのだと説いた。文字を知らない者たち、あるいは少しばかり知っている者たちにとって、それらの経典は呪文そのものであった。

しかし、天変地異や疫病、怪異に対処する仕方は、朝廷といえどもそれほどの違いはなかった。災いの前兆は、陰陽寮の陰陽博士たちが占い、災いを除く術を教える一方で、宮中の内道場や諸国の国分寺・尼寺で「大般若経」や「薬師経」・「金光明最勝王経」などを転読させて災いを除こうとしていたのだ。大きな災いは人々の多くの悪業によって起こると信じられていたが、わけても僧尼の堕落が甚だしい災いの源であるとされた。仏教の教えや戒律を守らず、己れの住房に女を引き入れたり、子を設ける僧侶なども出てきた。

桓武帝が長岡京に旧都寺院の移築新築を禁じたのも、そういう僧尼の堕落が一因であり、僧侶は学問と修行に専念すべきだとし、その拠点として延暦五年（七八六）、近江国滋賀郡に梵釈寺を造営させたのも、そのためであった。桓武帝は仏教勢力の政治への介入を避け、さまざまな仏教の学問や修行のあり方に対して一歩身を引いて、外側から客観的に外護しようとしたのであった。

結果として、桓武帝は陰陽道に頼る傾向を強めていったのである。

真魚はしかし他方で、儒学を大足から教えられ、また自らも学んでいた。肉親の間に自然に生まれる愛を、多くの人々に及ぼすことを内として、外には父母と子、夫婦、兄弟、長幼、そして身分の上下の間に、礼儀のあり方を作り上げて、社会的秩序を成り立たせること、この愛と礼とが儒教の中核であった。天子は民の父母として慈愛をもって民に接し、諸侯、卿大夫《けいたいふ》、士、庶民などそれぞれの身分に応じた礼と上下関係の礼によって、人々を規制する行動規範をもって社会的秩序を保持すべしと儒書には示されていた。

それらを学びながら、真魚は、唐《から》の国と日本国《やまとの》との差異をも敏感に感じ取っていた。たとえば、夫婦のあり方一つをとっても、唐の国では、妻は夫に順《したが》い、一つ家に住みわけながら、夫の父母につくす形が示されているのだが、真魚の両親のあり方はそれとは異なっていた。もちろん真魚の氏姓《うじかばね》は父のそれを継ぎ、佐伯直真魚《さえきのあたえまお》であるわけだが、現実には阿刀氏である母の実家で生まれ育ち、父は遠く讃岐国多度津にあり、時折上京すると母のところに通ってくる。そして季節に応じてさまざまな品物が父から母の許に届けられた。そういうわけであるから、母の存在感は父以上であった。子は父につくすべしと儒書にあるものの、母と子の関係に比べれば、父との関係はあまりにも希薄であった。

そのためでもあろうが、真魚にとって儒書より『老子』のほうが親しみやすかった。そこには、世界の始源はすべてを生み出す母であると書かれており、万物は母の子であり、その母をしっかり守れば死ぬまで危険はないと書かれてあった。母こそ万物が生まれる天と地であり、その天と地とが生まれる根源が道《たお》であるというのである。天の日月、星辰の運行や雲雨の変化、大地から生まれ育つ万物の四季の移り変わりにそって、それらにそったあり方をしっかりと守り、ことさらに愛だとか礼だとかを為さず、ただ無為《むい》であるのがよいとされていた。

さらに真魚は『荘子《そうじ》』に出てくる「方の外《ほうのそと》」という言葉に注目していた。「方」とは、儒教的秩序によって規制された世間のことであり、孔子は、無為の業に逍遥する人たちは方の外に遊ぶものであり、私は方の内に遊ぶものだ、外と内とは及びもつかないものだ、と述べたという。この「方の外に遊ぶ」ということと、『維摩経』に出てくる仏教における「出世間」とは、どれほどの違いがあるのだろう、それが真魚の疑問であった。出世間とは、仏教でいう欲界・色界・無色界の三界の繋縛を離れて解脱の境地に入ることであるらしいのであるが、この三界にはわれわれの人間世界、天人の世界や地下の地獄などの世界も含まれている。とすれば、『老子』や『荘子』に書かれている天と地も超えた境地に出ることと出世間とはどう違うのか……と真魚の知的好奇心はとどまることがなかった。

こうして、いつの頃からか、真魚は、室内の机を前にしてボーッとしていることが多くなった。かと思えば、家を飛び出し、近くの山林を逍遥したり、中つ道を南下して栢森《かやのもり》の飛鳥川の渦を見下ろす崖の上に坐り、「般若心経」を唱えたりした。机の前でボーッとするのは、『荘子』斉物論《せいぶつろん》の中で南郭子綦《なんかくしき》という道士が行った坐忘《ざぼう》という無為の修行をやってみようと思ったからである。体から力を抜いて一切の感覚をなくし、体も心もうつろにして、道《たお》の働きを受け容れようとすれば、天籟《てんらい》という天の音楽が聞こえるというのだ。真魚は天籟を聞いてみたいと思ったのである。あるいは、山林の磐の上に坐ってお経を唱え、仏になる修行とはどういうものかと実践してみたかったのである。

しかし、母から見れば、このごろの真魚の行動は大いに気がかりであった。詩作は時々やっているようだが、以前に比べて学問に熱中するわけでもなく、なぜかぼんやりしているときが多く、時折姿が見えなくなったと思うと、日の落ちるころ疲れた様子で帰宅するといった日々が続いているのだ。母は心配して、長岡京にいる兄の大足の許へ書状を送り、どうすればよいかを問うたのであった。大足《おおたり》からの返書には、いよいよ真魚を自分の手許に置いて、大学に入るための本格的な勉強をさせるときがきた、迎えに行くから心の準備をさせておくように、と記してあった。

3　長岡京での修学と仏教への傾斜、親友との出会い

真川と親友となる

阿刀宿禰大足《おおたり》はこう考えていた。真魚《まお》は十五歳になり元服した。大学に入れたいのだが、長岡の新京では、あいにく大学寮の建設がおくれている。旧都平城の大学寮は、遷都騒ぎでもはや機能しなくなっている。大学の博士や助教たちも新京への移転騒ぎで右往左往している。この上は大学寮の完成を待ち、讃岐国元の真魚の父に大学入学の嘆願書を朝廷に提出させればよかろう。真魚は頭の良い子だから、父の官位が正六位上であっても入学は許可されるに違いない。たしかに、大学の入学資格は十三歳から十六歳までの子弟と定まっているが、大学寮が完成していない現状では、それを待つ以外には手だてはなかろう。とにかく大学が機能しはじめるまでは、真魚をわが手許において勉学させ、唐語なり、手（書道）なりを熟達させるのもよかろう……と。

こうして真魚は、十五歳（延暦七年、七八八）の春、はじめて母の許を離れ、新京長岡の大足の許で暮らすことになったのである。大足は伊予親王の侍講として親王に学問を教える一方で、真魚に対しては、大学入学のための本格的な指導に入った。

大学で教える経書は、『周易《しゅうえき》』『尚書《しょうしょ》』『儀礼《ぎらい》』『礼記《らいき》』『毛詩』『春秋左氏伝』のほか、『孝経』

や『論語』であったが、『孝経』『論語』をはじめ幾つかは、すでに大足に学んでおり、さらに自ら学んでいたので、ほとんどは真魚の頭に入っていた。ただ一字一句間違わずに暗誦するという、万全を期すほどのものであり、真魚にとってはそれほどやっかいなことではなかった。それらの経書の注釈者である後漢の鄭玄《じょうげん》たちの考え方なども一応は会得していたのである。要するに、真魚のレベルは大学に入って学ぶまでもないほどであったが、朝廷に官吏として出仕するために、特に官位の低い父を持つ真魚にとっては、一応将来のために大学を卒業したという資格を取る必要があった。少なくとも、大足はそう考えていた。

しかし大足は、真魚に接するたびに、内心舌を捲くほどの頭脳の閃きを感ずるだけでなく、経書の思想や歴史に秘められた人間というものの存在を突き抜けた、奥深い闇をも凝視しているかのような、何とも空恐ろしい大きな存在性を感じて身震いすることがあった。この子はなみの子ではない。普通の子ならば『論語』一つとっても一杯一杯であるというのに、この子はあらゆるものを呑み込んでしかも恬淡として余裕がある。真魚はようやくその巨大な資質の一端を示しはじめていたのである。

ある日、大足は真魚をつれてそれほど遠くない所に居を構えている清村宿禰《きよむらのすくね》浄豊《きよとよ》を訪れた。漢音を習熟させるためであった。浄豊は大足が親しく師事した晋卿《しんけい》の第九子であった。上の八子はすでに早世して、彼だけが生き残り、父晋卿の薫陶を受けて立派な学者となり、唐人の血筋を引いているだけに正確な長安・洛陽の唐語を話すことができたのである。真魚はすでに大足から唐語の素地を与えられていたから、彼の唐語の上達は早く、浄豊はまた真魚の耳の鋭さに舌を捲いた。しかし、真魚にとって浄豊の許に通うのが楽しかったのは、そこで新しい出会いがあり、一人の友を得たからであった。友の名は藤原朝臣《あそん》真川《まかわ》。父は藤原朝臣雄友《おとも》で伊予親王の母吉子の兄であった。真川《まかわ》も浄豊に唐語を習いに通っていたのである。真川は父が従四位下であったから、真魚の父の官位からすれば遥かに上位の藤原南家の出で、祖父の是公《これきみ》が右大臣になったほどの名門の出身であったが、真魚の驚くべき博識と唐語の上達ぶりには一目置かざるを得なかった。だから、真川はこの驚嘆すべき友のことを、父の雄友に話したほどであった。

二人はよく連れだって長岡京の新宮殿建設騒ぎの様子を眺めたり、あるいは乙訓寺の荒れた境内の緑陰に腰をおろしてさまざまなことを語り合った。学問のこと、仏教のことや、宮殿建設に駆り出された民衆の苦しみ、陸奥国蝦夷の叛乱を征伐するために征東将軍が出発する噂など、話はつきなかった。なかでも皇太子安殿《あて》親王が元服されたことや、藤原百川《ももかわ》の女《むすめ》で桓武帝の妃である旅子が三十歳で薨《こう》じたのは、故早良親王の怨霊のせいではないかという噂は、二人の話題にのぼったが、こうしたことについて、真川は皇室の内部情報に詳しかった。

桓武帝には御子が多いが、藤原良継の女の皇后乙牟漏《おとむろ》との間には皇太子安庭親王（のちの平城帝）と弟公《おとうときみ》の神野《かみの》親王（のちの嵯峨帝）がおり、神野親王は帝《みかど》が旅子との間に設けられた大伴《おおとも》親王（のちの淳和帝）とは同年齢であり、あるいは、真川の叔母の吉子と帝との間には伊予親王がおられるなど、さまざまなことを教えてくれた。その伊予親王の侍講を、真魚の伯父の大足が勤めているのだ。真魚はこれらの人々との浅からぬ因縁を感じ取っていた。

新来の唐書や唐語・書道を学ぶ

大足は、さらに、真魚を伊余部連家守《いよべのむらじやかもり》の許にも通わせた。家守は宝亀八年（七七七）に遣唐使船によって帰国したが、その際『春秋公羊伝《くようでん》』と『春秋穀梁伝《こくりょうでん》』をもたらし、延暦三年（七八四）に、官に申し出てこの春秋二伝に加えて『春秋左氏伝』の三伝の私的講授をはじめていたのだ。その一方で、延暦六年からは養老令の注釈作業なども手がけていた。真魚は『公羊伝』と『穀梁伝』の講授を受けたのである。

そもそも『春秋』は、周代の魯国の隠公一年（前七二二）から哀公十四年（前四八一）までの編年体の史書であって、それに孔子が筆削を加えて制作したものとされ、名分を正すことを主とし、乱世を正す王法を『春秋』に託したといわれる。司馬遷《しばせん》によれば、すべての社会事象に妥当する判断の根本原理が内包されているとし、その解説書に『左氏伝』『公羊伝』『穀梁伝』の三伝がある。後漢の鄭玄《じょうげん》の評によれば、『左氏伝』は礼を修身の本《もと》、治国の体とし、礼を規範として事の是非を論評したものであり、『公羊伝』は災異や未来を予言する説に長じており、『穀梁伝』は秩序の原理に道徳を離れた法家的傾向が強く、最も純正を得ているという。家守は、彼が請来した二伝をもって、桓武新体制の王法の基《もとい》とするべきだと考えていたのである。

ただ、真魚にしてみれば、彼の詩人肌の素質からして、以前から読み込んでいた『左氏伝』、晋の文公重耳《ちょうじ》の物語など、一種の文学性に魅かれていたが、大義によって親さえ滅するという王者を絶対視する傾向は受け容れ難かったし、ましてや『公羊伝』の肉親愛を至上とし、暴君は武力で討伐すべしとか、父祖の仇は「百世といえども討つべし」といった主張は反発さえ感じた。また、『穀梁伝』の心情倫理を否定し、責任倫理を強調し、礼は重んずるが、礼より君命を至上とする法家的立場も受け容れ難く、これらはすべて、所詮は世間という「方の内」のことにすぎないではないかという思いが強かった。しかし他方で人間は「方の内」にあることも事実であるから、「方の内」も「方の外」も含めた、宇宙全体を統一するような壮大な原理のようなものを渇望するようになっていた。

ところで真魚は、七日に一日の割合で忍海《おしぬみの》原《はらの》連《むらじ》魚《な》養《かい》の許に通って、手習い（書道）をしていた。魚養は外従五位下で播磨大掾《はりまのだいじょう》であって在京の官位にあり、延暦七年（七八八）七月二十五日に典《くす》薬頭《りのかみ》となったが、元来、書の達人としてその名が知られ、写経生の手の優れた者たちは、ほとんどが彼に教えを乞うたものだった。真魚はすでに母や大足によって王羲之の手に習熟していたのだが、最近は自由に書きすぎて少し安易に流れる嫌いがあったために、魚養によって改めて基本から立て直してもらい、書を完全に体得するにはよい機会であった。とはいえ、真魚の手首の柔軟さは魚養を驚嘆させるものがあった。

手本は、隋代の僧で王羲之七世の孫といわれる智永の『真草千字文』であったが、真魚が興味を持ったのは、その智永に学んだ隋代永興寺の僧智果の書であった。その「梁武帝評書……」で始まる文章は、ときおり、一字だけ大字にするといった面白い布置が施されていた。そのほか、梁武帝に尚書僕射として仕えた沈約《しんやく》の字も好きだった。沈約は草書が巧みで、筆を下せば超絶と称せられたという。しかし草書といえば、草聖といわれた漢代の張芝《ちょうし》(伯英)が書の学習に池の水を真っ黒にしたという話や、黄帝の史官蒼頡《そうけつ》が自然物を見て文字を造ったという伝説、あるいは法家筍子《じゅんし》の門人で秦の丞相《じょうしょう》であった李斯《りし》が始皇帝の命を受けて篆書《てんしょ》を創始して文字の統一をなしとげたなどと、魚養の話を聞き、興味は尽きることがなかった。つまり書の手習いだけでなく、その歴史も学んだのである。

こうして真魚は日々かなり忙しく過ごしつつあったのであるが、一つだけ不快に思われることがあった。それは大足の息子のことであった。大足は、時折、妻の家に通っていたが、二人の息子があり、兄の方はすでに独立していたが下の子は妻家で養われていた。下の子は真魚より少し年上で、その子が時々大足の宅に姿を見せ、銭などをせびりに来るのである。

どういうわけか大足に似ず、礼儀をわきまえない粗暴な振舞が多く、他人を敬うところがなく、老人を小馬鹿にし、噂によれば狩猟に熱中し、早くも酒を覚え、女色にふけり、賭博にも手を出しているという。大足の悩みの種であったが、真魚はひそかに蛭公《しっこう》と名づけていた。蛭が血を吸うように、大足に物をせびりに来るからだ。どうやら悪い仲間がいるらしい。

真魚と顔を合わせると、フンといってそっぽを向く始末であった。蛭公は真魚の涼しげな目元に湖のような静けさを湛えた瞳で見られるのが苦手なようで、できるだけ真魚とは顔を合わせないようにしている。大足のところに来るのも、真魚が外出中をねらって来ているようだ。真魚ははじめのうちは不快感を覚えていたが、そのうち哀れに思うようになり、すぐにさらりと接するようになった。彼の心の内のすさみが見えていたからだ。それと察してか、蛭公はしだいに足を遠ざけるようになっていった。

延暦七年（七八八）七月、比叡山にあって山林修行を続けていた最澄は、比叡山寺を創建し、自ら刻んだ等身大の薬師如来像を安置した。十二月に入って、桓武帝は征夷大将軍の紀朝臣古佐美《きのあそんこさみ》に節刀《せっとう》を授け、いよいよ征東軍が動き出し、蝦夷《えみし》征伐がはじまった。長岡宮では翌年の二月に新宮殿（東宮）が完成して、帝《みかど》は西宮から移られた。その年の一月九日には参議で大宰帥《だざいのそち》であった佐伯宿禰今毛人《いまえみし》が辞職を願い出て許された。すでに老境に入っていたのである。三月、陸奥国では征東軍が多賀城《たがのき》に集結、二手に分かれて蝦夷軍の地に攻め入ったのであるが、蝦夷軍の首領阿弖流為《あてるい》の策謀にのせられ大敗してしまった。古佐美が敗北の事実を奏上してきたのは六月三日のことであり、九月八日には帰京、節刀《せっとう》を返上したのであるが、敗戦の責任については旧功に免じてお構いなしということであった。帝の生母皇太夫人高野新笠《ぶにんたかののにいがさ》の健康がすぐれず、関係者の処分を軽くするという思いがあったからであろう。

九月の終わりころ、しばらく顔をみなかった真川《まかわ》が暗い顔をして浄豊の宅に現われた。去る十九日に祖父の是公《これきみ》が亡くなられたという。右大臣で中衛大将を兼ね、従二位、享年六十三であった。体の大きな威厳のある人で、時局に応じた政務に通暁し、仕事の処理が手際よく、立派な人物であったらしい。

十二月も半ばすぎて、皇太夫人が病にかかられたという。畿内と七道諸国の諸寺では、皇太夫人のために七日間『大般若経』が読誦されたが、その効き目もなく、二十八日崩じられた。長岡京は服喪一色となり、明くる年の延暦九年（七九〇）正月、その母（土師真妹《はじのまいも》）の地の大枝山陵《おおえのみささぎ》に埋葬され、皇太后の尊号が追贈された。皇太后は桓武帝と故早良《さわら》親王、故能登内親王をお生みになり、宝亀年間に氏姓を高野朝臣と改められ、桓武帝が即位されたとき皇太夫人と尊称された方である。

こうした情報は真川から得られたものだが、真川の父の雄友は、この年の二月二十七日、参議に任ぜられ、いよいよ政治の中枢に入ったのであるが、その喜びも束の間、閏三月十日、皇后の乙牟漏《おとむろ》が三十一歳の若さで崩じられた。先に妃の旅子を亡くされ、去年の暮れには皇太后、そして今度は皇后を亡くされ、桓武帝の悲しみは大変なもので、世間では、いよいよ亡き早良《さわら》親王の怨霊の祟りではないかと噂が広がりつつあった。

延暦九年（七九〇）、真魚は十七歳になった。この年、大学寮がようやく完成に近づいた。大足はさっそく、讃岐国、真魚の父田公《たぎみ》の許に書状を送り、大学入学の嘆願書を出すようにと促すと同時に、自らも式部省宛てに真魚の入学の推薦状を認めた。また、真川の父参議藤原雄友にも書状を送り、側面からの助力を願ったのであった。七月二十四日、阿保朝臣人上《あぼのあそんひとかみ》が大学頭《かみ》に任ぜられ、八月一日から大学が機能しはじめた。

しかし、入学の許可はこれに遅れて発せられ、結局、真魚の入学は翌年の延暦十年からということになった。つまり、真魚は十八歳で大学入学ということになる。本来なら、十三歳から十六歳までが入学年齢と定められているわけだから、これは異例のことである。これには、雄友の奔走や伊予親王の侍講大足の推薦が力あってのことだろうし、また、この年、大学の助教となった伊余部家守の推挙もあったからであろう。

七月二十一日、桓武帝の妃の一人坂上又子《またこ》が亡くなられた。又子は故左京大夫・従三位坂上《さかのうえの》大宿禰苅田麻呂《おおすくねかりたまろ》の女《むすめ》で、帝が皇太子のときに後宮に入れて高津内親王をお生みになった方だ。こう続いて帝に近い女人が亡くなられると、さすがの帝もえたいの知れぬ恐怖に襲われておられた。

のみならず、八月の終わりころから、皇太子安殿《あて》親王の健康状態が悪くなり、九月三日には京内の乙訓寺や宝菩提院など七ヵ寺で読経させたのであるが、皇太子の病は一向によくならなかった。十月三日には、散位・正三位の佐伯宿禰今毛人《いまえみし》が亡くなった。七十二歳であった。職を辞して以来、大安寺の佐伯院に引篭っていたのだ。

それにこの年の秋と冬には、京・畿内に豌豆瘡《もがさ》（天然痘）が流行り、三十歳以上の男女のほとんどが罹《かか》り臥し、あるいは死亡した。京内は死に満ち満ちていたのである。幸い真魚は病をまぬがれていたが、死の臭いの漂う京の様子をつぶさに凝視していたのであった。

4　大学生活と仏教への踏み出し、そして阿毘法師と出会う

大学明経科での日々

延暦十年（七九一）正月七日、大足《おおたり》の息子の長兄で例の蛭公《しっこう》の兄の長人《ながひと》が外従五位下を授けられた。長人は次いで主税助《ちからのすけ》となり、七月には右京亮《うきょうのすけ》に任ぜられる。大学では助教の佐婆部首《さばべのおびと》牛養《うしかい》と伊余部連家守《いよべのむらじやかもり》が昨年の学生《がくしょう》の成績を上げたということで外従五位下を授けられた。八月には忍海原連魚養《おしぬみのはらのむらじなかい》が朝廷に願い出て朝野宿禰《あさののすくね》という氏姓を賜わった。三月六日には、かつて吉備真備らが養老律令の条文二十四ヵ条を削り改定して前後関係を修正してあったものを、初め

て施行することになった。養老令については家守《やかもり》が注釈を書いていたが、家守や藤原雄友《おとも》の要請もあり、真魚が手を放れるので阿刀大足が新たな注釈を書くことになった。これがのちに『跡記《あとき》』と称されるもので、『令義解』や『令集解』に引用され、こうした仕事が認められて、大足は従五位下を賜わったのである。また唐語の師の清村宿禰浄豊は、駿河国の録事（書記官）に任ぜられて赴任して行った。

真魚は大学の明経科に入学したのであるが、大学寮は長岡宮の式部省に面して二条大路をへだてた南側にあった。長岡宮の諸門はまだ建立されておらず、二条大路から式部省の建物を見通すことができた。真魚は七月の半ばすぎに大学寮に居を移した。

宿舎には、各地方からの学生がちらほらと集まってきていたが、ほとんどが五位以上の貴族の子弟か東史部《やまとのふひとべ》や西史部《かわちのふひとべ》の子弟であって、真魚のように六位から八位までの子息はそれほど多くなかった。年は十三歳から十六歳までの少年たちで、十八歳の真魚の存在は珍しかった。彼らからすれば、真魚は老成した先輩に見え、年序からいっても一目おく者が多かった。中には父や祖父の官位の高さを鼻にかける者もいた。もちろん、前年度からの学生で、七月に行われた年終の試験に及第したもの、あるいは及第しなかったものも、居残っていた。

新たに入学した学生たちは束脩《そくしゅ》の礼《らい》と呼ばれる入学式に参列する。束ねた乾肉を博士や助教に贈る儀式である。博士には七分の三、助教には七分の二贈るのがきまりであった。それが終ると、八月から始まる授業の内容や試験のこと、休暇について、あるいは退学について、さらには宮廷に出仕するための条件などについて細かい指示があった。大学頭阿保人上《あぼのひとかみ》の訓示や、文章博士朝原忌寸道永《あさはらのいみきみちなが》、助教の佐婆部首牛養《さばべのおびとうしかい》と伊余部連家守《いよべのむらじやかもり》たちによる訓話が続いた。

それらによると、真魚が属す明経科では、学ぶべき経書は『礼記』と『春秋左氏伝』という大部の大経、『毛詩』『周礼』『儀礼』という中経、『周易』『尚書』という小経のうち、二経に通じたいものは大経一通と小経一通か中経二通、三経に通じたいものは大・中・小各一経、五経に通じたいものは大経二つと中・小各一経を取ればよく、二経以上に通じないと宮廷への出仕の資格がない。これに加えて『孝経』と『論語』はみな兼ねて通じなければならない。

学び方は、まず音博士について音読して暗誦し、しかるのちに博士や助教の講義を聴くという順序をとり、十日（旬）ごとに一日休暇があり、休暇の前日には博士が試験を行う。暗誦の試験は千言（千字）ごとに一ヵ所三字を覆い隠し、その字をそらで答えさせる。講義の試験は、二千字ごとに一ヵ所の文の意味を問う。以上のことを三回ずつ行うが、二回とおれば及第、一回か全くとおらねば鞭などの刑罰が課せられる。

授業は八月一日に始まり、翌年の七月三十日までを一年間とし、その七月に年終の試験を行うが、受けた授業を通計して、一ヵ所の文義を八回問う。六通り答えれば上、四通り以上答えれば中、三通り以下は下とし、三年連続で下であったり、九年たっても下ならば退学となる。宮廷に出仕する場合は、式部省の試験がある。

臨時の休暇願いは大学頭《だいがくのかみ》に申し出る。九月には新しい冬衣を受け取るための休暇が与えられるが、これは遠い近いによって日数がちがう。また五月には田植の手伝いのため休暇が十五日与えられる。もし、師の教えにしたがわず、一年のうち不正休暇が百日になれば退学である。退学の場合、その理由を式部省に伝え、本貫地に下す。内六位以下八位以上の嫡子は、本貫の諸国から上申することになる。

また、音楽や雑戯は禁ずるが、琴を弾いたり弓矢を習うことは許される。さらに、元日や公卿大夫の喪葬のときには、それらの儀式を見物させるし、二月の丁《ひのと》の日と八月の最初の丁《ひのと》日には、大学寮の廟で釈奠《せきてん》という孔子らを祭る儀式が大学頭の主導で行われ、官から飲酒や式服が与えられるが、八月の場合は、その翌日、博士も学生もともに内裏に参内して内論議《うちろんぎ》が行われる。学生たちの大学での生活は大体このようなものであった。

長岡宮の諸門はまだ建てられていなかったが、それでも一日のはじまりである寅《とら》の一点（午前三時）には、陰陽寮の第一開門鼓が鳴り、次いで卯《う》の四点（午前六時半）には第二開門鼓が鳴らされる。大学寮でも第二開門鼓に合わせた始業の太鼓と同時に授業が始まるのである。学生は文箱《ふばこ》を開いて書籍を取り出す。そして陰陽寮の退朝鼓に合わせた太鼓が鳴る正午に主要な授業は終るのであるが、博士や助教が他の官職を兼務している場合などには、午後に授業が行われる場合もあった。もちろん、日が沈んで閉門鼓が鳴ると、大学寮を出入りすることはできなかったが、学生が灯をともして学習するのは許されていた。教官は常に学生の生活を見てはいるが、一々細かい注意はしなかった。

こうして真魚の大学生活ははじまったのであるが、授業で教わるものは、彼にとってほとんどが二番煎じであった。大足らによってみっちり仕込まれていたからだ。のみならず、真魚の頭脳の中では、一々の内容が相互に関係づけられ、体系化されており、その整然としたところから滲み出てくるものには、一種の風格さえも備わっていたから、博士や助教はしだいに一目置かざるを得なくなった。

さらに、それらの経書が主張するものは、方《ほう》の内《うち》のことにすぎないという認識が真魚にはあった。経書の類いは、結局のところ上に立つ者のためにあるものであって、それらを学んだ者たちの現状はどうであろうか。地位や官位に執着し富をかき集めることに汲々とするばかりではないか。真魚の興味の対象はすでに方の外にあったのである。しかしこのころの真魚の場合、微妙であったのは、方の外が、孔子が言ったように無為の業に遊ぶことと、『維摩経』に書かれていた出世間ということとの間で揺れていたことであった。

無為の業に遊ぶ……つまり神仙の境涯に達する修行については、すでに『抱朴子』などの書巻を通じてよく知っていたが、どこか利己的な臭いがして、現実の人々の悲惨とは無縁なもののように思えて仕方がなかったのである。しかも、維摩の病は人々の悲惨が続くかぎり癒えないではないかという思いが、真魚の胸にうずいていた。みな病んでいる。官吏も僧侶も農耕や漁業に携わる者もみなその心が病んでいる。人々が病んでいるから天地も病んでいるのだ。

真魚は、正午に授業が終ると、しだいに足げく外出するようになった。京内の乙訓寺や宝菩提院、吉備寺などに出かけては経論を書写したり借り受けたりするようになった。日が沈んで、閉門鼓が鳴るころ大学寮に戻ってくる。夜は、書写した経論や借りたものを読み耽った。

冬十月、真魚は大学の講義には出ず、朝未明から遠出をして、平城の旧都に向かった。興福寺の講堂で行われる維摩会《ゆいまえ》に参加するためであった。参加するといっても、講堂の外の一般衆とともに、講堂内で行われる問者と講師のやりとりを耳を澄まして聴講するだけであった。それでもそこで行われる問答を通じておおまかな内容は理解できた。この維摩会は、十日から一週間かけて続き、十六日の結願《けちがん》の日が、大織冠藤原鎌足公の正忌日《しょうきにち》にあたっていた。この聴講のとき、真魚は講堂の脇に経蔵があり、唐院には、かの阿刀一族出身の玄昉僧正が唐からもたらした経論五千余巻の一切経が収められていることを知った。僧正は法相宗第三祖撲陽《ぼくよう》智周直伝《じきでん》の唯識《ゆいしき》教学を伝え、興福寺は法相唯識学の拠点となっていたのである。また玄昉僧正の弟子で、これも阿刀氏一族出身の善珠禅師はすでに十一年前に興福寺を出られ、秋篠寺を創建止住され、法相教学の正統な基盤を確立、今は桓武帝や安殿《あて》親王から篤い信頼を寄せられている。一方で興福寺は藤原氏一族の氏寺でもあったから、真魚はふと真川のことを想い出していた。

阿毘法師と知り合う

結願《けちがん》の日、聴講を終え、西金堂の脇をすぎて南大門の方に向かって歩きながら、問答の内容を反芻していると、呼び止める者があった。僧形の人物である。僧とはいっても正規の僧侶ではないようだ。頭は銅《あかがね》の瓫《ほとぎ》に似て、粉艶はすべて失われ、顔は瓦の鍋《なべ》かと疑うばかりで、容色のかんばせはやつれはて、風采はあがらない。長い脚は骨ばって池辺の鶴のようであり、縮こまった頸は筋ばって泥中の亀のようである。左のひじには頭陀袋をかけ、右手首に数珠をかけ、粗末な草履をはき、駄馬をひく索《なわ》を帯にしている。縄張りの椅子を負うて鐶《わ》のとれた錫杖を右手に突き、鼻筋はまがり眼はくぼみ、おとがいは尖り、眼は角ばっている。口は三つ口で歯が抜け、すばしこい兎の唇のようである。「問答をどのようにお聴きになりましたかな」とその人物は言いかけて、いきなりの質問は失礼と思ったのか、「吾《われ》は法名を持つほどの者ではないが、人は阿毘《あび》法師と呼んでおる」と自己紹介して、「いや、ほかでもない、貴公があの講堂での問答にとてつもない集中力で聴き入っている姿に感じ入ったのでな」とつけ足した。

真魚はにこやかに笑みを返して礼拝すると、自分が佐伯直真魚であり、今、大学で学ぶ学生《がくしょう》であることを告げ、最初の阿毘法師の質問に、「法身《ほっしん》は生ぜず、過去にも生ぜず、未来にも生ぜず、また滅せず、将来も滅せず、甚深《じんしん》である」と答え、仏の真の姿は経典などの文字やさまざまな句では表現できないこと、だからこそ、維摩は「愛欲、そのままが悟り」とか「魔も菩薩なり」といった逆の表現や対句をもって示し、挙句の果てにいかなる説法でも表現できないからこそ、最終的には黙せざるを得なかったのだと語った。「なるほど、不生不滅にして甚深か」と阿毘法師は嘆息をもらし、「遠いのお！」とこぼした。釈迦如来が、その無上で完全な悟りを依嘱したのは弥勒菩薩であり、その弥勒下生の時が余りにも遠い未来であることに、二人の思いが重なり合ったのだ。「しかし信じて」と同時に口にした二人はおもわずカラカラと打ち笑った。

「ところで、どうしてあなたは私度《しど》の僧となられたのか」と真魚がたずねた。阿毘法師は、師の許で得度はしたものの正式に受戒して官許の僧となったわけではなかったからである。法師は昂然と言い放った、「かつて慧遠《えおん》は、出家はすなわち是《こ》れ方外《ほうがい》の賓《ひん》にして迹《あと》、物を絶すと言ったではないか」と。慧遠という人物は東晋時代の僧で、浄土宗の創始者であったが、『沙門不敬王者論』を著し、出家者は世俗を超越しているのだから、王者に対して敬する必要はないと主張したのだ。つまり、阿毘法師は、僧侶が官許によって正式な官僧となることを潔しとせず、そのことを王権に屈しなかった慧遠の例を引いて主張したのであった。

なるほど、「方外の賓か」と真魚は深くうなずいた。まさか阿毘法師の口から「方外」が出てくるとは思ってもいなかったからだ。しかし、維摩なら、「方の外」も「方の内」も菩薩の境涯であると言うだろうなと思った。とはいえ、法師の心意気は壮とした。

そもそもこの時代、正式な僧侶となるためには、師主の許で出家得度して沙弥《しゃみ》になるのが第一段階で、このとき治部省の印のある度縁《どえん》(度牒)が発行され、何年か師主のもとで修行に励み、やがて師主の推挙によって、一月に行われる宮中太極殿で最勝王経を講ずる御斎会《みさいえ》に参列、そして東大寺戒壇院で受戒を受ける。そのとき度縁は廃されて公験《くげん》という正式な僧(比丘)となった証明書が発行されるのである。こうして正式な僧となった者は定められた寺院に起居して国や天皇貴族の安穏を祈るのであって、定められた寺院以外や山林での修行にも、本来は官の許可が必要であった。こうした僧たちを統制するのが、僧綱《そうごう》と称する僧官たちであり、諸国では国師であった。

僧綱は僧正、大僧都、少僧都、律師などによって構成され、僧尼の名籍や寺院資財の管理、僧尼の統轄や教学の振興など、仏教界の統制にあたっているのである。当然、公験には治部省とその下部の玄蕃《げんば》寮官人の署名と印に加えて、僧綱の署名と印が押される。それによって、戸籍から僧籍に編入され、戸籍からはずされるから課税などの義務は免除されるのである。

ところで、仏教というものについて、天皇以下貴族や地方官たちは、それが自分たちの安穏を護持するための呪力をもつものと考えており、もともと民衆の間に布教すべきものとは考えていなかった。ある意味で律令体制そのものを護持する呪力をもつものであり、自分たちが安穏であれば、必然的に民衆も安穏に導けるものと考えていたのである。だから僧尼は官僧尼でなければならなかった。その上、仏教には、天皇から民衆まですべての人々に仏性があり平等とする、ある意味では危険な思想があったから、仏教の民間への布教はきびしく禁止してきたのである。

しかし、特に大乗仏教の教えは、一切衆生救済という偉大な請願の上に成り立っていた。おそらく、日本に仏教の経典が渡来したときは、何か不思議な呪力を発揮する呪文のようなものと感じていたに違いないが、ようやく経論の意味が理解できるようになってくると、一切衆生救済を目指すものたちが輩出するのは理の当然であった。そういう者たちが民衆の中に入って、法を説き、遊行するようになる。それに応ずるかのように、民衆の中からは信心に目覚めた者たち、すなわち知識たちが集まって各地に御堂を建て仏事を行うようになってくる。

あるいはまた、自ら髪を剃って僧の衣を身にまとい、経を読み、乞食《こつじき》をする者、すなわち自度僧も出てくる。そういう自度僧の中には、律令制下の重税を逃れ、浮浪化し、僧形をとる者も多くなった。自度僧と官僧とは見かけの上では区別のつけようがなかった。あるいは師について得度はしたものの受戒の機を逸したもの、さらには官僧たることを潔しとしないもの、すなわち私度僧などが、諸国に遊行するようになったのである。ましてや、お経を書写する功徳やお経を読むことの功徳を求める民衆はどこにでもいたのである。

官僧であろうが、私度僧であろうが、気概のある僧たちは、轟々とした巷《ちまた》を避けて、煙霞たなびく山林に分け入り、ひたすら修行精進に努めるようになる。深山の霊気が彼らの修行を助けるからであった。生駒《いこま》山、葛木《かつらぎ》山、吉野の金《かね》の御嶽《みたけ》などには、数々の修行場があった。かつては役《えんの》小角《おづぬ》や泰澄《たいちょう》、行基《ぎょうき》などが修行したという伝説があちらこちらに語り伝えられている。山林で修行した僧には不思議な霊力が備わると信じられていたのである。もっとも修行そのものは、むしろその不思議な霊力あるいは呪力を身につけることを目的とする者が大半であったし、民衆はそれらの霊験を求めるようになっていた。

阿毘法師も山林で修行する私度僧の一人であり、風采はあがらないが、気骨あふれる人物であった。真魚はこの人物との出会いののち、急速に親しい間柄となり、互いにこの世の無常について語り合うようになっていった。

5 「方外の賓」へと歩み出す

『華厳経』と弥勒菩薩

真魚はようやく仏教にのめりこみはじめた。しかし、さまざまな経論の中で、自分の資質に合ったもの、あるいはじぶんの資質にかなった行の次第に出合うことができなかった。また、これぞと思う師がどこにいるのかもわからなかった。とにかくまずは万巻を繙いてでもこれぞと思う経論を見つけなければならないと思った。そこで、親友の藤原真川《まかわ》を通じて、参議の藤原雄友《おとも》の紹介をとりつけ、平城旧都のいわゆる官大寺に収蔵されている経論を読み書写することを願い、真川にそのことを懇願すると、事は意外に易々と進み、七官大寺に自由に出入りできるようになった。

真魚は学生であったが優婆塞《うばそく》（在家の信者）として大目に見てくれたのである。この時代の寺々は、そういう意味では熱心な信者に対してわりあいに開かれた面があったのである。興福寺では三代目の別当行賀が、東大寺では華厳経に造詣の深い修哲法師が相談に乗ってくれた。大安寺の場合、同族と目されていた佐伯宿禰今毛人《いまえみし》が建立した佐伯院があり、今毛人はすでに亡くなっており、兄の真守《まもり》も十一月に亡くなっていたが、真守の妹の氏子が有髪のまま佐伯院を守っていた。その佐伯院の一室を拠点に官大寺をめぐり歩くことができるようになった。こうした処置の背後に藤原雄友の取り計らいがあったのだ。特に、興福寺唐院に出入りできるようになったのは、真魚にとっては大変あり難いことであった。

この年（延暦十年）の九月、平城宮の諸門は解体され、長岡京に運ばれ、長岡宮に移築された。さらに大学で特記されることは、博士の佐婆部首牛養《さばべのおびとうしかい》が、出身地の讃岐国寒川郡岡田村にちなんで岡田臣の姓を願い出て、十二月に許可されたことである。佐婆部首というのは母方の氏姓であったのだ。牛養は博士であったから、真魚にも関係があったわけだが、このころの真魚の関心はもっぱら仏教に向けられており、学生の身分でありながら、大学の授業にはほとんど顔を出さなかったのである。

さまざまな経論の中で、真魚を特に魅きつけたのは、『華厳経《けごんきょう》』であった。このお経は、釈尊が菩提樹の下で悟ったときの心のありようを、毘盧遮那《びるしゃな》仏そのものの世界として描いたとされるが、毘盧遮那仏は眼に見えない法身であり、その法身の説法は、実は、普賢《ふげん》菩薩の身・口・意を借りて説法をしているのだ。だから、法身たる毘盧遮那仏と普賢菩薩との関係はどのようなものかと真魚は考えた。つまり、『華厳経』普賢三昧品に出てくる三昧に興味を持ったのである。それによると、師子座に坐った普賢菩薩は、「一切諸仏毘盧遮那如来蔵菩薩三昧」という三昧《さんまい》(瞑想)に入るのだが、そのうちの「如来蔵菩薩」という表現に注目したのだ。これは仏身であると同時に菩薩である三昧ではないのかと。なるほど、普賢の行《ぎょう》か、と真魚は深く頷いた。

『華厳経』の最後の入法界品《にゅうほっかいぼん》には、善財童子《ぜんざいどうじ》が、五十五箇所・五十三人の善知識を訪問して教えを乞い、それぞれの教えを身につけていく様子が描かれているが、終り近くで、弥勒《みろく》菩薩が童子にむかって次のように言っている。「この童子のように大乗を学ぶ者は、はなはだ稀有である……すべての善知識に会い、一生のうちに普賢菩薩の行を具えることになるだろう……あまねく因陀羅網《インドラもう》の世界、諸仏の世界に遊んで……。多くの菩薩は大変長い時間をかけて菩薩の行を修するのであるが、あなたはいまの一生の間でみなことごとくつぶさに獲たのであり、みな直心《じきしん》の精進力によるものだ。もしこのような法を獲ようとする者がいるならば、善財のように行うべきである。……仏の子よ、あなたはまもなく私と等しくなるであろう」と。

普賢の行を修すれば、この生身のまま、一生の間に弥勒菩薩と等しくなる……そのように『華厳経』には書いてある。しかし、善財童子が見た普賢菩薩の姿は、その体の一つ一つの毛穴から全世界を照らす光明が放たれ、それに照らされた人々は救われ、しかもそれらの毛穴一つ一つに過去・現在・未来のすべての仏や菩薩が現われ、それぞれの教えを説いているという、誠に不可思議な姿であった。真魚は、普賢の行について、この不可思議な姿から推して、かろうじて予測できた。

あるいは『大般涅槃経《だいはつねはん》』の次の一節は、さらに真魚を力づけるものであった。すなわち、「もし人が、わたしの往昔の場合（雪山の修行者であったとき）のように、（諸行無常の）半偈《はんげ》のために身を捨てるならば、その因縁で十二劫《こう》をとびこえて、弥勒より先に無上のさとりを得るであろう……無上の完全なさとりを得ようと決意するならば、それだけでガンジス河の砂数ほどもある限り無い菩薩たちをものりこえてさとりに近づくであろう」と。決意のあり方しだいでは、弥勒菩薩よりも先にさとりが得られるとは！……。

年が明けて延暦十一年（七九二）、真魚は十九歳の春を迎えた。二月には興福寺で涅槃会が、三月には東大寺と法華寺で華厳会が行われ、桜の散るころには東大寺で法華会、四月の六、七日には大安寺で大般若会、五月には唐招提寺で梵網会が行われた。それに、四月十五日から各寺ではじまる夏安居《げあんご》には、経典の講義が行われていたから、写経がてら、それらを聴講することもできた。

大学出奔

六月中旬、真魚は大学寮に戻ってきた。休暇が百日を越えてしまっていたからだ。退学を命ぜられるであろう。あるいは真魚の本貫である讃岐の父の方へ理由書が下されているか、あるいは、讃岐の父がすでに上申書を出しているか、それを確かめねばならない。久し振りの大学寮はあまり居心地のよいものではなかったし、学生や教授たちもよそよそしかった。大学頭《だいがくのかみ》には、退学の上申を父に提出させるために、讃岐国に下向したい旨を告げて許可を得た。大学頭は真魚の才を惜しんでくれた。

明くる二十二日、昨夜来の雷雨がすさまじい勢いで降り注ぎ、道は泥濘と化していた。大学寮の門を出ようとした真魚の眼前で、突然、物凄い轟音とともに水しぶきが上がった。式部省の移築されたばかりの南門が倒壊したのだ。その一瞬、真魚の胸の内で何かが倒壊したような気がした。「方の外へか!」とつぶやいて、泥濘の中に足を踏み出した。背には経論類を入れた布袋を背負っていた。

その夜は阿刀宿禰大足の宅に泊まった。真魚が濡れた経論類を干しているのを見ながら、大足は何も言わなかった。しかし、わざと関係のない皇太子安殿《あて》親王の病について語った。親王は一昨年の九月から病に罹り、病平癒の祈禱のために伊勢大神宮に行ったりしたが、一向によくならなかった。この皇太子の長患いを卜巫《ぼくぜい》に占わせたところ、故早良《さわら》親王の祟りと出たそうだと。

雨が止むのを待って大足の宅を発った。大足は黙って路銀をはなむけに渡してくれた。大安寺の佐伯院に寄った。書写してあった経論を整理し、身の回りのものを処分しなければならなかった。院主の氏子は、親切にも、叔父の今毛人《いまえみし》が使っていたという簡素で小ぶりな笈《おい》と数珠を恵んでくれた。

そうこうしているうちに、阿毘《あび》法師が佐伯院に姿を現した。「まだ髪を剃らぬか」と言うから、「自ら剃ることはせぬ」と、自度僧たることを拒否した。「有髪では乞食《こつじき》もできん」と法師は言う。「これからどうする」とたずねるから、まずは、阿刀村の母をたずね、そこから吉野にはいり、葛木を経て和泉の山々を越え、加太《かだ》から水路をとり讃岐の父の許へ行くと答えた。「では、途中までお伴しよう」と言う。法師は旅なれた風情であるから、何かと道中便利なこともあろうと、しばらく道中共にすることにした。

阿刀村の母の実家に立ち寄ると、母は逞しく成長した真魚をまぶしげに見上げながら、その涼しげな目元に懐かしさを覚えながら、海のように深みを湛えた瞳をみて、なみなみならぬ決意のほどを読み取っていた。「これが愛しい黒髪の見納めとなるか」と、無造作に束ねられた真魚の頭髪を見ながら言った。背後に控えた阿部毘法師に黙礼をしながら、夫への伝言をしつつ、いくばくかの路銀を手渡してくれた。

この年、伊予親王が元服された。朝廷は従来の大学の漢籍における呉音読みを廃して正統な現代の唐語の読みを徹底するつもりであったから、伊予親王の侍講にも、その専門家を必要としていた。そこで阿刀宿禰大足が清村宿禰浄豊《きよとよ》を推挙して採用された。

他方でこの八月の大雨で、洪水が起こり、長岡京の左京東南部が水に浸るという状況に陥った。桓武帝は、皇太子の長患いが故早良《さわら》親王の祟りであったことにげんなりされていたところに、六月の式部省南門の倒壊やこのたびの洪水である。また、母の皇太后高野新笠《にいがさ》をはじめ、皇后乙牟《おとむ》漏《ろ》、藤原旅子、坂上又子ら身近な者が次々と亡くなったために、さすがにこの長岡京を忌むようになられた。早良親王の怨霊の篭った不吉な都と思われるようになられたのである。こうして早くも遷都をもくろまれていた。

年の明けた延暦十二年（七九三）一月十五日、大納言藤原小黒麻呂《おぐろまろ》と左大弁紀古佐美《きのこさみ》たちが派遣されて、山背《やましろ》国葛野《かどの》郡宇多村が遷都先として検分された。桓武帝が長岡京を捨てようと考えられていたころ、真魚はすでに大学を捨てていたのであった。

6　吉野・金の御峯入り

優婆塞・光明との出会い

十九歳の秋、真魚《まお》は阿毘《あび》法師と連れ立って中つ道を歩いていた。栢森《かやのもり》を抜けて吉野に向かいつつあったのである。真魚は白装束、袴は膝下と足首でくくり、草鞋《わらじ》ばき、背に笈《おい》を背負い、右手に樫の杖をつき、法師は僧衣の下に白袴で輪のとれた錫杖をつき、二人とも桧笠《ひがさ》を被っていた。

高取山《たかとりやま》の山麓の東の谷をまわるように川沿いの坂道に入り、左右に杉や檜などの木々が鬱蒼と立ち茂る谷間を右や左に曲がりながら、少しずつ登って行く。時折、木の間が開けたところで足を留め、振り返ると、はるか彼方にかすんで見える飛鳥の里を眺めやると、胸が熱くなってくる。

芋峠《いもとうげ》を越えると、眼前に吉野の峯々が静まりかえっていた。谷々には青味を帯びた乳白色の霧が立ち篭め、さすがに方外の霊域として荘厳を湛えていた。この吉野の峯々は金御峯《かねのみたけ》と称され、黄金の山とも言われ、弥勒菩薩が下生《げしょう》するときにその黄金を延べ敷くことになっており、その黄金を守護する金峯大菩薩《かねのみたけだいぼさつ》を、かつて役行者《えんのぎょうじゃ》が感得したと伝える。あるいは、この大菩薩こそ弥勒菩薩の化身だとも伝えられている。真魚が吉野入りを望んだのは、そのことが頭にあったからであった。

芋峠を下って千股《ちまた》の里に入ったとき、阿毘法師が「ここで別れよう」と言った。竜門の岩屋で修行したいというのである。「それに、わしが一緒では魚公《おぎみ》の修行の邪魔になろう」とも言った。竜門は千股の里から東に山を分け入り、志賀、佐々羅、山口などの集落を経た竜門岳の山懐にある竜門寺のことである。寺の三重塔の裏の崖から落ちる竜門の滝があり、仙人が住んでいたという岩屋もあり、都の貴族たちあこがれの幽邃《ゆうすい》な仙境であった。竜門寺の開基は、行基菩薩や玄昉《げんぼう》僧正・東大寺の良弁僧正たちの師である義淵僧正であった。高取山や竜門岳の南斜面が、本来の「吉野」であり、そこは古来狩猟に適した原野であったのだ。だから大淀川（吉野川）の南、金《かね》の御峯《みたけ》は奥吉野とでも言うべきであろうが、今では吉野といえば金の御峯一帯を指すようになっている。

真魚はほほえんでうなずき、二人は互いに礼拝し、法師はくるりと背をけると竜門寺への道を取り、東の山に分け入って行った。真魚は法師の後姿が見えなくなるまで見送った。日はかなり西に傾いており、法師の身が案じられたが、まあ法師のことだから大丈夫であろうと、般若心経を唱えて安全を祈った。

その様子を少し離れた道端で見守っていた里人が、真魚の方に近寄ってきて、声をかけてきた。真魚が吉野入りのことを話すと、里人は日の傾き具合を見ながら、今日はこの里に泊りなされと促し、自らの草葺の家に導いてくれた。こうして真魚は千股の里に笈を休めることができた。

千股《ちまた》の里は、多くの吉野入りをする行者や旅の僧尼たちを受け入れる優しさに満ちていた。かつては天武帝の皇后だった持統女帝も、天武帝が亡くなられてから吉野の宮滝にある吉野宮に三十一回も行幸され、その途中、この里で御輿を降りられて休まれたものであった。道沿いには何軒かの草葺きの農家が立ち並び、この里は往復する旅人の足を休める土地柄であったのだ。

次の日の早朝、真魚は千股の里を発ち、上市《かみいち》に下った。およそ一里ほどの道筋であったが、不思議にも、後になり先になる人物と一緒であった。やはり白装束で桧笠を被った有髪の優婆塞《うばそく》（在家の男性信者）らしく、日に焼けた精悍な顔付きをしている。どうやら夜っぴいて芋峠を越えてきたらしい。背には袋物を縄でしばりつけた背負子《しょいこ》を負うている。腰の帯には山刀をさし、火打ち袋らしきものを提げ、右手は樫の杖をつき、左腕に数珠をかけている。袴を膝下でくくり、素足に土と汗にまみれた布を巻き、細い藤蔓であんだ草履をはいているが、その乳《ちち》を通した緒を足首にくくりつけて足にぴったり密着させている。真魚よりかなり年上であろうか。

真魚がにこやかに会釈すると、男は歩を緩めて肩を並べるようにしながら、「いずこに」とでも言いたげな目付きで真魚の方を見る。真魚が御峯入りのことを語ると、「ほう━っ」と溜息をつき、「参篭の寺なりとお目当てがあるのか」と聞く。何もないと答えたら、「何と大胆な……」と言いながら、ふと足をとめて向き直り、真魚の目をじっと見つめた。そして、「お主は尋常のお人ではないな……」とつぶやいた。

男は日雄光明《ひのおのこうみょう》と名乗った。三日前に所用で都に出向き、昨夜来戻りつつあるという。都ではまたしても遷都の噂が立ち、陸奥の蝦夷討伐のこともあり、民の苦しみはいよいよ大変なものになろうと嘆息する。

やがて二人は上市に入った。上市は吉野の中心地であり、大領（郡司）の館もあり、人家も多く、大淀川（吉野川）沿いの道には人々の往来もかなりあった。市が立てば近隣の山人たちが集まり、賑わう場所でもあった。その道を横切り、老いた桜の生い立っているあたりには石の燈篭が立ち、対岸の井光《いひか》の里（現在の飯貝《いいがい》）に渡る渡し場であった。左手の上流の方を見ると、神奈備《かんなび》山が望まれる。妹山《いもやま》である。それと川をはさんだ南側の対岸にも妹山と対峙するかのような小山が望める。妹山には大名持《おおなもち》の神が鎮座していると光明はいう。豊かな川の水は幽翠な色を湛えてゆるやかに流れていた。

光明は対岸の井光の里を眺めながら、「わが始祖である井光《いひか》は、はるか昔、あの地で神武帝に見い出された」と言って話しはじめた。それによると、井光の末孫の井依《いより》は、神功皇后のとき、日雄監《ひのおのげん》に任ぜられ、始祖を井光山の西山麓、日雄の地に祀った。その井依の子孫の光乗は、役《えんの》行者《ぎょうじゃ》の弟子となり、剃髪して日雄角乗と名乗り、以後の子孫も役行者の法を受け継いだ。角乗は壬申の乱の折、天武帝をお守り申し上げた功で日雄連《ひのおのむらじ》の姓を賜った。角乗には、光範、光仁、光正の三人の息子があり、それぞれが役行者の法灯を守り、剃髪して角範、角仁、角正と改名したが、三男の角正が光明の直接の祖であり、日雄寺《ひのおじ》を創建したというのであった。光明はその日雄寺を受け継ぐことになっているが、今は、かつて豊聡耳皇子《とよとみみのみこ》（聖徳太子）が創建されたという椿山寺《ちんせんじ》（現在の竹林寺）を預かっているということであった。

光明は真魚を石燈篭のわきに待たせてしばらく姿を消した。やがて一人の中年のがっしりした体格の男を伴って現れた。どうやら渡し守であるらしい。二人は長年の知己であるらしく、男は光明を尊敬しているようである。こうして真魚は光明とともに大淀川の川面に浮かんだ。渡し守は長い棹をあやつり、いったん流れに逆らうように上流の方向、斜めに舟を突き出し、流れの中央に来ると流れにそうように井光の里の対岸にある渡し場に棹さして向けた。川面を渡る風は冷やかで寒いくらいであった。川幅は少し下流から次第に広がる様相を呈して、中洲の緑が霧の中にある。両岸の山々の緑はところどころようやく色づきはじめ、森閑として時折、鳥の囀りが響き渡り、流れと棹さす音が耳に快い。水流のなめらかなゆらぎが舟底から伝わってきた……。

金御峯堂

井光《いひか》の里を西にぬけて、大淀川に沿うように進むと、杉木立の中に静まる丹治《たんじ》の集落に入る。そこから南に折れて谷川沿いに入ると、いよいよ金《かね》の御峯《みたけ》に分け入ることになる。杉や檜、唐檜《とうひ》の巨木が林立する合間々々に、山桜や楓の葉が色づき、霧が樹間に流れて幽寂な霊気が漂っていた。苔むした木の根や岩角を踏みしめて、道はしだいに坂道となり、上り下がりしながら登って行く。

清冽な清水が湧き出ている処に出た。左脇には鳥居が立っており、奥の開けた狭い台地に小さな祠《ほこら》が鎮まっていた。光明は清水で手や口をすすぎ、鳥居をくぐって祠の方を向き、数珠を繰りながら何やら呪文を唱えた。真魚にはその呪文が何かの経典にあったと思ったが、すぐには思い浮ばなかった。真魚も同様にして祠の前に立ち、般若心経を唱えて手向けた。祠の主が何者であるか光明は何も言わなかったが、ただ、「ここは最初の行場でのう」とだけ言った。

祠の前の空地から左の岨伝《そばづた》いの道に踏み入った。「この道は七曲りと称して少しきつい坂道だ」と言いながら光明は先導する。右左しながら一気に登りつめると尾根伝いの道に出た。この道は大淀川の六田《むつだ》から上ってくる道で、ゆるやかに傾斜しながら左手の木立の中を上っていく。霧と緑と紅葉の樹冠の彼方にひときわ目立つ屋根が望まれる。あれが役行者を開基として行基菩薩が建てられた御峯堂《みたけどう》であると光明はいう。日雄《ひのお》の一族も含めて吉野の里々の人々が創建にかかわったともいう。西側は深い谷間で、左曾川《さそがわ》が流れているのだろうが、乳白色の雲海でうまり、向かいのたたなわる山々の遥か遠方に、葛木山の連峰がかすんでいる。東側の今登ってきた七曲りは早くも霧でうまり、東北の彼方には重厚な竜門岳をうっすら見通すことができる。東南は雲海の中に霊気漂う山々がどこまでも重量していた。

尾根道を辿って御峯堂《みたけ》に向かう。途中ところどころに行場や行者堂があり、国中《くんなか》の寺々や諸国遊行の僧や優婆塞たちがきて、山林修行に励んでは帰って行くという。そういう人たちの世話をし、行者堂を管理するのもこの一帯に住む光明たちの役割だった。さらにさまざまな薬草や薬石の採取も仕事であり生活の糧だった。先々日、光明が都にでかけたのも、貴重な薬草類を典薬寮に売りに行き、その足で東西市で生活の資を手に入れてきたのである。それらが背負子《しょいこ》に積まれた袋に入っているのだ。薬草・薬石の秘伝は役行者からの伝として、日雄《ひのお》一族に伝わっていた。

山門をくぐって御峯堂の境内に入ると、石畳の向こうに鬱蒼とした老杉の木立に囲まれた、桧《ひ》皮葺《わだぶき》の屋根で白木造りの巨大な御峯堂が荘厳な姿を見せた。左右には幾つかのお堂があり、境内には平たい石を敷き詰めて護摩を焚いた跡がある。手水舎《ちょうずや》で心身を清めて御峯堂内にはいると、正面には役行者が感得された巨大な金峯大《かねのみたけだい》菩薩《ぼさつ》がおられ、向かって左に弥勒菩薩、右には千手千眼観世音菩薩がおられる。光明が火打石で火を起こし燭台に火をともした。

一瞬、千手千眼菩薩の千手の眼がキラキラと光を放ったかに見え、その相互に輝き合う千の眼光は、たちまち因陀羅網《インドラもう》の毘盧遮那《びるしゃな》の宇宙を照らし出し、釈迦の救済から漏れた人々を救おうとする弥勒の意志と重なりあう。同時に『千手千眼陀羅尼経』が興福寺の唐院にあったことや、玄昉僧正が千手千眼法を駆使していたことなどを思い出した。そのとき、斧を持つ観音の一臂《いっぴ》が素早く動きそのような真魚の想念を断ち砕き、本尊大菩薩の憤怒の形相に呼応するように、観音の顔の憤怒形が灯火のゆらぎの中で威嚇した。二人は香を焚き、数珠を繰りながら般若心経を唱えた……。

御峯堂を出ながら、真魚は先ほどの菩薩の憤怒威嚇は、己れの煩悩に向けられたものであると直覚した。同時に、全身にふつふつとみなぎってくる修行への意欲を感じていた。それが真魚の表情や体の動きに現れたのか、光明はホーッと溜息をついた。光明は今までさまざまな高僧や修行者に出会ってきたが、この若者ほどとてつもない海の怒濤のようなものを感じたことはなかった。光明はこの若者をしっかりと手助けしなければと直感した。出会ったばかりなのに……と縁《えにし》の深さを感じていた。

御峯堂山門と道をへだてて建つ寺は、光明によれば日雄《ひのお》角仁が建立した五台寺（もと桜本坊）であるという。さらに鮮やかな紅葉と緑の木立の間をゆるやかに上り、右側に役行者ゆかりの東南院を見ながら歩むと、山口神社（のちの勝手神社）の前に出た。神社手前で右に折れる細い道の奥には日雄寺があるという。日雄角正の創建である。山口神社にお参りして通りすぎ、幾つかの行者堂の間を右に入る道に光明は導く。その先をさし示して光明は、「椿山寺《ちんせんじ》だ」と言った。

7　山上修行

椿山寺参籠

椿山《ちんせん》寺山門をくぐると、すぐ左手に泉水があり、左手南方に小さな丘が望まれた。そこから流れ出る清水が正面本堂の左手、椿や槙、杉などに囲まれた小さな池をつくり、本堂の裏の方へ流れ落ちているようだ。本堂の右手には僧坊が東西に連なっている。境内や本堂裏手の谷口には多くの椿が茂っているらしい。寺名の由来であろう。僧坊の手前の一角が光明の住む房であるらしく、中から二人を出迎えたのは光明の妻女であった。こうして、真魚は、椿山寺僧坊の西端の僧坊に笈を休めることになった。

光明夫妻は温かく細かい気配りで世話をしてくれた。朝昼の食事ばかりではなく、真魚の修行のため道具立て、水汲みの手桶や花、香、供物、円座などなにくれと準備を手伝ってくれる。真魚は心おきなく行に没頭できた。

本堂の本尊金峯《かねのみたけ》大菩薩の脇に釈尊と弥勒菩薩の御像を描いて掲げ、その仏前をわが道場とした。まずは大菩薩に祈念し、仏前を清め、南無帰命頂礼……と、仏法僧に帰依する誓いを唱え、体に塗香して、身と口をすすぎ心を浄めて香を焚き花と供物をささげ、釈尊と弥勒菩薩の御名を唱えながら、額ずいて礼拝すると、円座に結跏趺坐《けっかふざ》して般若心経を唱え、生死の迷いの海に呻吟する民を苦しみから抜き、蕩々《とうとう》たる法身《ほっしん》に昇らんがためにこの行に入る旨を表白する。仏の慈悲を乞い、法華経や弥勒経を読経して禅定に入った。

禅定に入るとき、真魚は気息《きそく》の法（呼吸法）を入念に訓練した。素直に鼻から腹に気を吸い込み、一度ためてから呼気を口から少しずつ長く静かに吐いていく。吐ききる寸前で呼気をとめ、それからまた気を吸うというのだが、これを自然に無意識に行えるようになってはじめて、自らの心を透明に、鏡のようにできる。かくして、全宇宙そのものとなる瞑想に入っていける。

行は昼夜をわかたず、何日も続く。鳥の囀りや風雨の音、木々のざわめきなどは金剛般若経など諸仏諸菩薩の読経の声となってわが身を通りぬけていく。時折、食堂《じきどう》で鳴らされる小鐘の音に、ふと、われに返ると、体を軽くゆるがし、禅定を解いて仏前に礼拝すると、食事や入浴・厠《かわや》のために道場を出ることもあるが、それ以外は、ひたすら行に没頭した。七日七夜を行に、一日一夜を写経に専念することを繰り返した。

ある日、写経が一段落したのを見て、光明が一巻の巻物を手にして真魚の僧坊に入ってきた。光明の父が著したものと言われ、紐解いてみると、『睡覚記』と題されなかなかの美文であった。それには、金《かね》の峯《みたけ》が黄金浄土の世界として描かれており、その黄金は弥勒菩薩出世のとき延べ敷かれるものとされ、かつて聖武天皇が大仏鋳造のために金の峯に黄金を求められたところ、それを断り、代りに近江の国で祈願すれば金が得られるという金峯大菩薩の予言があり、その予言どおり、陸奥国から砂金が産出されたなどということが記されてあった。

さらには、吉野地方の伝説も書かれている。たとえば、吉野の山の精である柘枝仙媛《つみのえひめ》伝説や久米《くめ》仙人の話などが記されていた。柘枝伝説では、味稲《みましね》という男が吉野川で魚梁《やな》を打っていると、川上から柘枝（山桑の枝）が流れてくる。味稲がその柘枝を取り上げると、柘枝はたちまち仙女となり、味稲の妻となり、やがて二人は常世の国へ飛び去ったという。

久米仙人の場合は、竜門寺の洞窟で修行した久米仙人が、昇天して空を飛んでいると、一人の若い女が吉野川で衣を洗っており、女がはぎまで衣をかき上げたところ、そのはぎの白さに久米仙人は心を奪われ、女の前に墜落、その女を妻にしたという伝説である。竜門寺の件りでは、そこに向かった阿毘法師のことが思い出され、真魚は思わず微笑んでしまった。

写経の合間、僧房を出て境内を横切り、林をぬけて南側の小高い丘の上に立ってみた。北の方には杉木立に囲まれた御峯堂とその遥か彼方に多武《たむ》の峯や高取山、竜門岳がながめられ、南側には水分《みくまり》神社がある青根ヶ峯が高々とそびえ、北西の彼方に葛木の連山がかすんでいた。丘から楓《かえで》や躑躅《つつじ》の間を下りながら、気づいたことがあった。呼吸が気息の法にかなっていないのだ。禅定のときだけ気息の法を修するのはだめだなと思った。行住坐臥、いかなる場合においても自然に気息の法が備わっていなければ本物ではないなと反省した。境内で落葉を清掃している光明に道筋を聞いて山門を出ると、金峯《かねのみたけ》神社に向かった。速歩で歩きながら気息の法を修するためであった。

速歩で歩いているせいか、気を吸い込み腹にためた瞬間、気が全身にしみわたるのを感じた。あたりに漂う山の霊気が、全身にゆきわたる思いがあった。気息の法は、天災を祓う力があり、鬼神や蝮、獣類を調伏すると昔から伝えられている。真魚は、速歩で歩きながら気息の法を修する行を一日の行のなかに組み入れた。さらには行住坐臥、いかなる場合においても、気息の法にかなうようにと修行を日常化し、無意識化していったのである。こうして真魚は、いかなる坂道、岩場であろうと、つねに気息の法にかなった呼吸を獲得していったのである。

山上ヶ岳での予言

椿山《ちんせん》寺に参籠して二ヵ月がたった。ある日、真魚は光明に、かつて役尊者《えんのそんじゃ》が金峯《かねのみたけ》大菩薩を感得された場所に行ってみたいと頼んだ。光明は、できるだけ天候のよい日を選び、自ら案内すると引き受けてくれた。

数日後の早朝、二人は椿山《ちんせん》寺の山門を出た。二人とも尻皮《しりがわ》を腰に巻き、真魚は、栗の実や枸杞《くこ》、松の実など袋に入れて右肩から左脇下にかけて背負い、腰には水の入った竹筒をさげ、数珠を左腕にかけ、右手は杖をつき、桧笠を被って蓑《みの》をはおっていた。光明も同じような出で立ちだったが、火打袋を腰にさげ、背負子《しょいこ》を負うて、それに護摩木《ごまぎ》とクロモジの火種木をそえ、香や供物・手桶などを入れた袋をくくりつけていた。真魚が何を望んでいるかを光明はそれとなく察していたのだ。

金峯神社をぬけて水分神《みくまりしん》の鎮まる青根ヶ峯を越え岩山をへて大天井岳の中腹を捲き、蛇の鱗のような岩や奇岩・絶壁を左右に見ながら行くと、右手の谷に降りてゆく道との合流点に達した。光明は「洞辻《どろのつじ》である」と言った。二人が目指す山上《さんじょう》ヶ岳《たけ》はもう指呼の間にあった。光明によれば、洞辻から谷を下ると洞川《どろがわ》の集落があり、さらに壺ノ内（天河《てんかわ》）をすぎて川迫川《こうぜがわ》（天ノ川）沿いに下って、途中からその支流（中原川）伝いに行くと、高野《たかの》という名の美しい行場に行くことができるという。真魚は、その美しいという高野の地を見はるかした。

しかし光明がひそかに舌を捲いたのは、この上り下りの尾根道の奇岩・奇石をこえて絶壁の上を歩む真魚に少しも呼吸の乱れがないことであった。この若者は気息の法を体得していたのかと、改めて感じ入った。気息の法も役行者の秘伝にあったのだ。

苔むした亀の背中のような巨大な岩を越え、山上ヶ岳の西側の切り立った断崖の上を通りすぎ、二人は山上ヶ岳山頂の金峯堂《かねのみたけどう》の前に立った。ここの本尊こそ役行者が直接感得された金峯大菩薩《かねのみたけだいぼさつ》であるという。コーッと天空に風の音が鳴り、薄い乳白色の霧があたり一面に立ち籠めていた。

光明がお堂の観音開きの扉を左右に開くと、中には、真赤な炎を負うて、怒髪天を突き憤怒の形相をした大菩薩が姿を現わし、右手は高くあげて稲妻を握り、左手の指は腰の左に当てて地面を指し、左足で岩を踏みしめ、右足を高く蹴り上げている。真赤な口からは鋭い牙を突き出している。光明によれば、大菩薩像の下には、かつて役行者が感得された大菩薩が跳び込んだ竜穴があるという。

真魚が堂前を浄めている間に、光明がどこからか手桶に水を汲んできた。仏法僧への帰依を唱えながら、その浄水をあたりに注ぎ、身と口と意を浄めて仏たちの慈悲を乞いながら、香を焚き、供物を浄めた。光明が敏捷《びんしょう》に立ち廻って真魚を助ける。真魚は弥勒菩薩を勧請したい旨の目的を表白し、般若心経を唱え、光明に手伝われながら、護摩木を井桁に組んで積み上げた。光明が火種木と集めた杉の枯葉をそえて火打ち石で火を点ける。真魚は陀羅尼を唱えながら、「慈氏尊に帰命したてまつる」と繰り返し、弥勒菩薩の名号を何度も唱え、数珠を繰りながら弥勒菩薩よ姿を現わしたまえ、と祈り続けた。

やがて、護摩の火が立ち昇り、盛りになると、香や供物を火の中に投げ入れ、さらに祈り続けている時だった。炎の向こうの大菩薩がしだいに姿を変化させ、弥勒菩薩へと変身した。菩薩は声ならぬ声によって、真魚の心の中に語りかけてきた。

それは、真魚自身の未来についての予言であった。高野《たかの》の地をよく見ておけ、そこが真魚のこの世の身の終焉地となろう、葛木の地で僧形となり、薬師如来のご加護によって、真魚に因縁のある人物から一つの法を授けられ、さらには異国の地で真の師に出会い、いまだこの大和の国に行われていない秘法を受け継ぐであろう……そして急げ、と。そのように菩薩は告げて、また元の大菩薩の姿にもどったのであった。

光明は何が起きているのかわからず茫然としていた。光明に弥勒菩薩の姿が見えていたわけではないが、何かが起ったと感じていた。総ての行の一切を終えて片付けたのち、光明は、弥勒菩薩は現われたもうたのか、とそれとなく尋ねると、真魚は、「お会いできましたよ」と晴れやかに答え、「もう戻りましょう、急がねばならないのです」とだけ言った。光明は、この若者はやはりただ者ではないと感嘆していた。

8　麗しき高野

洞川の猟師

二日後、真魚は椿山寺を発った。光明夫妻が山門のところで見送ってくれた。昨夜、光明は、もう熊も蝮も穴籠りだから不要かも知れないが、猪や犬神（狼）もいることだからと、役尊者から伝わるという孔雀王呪《くじゃくおうじゅ》を伝授してくれた。かつて旧都平城の大官寺で習った陀羅尼とは少しちがっているようであったが、有り難く拝受した。背の笈《おい》の中には経巻類と、ゆでた栗の実やミズボソ（ミズナラの実）や、光明の妻女手作りの萱苞《かやづと》が入っている。これは、味噌、ソバ粉・胡麻などに柚をつめて固めた保存食である。また、わずかながら、薬用にと、熊の胆や鹿の爪から作った熱さましや薬草がそえてあった。笈《おい》の上には蓑がくくりつけられている。腰には水の入った竹筒、布で覆った足には藤蔓で編んだ草履、左腕に数珠、右手に樫の杖をつき、高野の地を目指して歩き出した。洞辻《どろのつじ》までは、山上ヶ岳に向かったときと同じ道である。懐には壺《つぼ》ノ内《うち》（天川）の知人に宛てた光明の紹介状が入っていた。その上にそっと手をそえて、光明夫妻の心の籠ったもてなしを熱く感謝した。

洞辻で、真魚は山上ヶ岳の大菩薩に向かって数珠を繰りながら、般若心経を唱えて暇乞《いとまご》いの挨拶をした。右手の下り道に足を踏み入れると、熊笹と原生林の中を抜け、川を渡って一気に駆け降りた。やがて、栗林を背に川（山上川）に面した洞川《どろがわ》の集落に出た。集落を抜けようとしたとき、一人の猟師らしき村人と眼が合った。一軒の家で軒下の柱と柱の間に当てられた横木に、切り取ったばかりの鹿の足を吊るしているところだった。彼の眼は、このあたりの者ではないなと不審の色を帯びていた。真魚は軽く会釈して、「高野へまいります」と挨拶した。村人は、ははん、優《う》婆塞《ばそく》かと納得した風情だったが、家の建つ低い石垣から降りてきて、川沿いの道を行くつもりか、と尋ねる。そうだと答えると、村人は首を振りながらぼそぼそと話し出した。

その話によると、川沿いの道は何度も川を渡らねばならぬが、八月の暴風雨の際、あちこちの吊り橋が落ちて、まだ修復されていない処も多く、この時季に川を渡るのは難儀なことだという。わかりにくい山言葉であったが、そのような意味だった。一瞬、あの大学を出奔する日、式部省の南門が轟音と水しぶきをあげて倒壊する様を想い出した。しからば、高野へはいかにして辿るべきか……と思案する真魚の様子を見た村人は、尾根伝いに行くよりほかはあるまい、と言う。道筋を聞くと、集落から吊り橋を渡って対岸に出て、道に沿って行くと、峠（虻峠）を越えて川の合流点（川合）に出る。そこの吊り橋も修復されているからそれを渡り、道が二股になったところで右に折れて狩人が通う道を登れば尾根に出る。あとは尾根伝いに西に行けばよいとのことだった。

真魚は両手を合わせて丁寧に礼を述べた。歩き出す背後から、村人は、犬神様や猪に用心しろと忠告してしてくれた。

教えられた道筋をたどり、原生林の中、熊笹をおしのけて昇り、尾根に出た。第一の峰（黒尾山）から第二の峰（天狗倉山）へと尾根伝いを歩くころ、早くも暮れなずんできた。左手の谷は暗く深く雲海で埋めつくされ、その後方の山並みの彼方にひときわそそりたつ峰々（大峰山脈）の先端が夕陽で光っている。右手の雲海と山並みの彼方には、黒紫色にかすむ葛木の山系があった。

第三の峰（高城山）を迂回したところで、左から上ってくる杣道《そまみち》がそのまま真魚の進む尾根に続いている。第四の峰（武士ヶ峯）の右側を通ってゆるやかな傾斜を下る途中、質素な小屋掛けを見つけた。狩人がしつらえたものであろうか、二本の樹のはしらの先の枝に横木を載せて、それに斜めに葉のついた木の枝を屋根掛けしたものであった。中には熊笹が敷いてあった。真魚は、ここに宿ることに決め、新たに熊笹を入れてその上に腰を下ろした。ちょうど横になれるほどの広さであった。光明からの紹介状は役立たなかったなと思いながら、水とゆで栗と、萱苞《かやづと》から少々……。般若心経を唱えて……眠りにつくころ、いずこからか、狼の遠吠えが二、三度……。

犬神の先導

翌朝、凍えるような寒さの中で目覚めた。四肢は縮こまり固くなって、解きほぐすのに手間取った。経を唱えながら、手足をさすって血の気を蘇らせながら、外に眼をやると、白いものが舞っていた。雪であった。時折、不規則な風にあおられて、のたうつ龍蛇のような動きを見せて、不意に小屋掛けの中に吹き込んでくる。軽く食事をして、笈の蓑を取り出す。雪を払って被り、笈を背負い、いつもよりきつく草履の紐を締め、桧笠をまぶかに冠って立ち上がり、小屋掛けの外に出た。諸仏諸菩薩はわれに試練を与えたもうか。

一刻ばかり、吹雪の中を、無我夢中で尾根とおぼしきところを西方と思える方向に歩きつづけた。舞い狂う白い龍蛇の中から、突然樹木が立ち現れたり、雪と熊笹の中の窪地に転げ落ちたり、断崖に足を踏みはずしかけてひやりとしたりしたが、ふと、茫漠とした視界の利かぬ中で立ち止まった。このまま進んでよいのかと迷ったのである。

迷ったというよりも、およそ三間ばかり前方に、強い二つの光を見たのだ。それは生き物の鋭い眼光だった。犬神かと一瞬ひらめいた。半開きの口の鋭い牙のわきから長い舌を垂らし、白い息を吐き出している。その周囲を白い龍蛇が舞い狂っている。真魚は、両脚を地に踏ん張り、犬神の両眼をしっかり見すえ、両手を合わせて数珠を繰り、孔雀王呪を声高に唱えはじめた。陀羅《だら》尼《に》の音声は風の音にのって、真魚と犬神を包み込むように、ぐるぐると渦巻く。

と、その時、犬神はゆっくりと向きを変えて向こうむきになり歩き出した。真魚は、犬神が「ついてこい」と言ったように感じた。真魚は犬神の先導にゆだねて歩き出した。彼がつまずくと、犬神は立ち止まり、こちらを見返し、彼が立ち上がって歩き出すのを確認するかのように、また向こうむきになって歩き出す。もはや、この道行きがどこへ向かっているか疑う気持ちはなかった。ただ犬神に従うだけである。

幾つもの峰や峠を越えたかと思うころ。雪はあがり雲が切れはじめ、雲間より日光が絹のような光を刺しはじめた。一つの峠にさしかかった。犬神は西方に向けて一声吼えると、真魚の方をちらっと見た一瞬、跳躍して左手の原生林の中へと姿を消した。

真魚は峠（天狗木峠）に立った。峠は二股に分かれており、ひときわ高い峰（陣ヶ峰）をまくように、二手に向かい、右手の道の雪に覆われた一筋の杣道は西方の開けた空間に向かって下っている。それが高野に通ずる道なのか。胸がおどった。ふと、あの犬神は、あるいは弥勒菩薩の化身だったのではないかと、菩薩の名号を唱えて感謝しながら、右手の下る道に一歩踏み出した。

美しき高野の地

杣道はかろうじて道らしき道で、左の峰を切るように下るのだが、左右のそそりたつ針葉樹林が視界をさえぎっている。右は急斜面のようで、深い谷に落ち込んでいる。樹木に降り積もった雪が、時折、ザザーッと落ちて雪の粉が舞う。倒木の上の隙間から、はるか前方に二つの峰の雪を戴いた姿がちらりと望まれた。やがて低い尾根に出て、それを下ると小さな鞍部（桜峠）となる。右斜面は（丹生川に合流する支流の上流の）谷間に落ち込んでいる。少し登ってさらに下ると、しだいに開け、素晴らしい神々しいほどの平原に降り立った。北側の雪に覆われた樹林の中を流れてくる清流（玉川）が、西方正面の平原を流れてくる楚々として豊潤な流れ（阿殿川）に合流して、左手南方へと流れ下っている。高野の地である。

この二つの清流の合流点は、高野の地で最も低いと思われた。この地の東端にある、先ほど峠からの途中でちらりと見えた、南北に並ぶ二つの峰（摩尼《まに》山・楊柳《ようりゅう》山）は、最も高い峰々のようだ。西の端には、ひときわ鋭い峰（弁天岳）があり、この盆地を取り囲む周囲の峰々から小さな尾根の張り出し群があり、それらの谷間からは多くの水流が正面の清流（阿殿川）に流れ込んでいるようだ、その清流の両岸は意外に広く、雪化粧した熊笹や茅の穂が美しい。西端の峰の真下には台地のようなものが遠望でき、杉や槙、栂《とが》、葉の落ちた広葉樹と見える木々が生い茂っている。点々とある小高い丘には、老杉や槙の古木が林立して雪を戴いている。

何と美しい高野の地であろうか。山水は清暉《せいき》をふくみ、平原は皎潔《こうけつ》。日輪は積雪の上に金光をそそぎ、風は細霧を生じて樹々に入ってその声は哀しい。清流は碧玉のように澄み、瑠璃のごとく浄い。天地は心間に静寂であり、ただ、このうつつとも思えぬ高野の地を逍遥する一箇の心となるのみである。

やがて真魚には観えてきた。この別世界たる高野の地は、雲上の龍であると……周囲の峰々は天上の楼閣。われはまさに龍尾にあり。ゆうゆうたる昇龍の勢にしたがって、茫然として塵垢《じんく》の外に彷徨しつつあるのだと……ただ寂寥として声もない。

自然木の橋を渡って雪の杣道を辿り、清流に沿って西の上流に向かった。道は右の小高い丘を大きく迂回してつづく。やがて右の谷から出てくる渓流が流れこむ、湿地帯らしき場所の西側の一段高い台地に辿りついた。龍に譬えれば、この台地は龍頭といえようか。そこに踏み上がると、まばらに杉や槙・松の古木が生い立っている。左奥に簡素な鳥居をもつ小さな祠があり、台地の中央には粗末な小屋があった。小屋のあたりから東側に向けていくらか眺望が開けている。とはいえ、ここかしこ日が射しこみ、雪から水気が立ち昇り、薄青い靄が立ちこめ、台地を取り囲む雪を散らした老杉や老檜の深い緑が、しんと静まり、時折、バサッと落ちる雪の粉が、金色に輝き、薄靄の中に舞っている。まさに荘厳ともいうべき趣を湛えていた。

祠は高野の地主神を祀ったものであろうか。真魚がそっと両手をあわせて祈ったとき、ふと何か水の涌き出るような音を聴いた。空耳か。祈り終えて、なんとなくひかれるように祠の脇の杉木立をぬけ、祠の裏、小山（宮代山《みやしろ》）の麓に降りて行くと、澄み切って浄らかな水を湛えた泉を見つけた。泉は底から涌き出ているらしく、滾々と無数の水玉が限りなく浮き上がってくる。溢れた清水は細い流れとなって小さな谷を下っていく。真魚は、清水をすくって喉をうるおした。甘露だ。甘く冷たいものが全身にしみわたった。

小屋での禅定

小屋は、屋根が板張りに杉の皮をはって石を載せた切妻、板壁の簡素な掘建小屋である。南面と西面に格子窓があるが閉じている。東側にまわってみると、左右に開く引戸の出入口がある。きしむ引戸を開けると、土間があり、その向こうは一段高い板張りの床で、三、四人寝泊りできそうである。土間の中央には石で囲んだ炉があり、火を焚いた跡がある。右隅に薪が積んであり、左手の板壁の前には二つの甕が並んで半ば埋められてある。それらの上に板が載せられ、燧石《ひうちいし》が置いてある。甕のそばには鍋が二つ重ねてあった。床の西南隅には、二、三枚の莚《むしろ》がきちんと畳まれ、北側の板壁際に黒塗りの経机と燭台が置かれてあった。どうやら、修行する者たちが寝泊りしながら禅定に励んだものらしい。

カビ臭さと煙のしみた匂いが冷えびえと淀んだ空気に漂っていたのだろうが、引戸を開けた瞬間、外気と白い霧が吹き込んだ。気がつけば、小屋の周囲はしだいに霧が濃くなりつつあった。高野の地全体が、霧に覆われつつあったのである。気温はぐんぐん下がりはじめていた。

山人、狩人がこの小屋を管理しつつ利用していると思われ、それほどの汚れもなく、床にうっすらと埃があるくらいだ。土間に立ち、般若心経を唱えて仏のご加護を感謝し、この家《や》に笈《おい》を休めることにした。

翌朝、昨夜焚いた残り火に薪をくべ、二つの鍋をかかえてあの泉に通い、土間の甕の一つを水で満たした。もう一つの甕には栗の実がいくらか貯蔵されていたから、それを鍋で煮た。北側の壁に釈迦像と弥勒像を掲げ、浄水できよめて香を焚き、両尊に祈りを捧げ、二刻ばかり禅定を修した。

出入口の引戸を開いて外を見渡した。空はどんより曇っている。眼前に白い平原が見下ろせ、その向こうの小高い丘のはるか向こうに、東の峰々が雪を戴いてどっしりとした姿を見通せた。高野の地をよく見ておけとは、慈尊のお告げだった。ここが、わが身の終焉の地となるかと思えば、何か荘厳なものに深々と抱かれているような気がした。

台地の北側の谷（本中院谷）には滾々《こんこん》たる渓流が西から東へ流れ、その支流は台地の東側へと南流して、昨日さかのぼってきた清流に合流している。この台地を西から見下ろしてそそり立つ峰（弁天岳）を源流としているのだろう。その渓流の北岸は、いくらか平地になっていて、北の峰々から押し出している尾根と尾根に囲まれているようだが、林立する樹林に視界をはばまれて、見通しがきかない。

幾日かここで禅定を修しながら、この地を歩き回って、よく見ておこうと心に決めた。しかし、あまり長くは逗留できない。何かわが身に転機が迫っているという予感がする……急がねばならないのだ……と。

黒い犬と天野の祝

三日目は珍しく晴れ渡った。霧がうすれるころ、小屋の戸を開け放って禅定に没頭していると、戸口に黒い犬を連れた人影が立った。肩をゆすって出定すると、それを待っていたかのように土間に入ってきた。がっしりとした体格で、肌は赤味をおび、青い小袖を着て白い紐でむすび、上に毛皮を羽織った初老の男である。黒犬はせわしく戸口を出たり入ったりしていたが、男に制されてうずくまった。お互いに会釈を交わすと、男は、「珍しい、優婆塞《うばそく》の行者か」と言い、この高野の地の西下にある天野《あまの》の里の丹生祝《にうのはふり》だが、高野の地に煙が立つのを見て、様子をうかがいに来たという。真魚は、氏姓《うじかばね》を名乗り、修行の行場を求めて吉野をへてこの地に辿り着いたばかりだと答えると、男は、ほうと驚いたように感じ入り、次のような話をしだした。

二十年ばかり前、ある若い沙弥《しゃみ》（具足戒を受けていない僧）の世話をしたことがある。名を勤操《ごんぞう》と申して、確か、大安寺の信霊《しんりょう》と申す大徳を師とし、修行のためにこの地に来た。なかなか利発な沙弥で、その読経の声はあわれで優美なものだった。そのためによく記憶しており、幾人かの行者のなかでも特に印象に残っている。勤操という沙弥は、北側の渓流を少し下った谷（千手院谷）の洞窟でも修行に励んで、およそ四年の間、時折、都と高野との間を往来し、葛木の峰へ足をのばしながら修行したという。

その日から数日、この天野の祝《はふり》は、真魚の請いを受けて、高野の地のあちらこちら、雪の中を案内してくれた。さまざまな谷（本中院谷、千手院谷、小田原谷、蓮華谷など）を、常に黒犬を先頭に観てまわり、真魚は高野の景観を眼に焼きつけた。特に、真魚が初めて高野に入った二つの川（玉川と阿殿川）の合流点から、北東から流れる川（玉川）をさかのぼり、中流に立ち至ったとき、東の峰（摩尼山）から張り出す二つの尾根の間に、「わししか知らぬ窟がある」と里人が言った。その言葉は真魚の耳を強く撃った。真魚は、体が震えるほどの言い知れぬ感動を覚えた。その言葉が、慈尊の「この世の身の終焉」というお告げと響き合ったからである。

しかし、その感動は深く心の奥底に秘め隠し、表には現わさなかった。天野の里人が指すあたりを、胸に刻んだ。これで高野の地は十分に観たという一つの達成感を得た。と同時に何かに突き動かされるような衝動を覚えた。急がねばならぬ……と。

その翌日、台地の南の谷（西院谷）川に沿った道を、西に向こう三つの影があった。先頭は黒犬、次いで天野の里人、後に続く真魚であった。右にそそり立つ峰（弁天岳）から南に連なる稜線の鞍部を超えると、道は谷に臨む傾斜面を横切るように下り、その峰から張り出すもう一つの尾根上の平坦地に降り立った。そこには鳥居が建っていた。高野の地主神の領域を結界するかのようであった。

道（町石道《ちょういしみち》）は、尾根を少し下り、やがてやや登り、それほど起伏のないなだらかな雪道を辿り、二股（二つ鳥居）で左に折れ下ると、そこは天野の里であった。

9　仏子空海誕生

槙尾山寺

年が明けて延暦十三年（七九三）、都では新たな遷都に向けて動き出していた。桓武帝は、大納言藤原小黒麻呂《おぐろまろ》や左大弁紀古佐美《きのこさみ》らに、陰陽道に明るい者たちを添えて、山背国葛野郡《やましろのくにかどののこおり》宇多村《うだむら》に遣わし、新都の候補地として検分させた。一月十五日のことであった。この小黒麻呂の子の葛《かど》野麻呂《のまろ》は、のちに遣唐大使となる人物である。

真魚は、弱冠、すなわち二十歳となった。この初春、天野の祝から道筋を教えられて、槙尾山《まきおさん》寺（施福寺）に向かっていたのだ。天野から三谷坂を下り、紀ノ川（上流が吉野川）を渡り、葛木山系（和泉山脈）に分け入り、尾根の峠（蔵王峠）にいたり、尾根筋を西に向かい、幾つかの峰（灯明ヶ岳・三国山）を通って北尾根に入り、熊笹をかきわけ、松林をぬけ、槙尾峠を経て、槙尾山寺に辿り着いた。

槙尾山寺は、はるか昔、播州賀古郡の人、行満《ぎょうまん》という僧が、欽明帝の御悩のとき祈願して効験があったため、その勅賞として、三間四面の精舎を建てたのが始まりで、本尊として一丈六尺の弥勒菩薩を彫り安置した。天武帝のころ、役行者が法華経不軽品《ふぎょうぼん》を当山（如法峰）に納めたという伝説がある。慶雲三年（七六九）、行基菩薩が来詣、懺悔《ざんげ》秘法の卒塔婆《そとば》を立てて卒塔婆峰と号した。行基菩薩の法弟の法海上人は、宝亀二年（七七一）、一夏九旬の安居会《あんごえ》を修した結願の日、和泉の大津の浦で紫雲に包まれた千手千眼観世音の示現を拝し、帰山後、ただちにそのお姿を刻まれた。

本堂と境内、山門は樹林に包まれ、山門に登ってくる川（槙尾川）沿いの長い石段の両側には、幾つかの坊やお堂があり、官度の僧や私度僧、自度僧、さらには優婆塞などさまざまな修行者が、行に励んでいるのだろう、読経の声や、香のかおりが漂っている。

真魚は、本堂正面の階段《きざはし》の脇に、杖と笈を立てかけ、その足で樹林の中の枯草を束ね、本堂前脇の石鉢の氷を割って水を両足に注ぎ、階段に腰をおろして草履をぬぎ、水を含ませた枯草で足の汚れを浄めた。新しい草履を腰からはずして履き、懐から布切れを取出すと改めて石鉢に近寄り、顔を洗い手を浄めて衣服を整え、階段の前に立つと、数珠をまさぐりながら般若心経を唱え、素足となって階段を上り、本堂の扉をそっと開けた。

師を得る

室内は、外の明かりに慣れた眼には暗く、燈明の明かりがぼんやりとし、香のかおりが鼻を衝くだけで、外よりむしろ冷えびえとしていた。少し眼に慣れてくると、正面の内陣の須弥壇におられるのは丈六の弥勒菩薩であることがおぼろげに見え、左右におられるのは千手千眼観音と文殊さまであるように思われた。扉を後手に閉じたとき、ふと外陣の中央に巌《いわお》のような黒い存在に気づいてびくりとした。弥勒菩薩に向かって座し、禅念に耽る僧の後ろ姿であった。びくりとしたのは一瞬のことで、なぜかたとえようのない安堵感に満たされた。

真魚は、外陣のへり手前に両膝をつき、床に両肘をついて掌《たなごころ》を上に向け、首を深く垂れて額を床につけて礼拝し、そのままの姿勢で待ちつづけた。弥勒菩薩の名号を心の中で唱えつつ、禅念する僧への帰依の思いを胸の内で吐露しつづけた。

どれほど時間が経ったであろうか。「ほう……どなたかな」という声に顔を上げると、いつのまにかこちら向きになった柔和な白い髯の老僧の顔が真魚を見つめていた。真魚はあらためて坐りなおし、合掌すると氏姓と名をなのり、都の大学で学んでいた学生であるが、学ぶべき学問は方の内の学問であり、しかもそれは官がいかにして民衆を治めるべきかという官治のための学問であると述べ、今世間を見ると、官人は己れの昇進と蓄財にのみ腐心し、民衆をかえりみず、民衆は圧政と相継ぐ戦役・災害や病魔に苦しめられ、総ての人が病んでおり、そのために天地は感応して次々と災害をもたらし、人々の苦悩は一層倍化されている。わたしは方の外へ、仏の道を歩みたいのです。そのために学生の身を捨て、山林に分け入り、金《かね》の御峯《みたけ》で修行し、高野の地を経て当山に参りました、と来山の理由を語った。

老僧は、「方の外も所詮は方の内である！」と独り言のように言って、「金の御峯での修行で何か得るものがあったのかな」と訊ねる。「はい」と答えて、老僧の後方の弥勒菩薩に目をやりながら、「弥勒さまが示現され、わたしが当山において僧形になると……」とつけ加えると、老僧は目を丸くして溜息をついた。「ほほう！　わしは、今朝から御本尊に呼ばれているような気がして、ここに来て坐ったままその意味を考えておったのだ。そうか、そうか、縁じゃのう……」と不思議そうな顔をして深くうなづき、蓬髪と伸びほうだいのひげ面の真魚の顔に、爛々と輝きしかも海のように深さを湛えた瞳を凝視した。老僧は、「わしの住坊にまいろう」と真魚を促し立ち上がった。外はすっかり暮れなずんでいた。

老僧は行空《ぎょうくう》と名乗った。若くして行基大僧正の弟子となり、東大寺大仏の建造に奔走し、天平二十一年（七四九）、大僧正が遷化されると、その法弟の法海上人に就き、それ以来、この槇尾山寺を拠点として、大僧正が建てられた方々の道場を巡りながら、河川に橋をかけたり、貧民救済のために無尽蔵を設立するべく奔走してきたという。行空は官度の僧ではない。いわば方外の僧であったのだ。

大僧正は世の人々に菩薩と呼ばれていたが、かつて、今の世に正しい教法は行われず、正しい行法も行われない。したがって正しい悟りも得られないのだと言われ、そうであればこそ、正しい教法を守り、迷える衆生をひたすら救いつづけるほかはないと申されたが、そのことを肝に命じて、骨身を惜しまず貧民救済を続けているのだ、と行空は語った。

それを聞きながら、真魚は、旧都官大寺では、経典をそっちのけにして、経典の注釈である論についての論争に明け暮れる一方で、読経をあたかも呪文のごとく考え、いたずらにその験を競うという風潮を想い起こしていた。

かくして、真魚は、行空法師を師として剃髪し、沙門《しゃもん》（修行僧）となった。そのとき、行空法師は、次のように言った。

「真魚よ、聞くがよい。そなたには、わしの法名行空から空の字をとり、そなたの眼に湛えられている海のような広大な驚くべき知識の深さと海蔵（華厳経）への強い関心から海の字をとって、空海という法名を授ける。仏の空の境地と、さらには仏が華厳経を説くときに入られた海印三昧《かいいんさんまい》という境地、過去・現在・未来を通じて一切のものが心の中に現れるという三昧とを象徴する。そなたには底知れぬ大きな何かがある。そなたの器量は、空のごとく広くて自在であり、海のごとく深い。法身《ほっしん》の位に昇ろうとするそなたの意気込みはよしとするが、わしにそなたを導くほどの器量はない。早く真の師を探し、そなたの資質に合った経典と行法を見出すがよかろう」と。

「空海！」と呟いたとき、真魚は広大で深い異次元の世界へと赴く震えるような感動を覚えた。

10　求道への旅立ち——讃岐への往還

讃岐の父の許へ

行空法師から戒と沙門としての行住坐臥における威儀を学び終えた空海は、早春の頃、緇衣《しえ》（墨染衣）をまとい、木鉢と錫杖、笈という修行僧の旅姿で槙尾山寺《まきおさん》を後にした。それは、師に言われたように、真の師と経典と行法を求める求道の旅立ちであったが、さしずめ、学生の身にけりをつけるため、讃岐の父の許へ赴かねばならなかった。しかし、学生の身にけりをつけるとしても、方の内では税や公的労働を強いられる壮丁《そうてい》としての対象となることで、たとえ沙門となったにしても、師の行空法師は私度僧であったから、空海も私度僧にとどまる。官が認めるわけもなかった。讃岐の父に相談しなければならなかった。世間では私度僧や都城建設・重税・兵役を遁れて流浪する自度僧の類いが多く、そのような者たちに対する官の追求は誠に厳しいものがあった。

かくして、空海は、官道を避けて和泉山系の尾根筋に入り、幾つかの峰を越えてブナの原生林や赤松の樹林、クヌギなどの雑木林をぬけ、熊笹をかき分け、遥かに海（瀬戸内海）を見ながら、地ノ島と友ヶ島を見通す加太《かだ》の曲《わた》（港）に辿り着いた。

加太から淡路の由良の湊に向かう旅商いの二人が雇った船に同船させてもらった。由良に向かう船の中で、父をいかに説得するかを考えた。出家という既成事実をつくってしまったわが僧形を見て、父はどんなに驚くだろうか……方の内とはやっかいなものだなと思いながら、父がお薬師さまを信心していることを母に語っていたことを想い出していた。

船が何度か大きく揺れたので、空海は低い声で観音経を唱えると、商人たちはそれに唱和した。前方に淡路の島影が左右に長く横たわっている。旅商いの二人は、しきりに都の噂を語り合っていた。故早良《さわら》親王の怨霊に満ちた長岡の都が捨て去られ、新たに山背国葛野《かどの》の地に新都の建設が始まったらしい。その早良親王の屍《しかばね》は淡路に埋められているのだ、と身震いしながら語り合っている。そう言えば、空海が大学を出奔した日、伯父の大足《おおたり》は、皇太子安殿《あて》親王の長患いは早良親王の祟りと卜筮《ぼくぜい》に出たと言っていた……新都の建設か、また民衆は塗炭の苦しみを味わわねばならないのか……。

由良の湊から淡路に上陸した空海は、洲本《すもと》を経て国衙《こくが》をぬけ、福良《ふくら》の湊に達し、便船を得て鳴門の渦潮を乗りきり、阿波の牟夜《むや》に上陸、小路《こうじ》（官道）を通って南海道《みなみのうみのみち》を西に辿り、阿波と讃岐の国境いである大坂峠を越えて引田《ひけた》の郷に入った。いよいよ讃岐である。広い平野にいくつもの池や山が点在し、左手のはるか山並み（讃岐山脈）には青霞がかかり、樹々の萌黄色が美しい。田植の季節に入ろうとしている。国分寺の山門の前で般若心経を唱え、国府を通り過ぎ、円錐形の神奈備山《かんなびやま》（飯野山）の南麓を経て仲村《なかむら》の郷に入った。家々が密集する集落であり、ここはすでに佐伯直氏の領域である。

仲村の郷の西隣りは弘田《ひろた》の郷で、そこに郡家《ぐうけ》があると教えられたが、日も大分傾いており、父の田公《たぎみ》は、おそらく私宅に居られるだろうと考え、郡家には寄らず、人に教えられながら、父の館に向かった。やがて、父田公の一族の氏寺が見えてきた。すれちがう人々の中には一族の者もいるに違いない。

父の館にて

寺の東の大門をくぐると、目前に薬師堂がある。境内の左手南側には大きな楠の木が生い茂り、その脇に祠があった。境内の西奥に中門があり、そこがどうやら父の館の入口らしい。そこから出てきた下人らしき男が、不審そうな顔付きでこちらにやって来た。空海は俗名を伝え、父はご在宅かと訊ねると、びっくりした男は、しげしげと空海を見つめると、急いで飛んで返った。

しばらくして、口まわりから顎にかけて髯をたたえ直衣《のうし》（平常服）姿の中年の男が、中門から転げるように走り出てきた。空海は笠をとって頭を下げ、「お久しぶりです」と言うと、父は口を半ば開けたまま、空海の頭の先から足許まで、大きく見開いた眼で見ながら、「が、学生では……」と絶句し、「……母者はご健勝か……」とかろうじて言った。

次の瞬間、「大足《おおたり》公からの書簡では、出家するのではと……それをなんとか止められないかと……書き送ってきたのだが」と、言いよどみながら、改めて空海の姿形を凝視して立ちつくした。やがて、空海の瞳を覗き込むと、ふーっと溜息をつき、「まあ……よく来た……とにかく家《うち》に入ろう」と促した。空海自身は父に対する肉親の情に少なからず感動していたのだが、一方で、伯《お》父公《じぎみ》が自分の出家に反対であったことを知り、何らかの形で己れの心情を伯父に吐露しなければならないと考えていた。

館の一室で、膳を前にして父と子は久し振りに対座していた。それぞれの膳は、父のこの地での妻と下女が運んできたものであった。妻が部屋を出て行くのをちらっと見てから、父は、「あれとは二人の子をなしたのだが……二人とも孫は授けてくれたが、若くして逝ってしもうた……」と伏し目がちにポツリと言う。心なしかそう言う父の顔はかつての精気がなく、げっそりと痩せているように見えた。

「ところでじゃ」と父は話題を変えるように目を上げて訊ねた。「学生であったはずのそなたが、なぜそのような態《なり》となったのか、空海という法名だそうじゃな?」と。空海はうなずき、語りはじめた。長岡京での勉学のこと、目に入る人々の悲惨や官の腐敗・官僧たちの現状を織り交ぜて方の外へ傾斜した経緯を語り、式部省の南門の倒壊が吉野入りを決断させ、金《かね》の御峯《みたけ》で修行中、弥勒菩薩の示現によりわが身の将来について予知を得たこと、そして、槙尾山寺で行空法師と出会い、剃髪して沙門となったことなどを語った。

「なるほど、それでは具足戒は授けられていないわけだ……官度の僧ではないのだな……戸籍はもとのままで、僧籍に移ってはいないわけだ……とすれば、還俗《げんぞく》というか、姿形はいざ知らず、そなたはまだわしの真魚のままではないか」と、父は身をのりだして、「学生に戻らぬか、嘆願書を大学頭《だいがくのかみ》に書こうではないか!」とせまった。しかし、空海は、首を横にふり、断乎とした視線を父に向け、「わたしは出家したのです。官度も私度もありませぬ。方の外にあるのです」と言い切った。

しばらく沈黙が流れた。空海はさらに、「伯父公には、わたしからわたしの思いを必ず書き示すつもりです」と言い、巌のような求道の決意を表し、動かなかった。「そうか、弥勒さまのお示しがあったのではな……」と、父は弱々しく溜息をついた。しばらく考え込んでいた父は、「それでは、大学頭に退学の上申書を書かねばなるまい……しかし……戸籍上のことを何とかするほかはない……まさか死亡したことにするわけにもいかぬし……まあ……よいっ」と、父はこうした会話を打ち切った。

ともに食事をしながら、親子は別の話題に転じた。阿刀村の母に魚主《いおぬし》という空海の弟が生れたという。父は元服を終えたら自分の許に引き取りたいという。空海は驚いた。また、空海が、修行中に寄った紀伊国の高野という地の美しさについて語ると、父は、「紀伊国か……わが遠祖の出た国じゃのう」と、遠くを見つめるように言った。「かつて、紀伊国《きいのくに》の国造《くにのみやつこ》だった大名草彦《おおなぐさひこ》の流れから分かれた、わが遠祖太遣馬宿禰《たけまのすくね》は、わが佐伯直氏の父祖なのでは」と、わが系譜について語った。その子孫がこの讃岐の佐伯直氏の女と婚姻して土着し、母方の氏姓を名乗るようになったというのである。空海にとってはなはだ興味深い話であったが、同時に、わが遠祖の地である紀伊の高野の地が、この身の終焉の地であるとは、何か深い因縁に導かれていると感じたが、そのことについては、口に出して言わなかった。

こうして、空海は館の離れの一室にしばらく逗留することにした。伯父公には、どのようなことを書き示すべきかと、思案しているうちに、旧都大安寺で見た淡海真人三船《おうみのまひとみふね》が撰文した碑文を想い出した。なかなかの名文だなと思った。儒教と道教を批判して仏教を志すという趣であった。これだな、とひとまずは儒教・道教・仏教の究極の目的と何に志すか……このように主題を設定したものの、まあ、急ぐほどのことはあるまい、とその夜は眠りについた。

館の背後には五つの山（香色山《こうしきさん》・筆ノ山・我拝師山《わかいしやま》・中山・火上山《ひあげやま》）が東西に連なっており、三つ目の我斯濃山《わしのやま》（我拝師山）が最も高く、空海は、その山の中腹の岩場で禅定に入るのを常とした。そこからは、瀬戸内の海や島々を見はるかすことができ、館のすぐ裏手から白方《しらかた》の海岸に流れる弘田川の左右に、良田郷や仲村郷、弘田郷、吉原郷など佐伯一族の集落や、点在する溜池、さらには弥谷山の佐伯氏の氏寺世坂寺が見渡せ、広田郷の郡家《ぐうけ》の甍《いらか》が樹林に囲まれていた。

弘田川は、佐伯の一族が小舟を浮べ、白方の湊に出て、時折来航する唐の国の商船と商いすることもあるようだ。南側には、生野郷の水田や溜池の彼方に、四つ足の動物がうずくまったような大麻山《おおさやま》があり、その遥か遠くに紫色にかすむ山並（讃岐山脈）が東西に連なっている。

父の手許にある『金光明最勝王経』『薬師経』や、外典の『遊仙窟』などを写経したり読んだりしているうちに、むらむらと詩魂がゆすぶられ、儒道仏三教の比較をしながら、文章に手をつけたりしたが、むしろ、托鉢をしながら諸所の氏寺をめぐったり、周囲の山々に上ってはひたすら修禅することに励んだ。しだいに足は隣国の伊予にも及ぶようになった。

石鎚山の行場

父の田公は、都での遷都騒ぎの余波が讃岐にも及び、少領としての政務が忙しくなり、郡家に詰めることが多くなった。桓武帝は、三月一日、山背国葛野の地を巡覧され、早くも造宮使に新都建設を着手させ、四月十日には遷都を伊勢大神宮に告げ、十五日、諸司主典《さかん》以上の者たちに宮城を築かせた。六月二十三日、諸国に新京の門を造らせ、九月に入ると、新京の宅地を官吏たちに班給させたのである。おそらく、伯父公の阿刀大足も遷都騒ぎにまきこまれているに違いなかった。大学寮も、移転騒ぎで混乱しているだろう。

空海が、伊予南海道の大岡の駅《はゆまや》から少し山間に入った寺（三角寺）に寄ったとき、一人の老僧から、役行者が修行されたという石鎚《いしづち》の嶽《たけ》の峻険な行場を教えられた。その上、次のような不思議な言い伝えも語ってくれた。

聖武帝から孝謙女帝のころにかけて、石鎚の行場で修行をつむ寂仙《じゃくせん》禅師という僧がいた。禅師はその浄行のゆえに人々から寂仙菩薩と称された。宝字二年（七五八）、臨終のとき、禅師は文をしたためて弟子に、「わが命が終わってのち、二十八年の間をへて、国王の御子に生れて名を神《かみ》野《の》と言うだろう。これをもってまさに知るがよい、われ寂仙であることを……」と告げたのである。その後、今上天皇（桓武帝）が延暦四年十一月に大病をなされたとき、石鎚の嶽に勅使を遣わされ、嶽の中腹の寂仙が住まわれていた寺で病い回復の祈願をされたところ、無事に平癒されたので、その霊験を称え、伽藍の建立を命ぜられ、寺号を前神寺《まえがみじ》とされた。その翌年伽藍の建立が進むうちに、皇子が生れ、神野《かみの》の親王《みこ》となされたが、まさに寂仙菩薩が遷化されてから二十八年たってのことで、神野親王（のちの嵯峨帝）は寂仙菩薩の生れ変わりであられたのだ……と。

空海は、その話を聞いて、寂仙禅師の行場に強く魅かれた。石鎚の嶽は四国随一の高峰である。秋も深まるころ、空海は伊予南海道を西下、近井《ちかい》の駅、新居《にい》の駅と托鉢行を続け、氷見《ひみ》の集落で草鞋《わらじ》の供養を受けた。氷見から南の山間に分け入り、黒瀬峠を越えるとき、山並の遥か南方に堂々たる石鎚の嶽の威容を望むことができた。

峠を下り川（加茂川）べりに出て、川に沿って南へと少しずつ高度を上げていく。川の両岸に迫る山腹の椎や楠の樹林の緑が濃く、落葉樹は黄色、赤と鮮やかな色をちりばめている。たまさか、樵《きこり》、優婆塞の行者にすれちがうことがあった。吊り橋を渡って、川を二股に分ける山腹に分け入り、右に左に折れる道を登り切ると、前神寺の山門の前に立った。

こうして、空海は前神寺《まえがみ》に参籠した。時折、寺を出て、石鎚の神の杜《もり》に詣でて、八丁の坂を上り、左手に剣のようにそそり立つ岩の柱の威容を見ながら、峠（夜明峠《よあかし》）を越え、千仞の岩場をよじ登り、石鎚の二つの峯（弥山《みせん》・天狗岳）に至り、そこで禅念に耽るのであった。一つの峯（弥山）には石鎚の神の祠があり、もう一つの峯（天狗岳）は矢尻のように鋭く、そこから見渡せば、東は山並がどこまでもたたなわり、南は山々の彼方に土佐の広大な海が、西は山陵の彼方に豊後の国、北は細い平野の先に幾つもの島々を浮べる瀬戸内の海や山陽の海岸線まで見通せる。まさに天下を睥睨《へいげい》するかの観がある。ここから上は虚空だ。空海の禅定は空《くう》の会得にあったのだ。

年があらたまって延暦十三年（七九四）、空海は石鎚の嶽の前神寺で二十一の歳を迎えた。長岡の宮では、新年早々、征夷大将軍大伴弟麻呂《おおとものおとまろ》が節刀《せっとう》を授けられた。というのは、先年、紀古佐美の蝦夷征討軍が、蝦夷の首魁大墓公阿弖流為《おおはかのきみあてるい》の蝦夷軍に大敗して以来、数年にわたって武備や食粮を整え、新たな蝦夷大征討軍を起こすべく準備してきたのだ。副使には坂上田村麻呂《さかのうえのたむらまろ》が任命してあった。

一方、山背国葛野の新京建設も進み、六月になると、新宮の掃除に諸国の役夫を五千人動員し、七月には東西市を新京に移し、十月二十三日、桓武帝は新京に移られた。その五日後、陸奥より蝦夷征討軍勝利の報が入った。かくして、この年の十一月八日、山背を山城と改め、新京を平安京と称することになるのである。

大足への書の着想を得る

空海が、石鎚の嶽を辞し、山伝いに歩み、山間の寒村で橡《とち》の飯を乞い、霜を払って野の草の根を食べながら讃岐に向かい、錫杖を衝いて父の館に姿を現わしたのは早春のころであった。着るものはボロボロ、手足は傷だらけ、痩せ衰え、蓬髪とひげづらの中から眼だけが爛々と輝いていた。どのような修行をしたきたか、父にはよくわかった。思わず空海に向かって手を合わせたほどである。空海が湯浴みして剃髪、ひげを剃っていると、父が新しい緇衣《しえ》を用意してくれた。父も二人の子を亡くして以来、有髪ではあるが、善通《ぜんつう》と号して緇衣をまとい、薬師仏に向き合うことがあったのだ。

清々しい僧形となり、薬師堂に上り、薬師仏に無事帰還できたことを感謝し、『薬師経』を唱えてから、館で用意された食事をとり、離れの己れの一室で経机の前に坐り息を整えたとき、不意に次のような『金光明経』の偈《げ》の一節が浮んだ。

「設使《たとい》亀毛《きもう》等　もって衣裳《いしょう》と為《な》すべきも　仏身は虚妄《きょもう》に非《あら》ざれば　終《つい》に舎利《しゃり》有ること無し……仮令《たとい》水蛭虫《すいしっちゅう》　口中に白歯《はくし》を生ずるも　如来の解脱の身は　終《つい》に撃縛《けいばく》の色《しき》無し　兎角《とかく》　梯橙《ていとう》と為り　地より天に昇るを得るも　邪《よこしま》に仏舎利を思えば　功徳　このところに無し」

すなわち、仏の舎利（遺骨）を仏身と信じて帰依し、長い間修行を積むにしても、毛の生えた亀や歯をもつ蛭《ひる》や角《つの》の生えた兎《うさぎ》のように、実在しないものを実在すると信じるようなものではないか……と。世間では、小さな虫や樹木や奇妙な石を神や仏に見立てて現世利益《げんぜりやく》を祈願し、それを説いて煽る巫覡《ふげき》や僧侶たちが多いではないか。

師の行空法師は、「一切の言説《ごんせつ》は仮名《けみょう》（名ばかりで実体のないもの）にして実《まこと》なし」と説いておられた。とすれば、仏教的批判者として仮名と称する人物を仕立て、「毛の生えた亀」や「白い歯をもつ蛭《ひる》」「角の生えた兎」などと称する人物たちを仕立て、儒教、現世、道教を主張させるのも面白かろうと、伯父公に示す文章の構成を考えてみた。そう考えながら、親友である阿毘《あび》法師の風貌を想い出していた。思わず笑みがこぼれた。阿毘法師とは通称であって、本名のわからない仮名の法師ではないか……と。

住江の海娘子

新緑のころ空海は大和国《やまとのくに》へ旅立つ決心をした。薬師仏に、まずは己れの資質に合った真の経典を授けたまえと念じたのである。それはやはり大和国にあるのではと考えた。それに、阿毘法師や光明といった知己とも会いたくなったし、母と弟の魚主にも会いたかった。同時に、伯父公に示す文章も書かねばならなかった。その資料も大和にはある。伯父公は、おそらく新京に移転したであろうし、その消息も知りたかった。親友の真川《まかわ》や、儒学の師である家守、書の師の魚養《なかい》もどうしているであろうか……と、懐かしさがこみあげてくる。

方の外に遊ぶ身にはなったものの、生身の己れは、やはり方の内の人であったのだ。

桧笠をかぶり緇衣《しえ》をまとい、旅装を整え、錫杖を衝き、托鉢行をしながら、父の館を後にした。来たときの旅路を逆に辿った。しかし、石鎚などでの山林修行では、確かに煩悩を滅却し、空《くう》の境地に達し得たと思われたのだが、父に対する肉親の情や、さまざまな知己に対する知音《ちいん》の想いに駆られるのを抑えるべくもないとは、どうしたことかと悩みつづけた。そもそもこのような悩みそのものは煩悩ではないか。ただ……瞬間々々をさらりと脱け出すほかはないか……と。

阿波の牟夜《むや》から淡路を経て紀伊の加太《かだ》の地に立った。途中の舟で同乗の旅人に、大和に入る道筋として、和泉の海岸沿いを住江《すみのえ》の社《やしろ》を経て四天王寺から生駒《いこま》の暗峠《くらがりとうげ》を越えて大和の西の京に入る道筋を聞いていた。このたびはそれを辿ることにした。こうして、空海は、左手に淡路島を見はるかす血沼《ちぬ》の海を眺め、右手にははるかに槙尾山寺を深々と抱く和泉の峰々を懐かしみながら、日根《ひね》の郷、和泉の郷、大鳥《おおとり》の郷をぬけて、難波潟《なにわがた》（大坂湾）に注ぐ大和川の南岸得名津《えなつ》の浜に辿り着いた。

川向こうには、青々とした森の中に鎮まる住江の社の千木がすっくりと見え、西北の難波潟のはるか彼方には、紫色にかすむ武庫《むこ》の山（六甲山）を見通すことができた。一休みにと、松林をぬけて砂浜に足を踏み入れた時であった。波打ち際で戯れている一組の男女の姿が目に入った。いや、戯れているのではなく、争っているらしい。男が手をのばそうとすると、女はその手を振り払って逃げようとする。そのうち、女は、抱きつこうとする男を突き放して駆け出し、空海の方へ向かって走ってくる。「助けて！」と叫びながら、女は空海の両肩に手をかけるようにして背後にまわって息せき切った。追ってきた男は、漁師のような風体、鬚面の潮焼けした赤ら顔で酒臭い。息を吐きながら「どけっ！」と挑むような罵声を空海に浴びせた。空海は仁王立ちになり爛々たる眼で男を睨みつけ、錫杖をドンと衝いて鐶《かん》をジャランと鳴らした。男は一瞬たじろぎ、改めて空海をじろりと見て、はじめて目の前の人物が僧侶であることに気づいた。空海の爛々たる眼光にひるんだ表情をみせ、後ずさりしながら数歩後退すると、パッと身を翻して走り出し、弧を描くように砂浜を駆けて松林に姿をくらました。

うら若い娘子《おとめ》であった。稀に見る美しい面立ちであった。どこか母に似ていると思う。「花の容《かんばせ》は婀娜《あだ》として……」という『遊仙窟』の句が浮んだ。小放《こばな》り（髪を上げていない）の髪は肩までゆったりと垂れて背に流れるのを、元結《もとゆい》でくくっている。白い衵《あこめ》（肌着）の上に、榛《はり》の木で染めた薄茶色の舟型袖の上衣を着て、白地の帯を締めて腰の左上に結んで垂らし、薄萌黄《うすもえぎ》色の表裳《うわも》を腰に巻き、上衣の裾から棠棣《はねず》の淡い紅色の下裳《したも》をのぞかせている。下裳から出ている白くきゃしゃな素足は……どうやらけがをしているようで、足指から血が出ていた。

「これはいかぬ」と、近くの石に坐らせ、腰を下ろして娘子の素足に手をのばすと、娘子は一瞬ピクリと体を動かしたが、そのまま傷の手当てをまかせた。娘子の身体からは娘子特有の匂いが漂い、空海の鼻をつく。ふと、娘子の瞳を見上げたとき、言い知れぬ衝動が体の奥底から突き上げてくるのを感じた。

目を閉じて小声で経を唱えながら立ち上がり、その場を離れようとすると、娘子は懇願した。「和尚さま、あの男が林の中に隠れているかも知れませぬ。どうか家まで同道願いませぬか」と。空海は腰から草鞋を抜き取り、娘子に履くようにと与えながら、頷いた。娘子は、草鞋を履くと、先ほどの争いで波打ち際に落した裹《くぐつ》（藻・貝を容れる莎草《くぐ》で編んだ袋）を拾い取ってきた。

娘子《おとめ》は助けられたことを深く感謝するとともに、歩きながら話しはじめた。娘子は、本来、茨《まん》田《だ》の雲童《うなて》（茨田の用水路地帯）の地で農耕に携わっていたという。先年の暴風雨で茨田の堤が切れ、淀川の水が氾濫して水びたしとなって家を失い、母親とともに、この摂津の漁師を夫とする母親の姉の許に逃れ、しばらくそこの手伝いをしてきた。藻や貝を採っているという。住江の社の西、粉浜《こはま》でやっていたのだが、先ほどの男につきまとわれ、それを避けてこの得名津の浜に場所を替えたのだが……と悔しそうに語る。もっとも、いつかは雲童に戻らねばならないだろうとも言った。

そんな娘子の話を聞きながら、空海はこの娘子にひどく魅かれていることに気づき動揺した。心がこの娘子に吸い寄せられていくのだ。抗いようのない力で吸い寄せられていく。こういう心のありように、空海は一方では唖然としていた。「色即是空、空即是色……」と心の中で唱えつづけた。

娘子は川を渡り、住江の社の東方にある四八津《しはつ》の集落に空海を導いた。草葺きの家々がぽつぽつと建っており、椎の林とひときわ高い赤松が生い茂り、軒下に網を干し、魚籠を積み上げた家の入口で足を止めた。娘子はここがわたしの家ですと指し示す。空海は、合掌すると頭を下げ、「それでは……」と挨拶して立ち去ろうとすると、「お斎《とき》（昼食）をさしあげたいのですが」という。それを振り切るように、「いや、急ぎの旅でありますゆえ」と告げて歩き出す。その背中に「せめてご法名なりと」と追いすがるように訊いてくるので、「空海と申します」と振り返りながら名乗り、改めて合掌すると、急いで娘子から離れた。「あぶない！」と自分自身を怖れた。娘子の姿や声や匂いがあまりにも強烈に心に焼きついてしまって、それらが急激に頭に上ってきて、頭の中がカーッと熱くなり渦を巻き、制御し切れないのだ。「だめだ、煩悩を滅却できてない」と、娘子に対する思いを吹っ切れず、悶々としながら歩きつづけた。

11　四天王寺・唐招提寺そして阿刀村

如来蔵とは

気がついてみると、四天王寺の南大門の前に立っていた。何かに誘われるように、門をくぐり、中門をぬけようとしたとき、門番に呼び止められた。「いまは夏安居《げあんご》（四月十五日から七月十五日まで一室に籠っての修行）が執り行われておりますが……」というから、「勤行《ごんぎょう》に連なりたいのですが……」と願うと、男は奥の講堂へと案内してくれた。「僧房ではないのですか」と訊ねると、「このところ、上《うわ》つ宮《みや》の太子《みこ》（聖徳太子）の『勝蔓経《しょうまんぎょう》 義疏《ぎしょ》』という講義が講堂で行われているようです」と教えてくれた。

こうして空海は講堂に居並ぶ僧侶たちの末席に連なった。ご本尊の前の礼盤（高座）には講師が坐して講じており、聴聞僧たちは左右に分かれて居並んでいた。講義はまさに、煩悩の根元としての無知について講じていた。煩悩には二種類あるという。一つは瞬間的に発現する煩悩である。空海はそれを聞いたとき、あの住江の娘子に会ったとき起こった欲愛の情のことを思っていた。しかし、この煩悩は、付随的なもので、それを生み出す基盤となる、もう一つの恐るべき煩悩があるという。

それは、いつはじまったとも知れない昔から輪廻を繰返しながらも、それぞれの生存に通用する執着のなかにある煩悩であり、これを断ち切るのは容易ではなく、唯一、如来のさとりの智慧だけが断ち切ることができるという。そして、この如来こそが法身《ほっしん》（究極絶対の存在）そのものである。そのさとりの智慧のみが輪廻転生から脱却することを可能にする。如来のさとりの智慧とは、すべての現象が非存在であると知る空性の智のことで、真実の心を蔽いかくしているあらゆる煩悩の蔽いを除き去ることができるとする。

ところが、この如来となるべき本性が、実はわれわれ凡夫の内には胎児の状態で存在するという。ある限りの煩悩に纏われている如来となるべき清浄な本性を如来蔵《にょらいぞう》という。そしてすべての煩悩から脱却したとき如来すなわち法身といい、脱却できていない状態が如来蔵であるという。この時、空海は『華厳経』で師子座に坐った普賢菩薩が「一切諸仏毘盧遮那《びるしゃな》如来蔵菩薩三昧」という三昧に入るときの一節を思い出していた。ああ、毘盧遮那は胎児として胎蔵する菩薩の境地に入ったのだなと想い返した。

とはいえ、本来清浄である心が煩悩によって汚されているとはどういう意味であるのか、煩悩も心によって生み出されるではないか……と考える。お経は、ただ、信心の光によって、苦しみの原因を断じ、苦しみを滅するという真理だけが真実であり、常住であり、帰依する処であると述べている。清浄な心と煩悩との関係がやはり課題として残った。あの住江の娘子に対する情愛は煩悩であるのだが……なぜ己れは彼女に向かって合掌したのか……ただ彼女の内の如来蔵に向かって合掌したのか……。

三日後、空海は四天王寺を後にした。味原《あじはら》から東に向かう直越《ただご》えの道に入る。前方には生駒《いこま》の峰を中心とする生駒山地が横たわっている。去年の三月、摂津職が摂津国に改められ、難波の大宮が廃されたため、多くの官人たちの邸《やしき》も放棄され、閑散とした難波の京を通りぬけ、行基菩薩とその信者の知識たちが造った橋を渡り、左手の彼方に石切《いしきり》の杜《もり》を望みながら、コナラやクヌギの林の中を山間部に入って行く。道はしだいに急な坂道となり、生駒の暗峠《くらがりとうげ》にさしかかった。樹々は欝蒼と生い繁り、昼なお暗い恐ろしげな峠であった。錫杖の鐶《かん》の音が響き渡る。昔、この峠には、鬼たちが出て、旅人たちを襲い殺したという。その鬼たちを調伏《ちょうぶく》して自らの命に従わせ、使役したのが役行者であったと伝えられている。この暗峠を越えると、大和の西の京は指呼の間にあった。

如宝大徳

西の京に入ると、西三条大路を東に向けて歩き、西二坊大路を南に辿った。唐招提寺に寄ってみようと思ったのだ。大路の柳やエンジュは、伸び放題になり、所々に草が茂り、側溝の向こうの築地塀《ついじべい》も破れ果て、崩れたところから見える邸《やしき》も荒れ果て、畑になっていたり、草葺き棟瓦《むながわら》の屋根にも草が生えていた。昔日の平城京の面影はない。北方に見える平城宮は、それでもまだ一種の威厳を保っているようだ。東方には緑の樹々の上に東大寺金堂の甍の鴟尾《しび》と七重の塔院や興福寺の五重の塔などを見ることができた。その向こうには懐かしい見覚えある笠置《かさぎ》の山々が連なっている。

薬師寺の各層に裳階《もこし》をつけた美しい三重の塔を背後に望みながら、空海は唐招提寺の南大門をくぐった。眼前には寄棟の甍の上に天平の息吹を伝える鴟尾をいただき、前面の吹き放しの前に立ち並ぶ列柱は、幾分ふくらみのあるのびやかな風情を湛えながら、荘重な趣の金堂が鎮まっている。空海は、堂内の本尊毘盧遮那《びるしゃな》如来に向かって、数珠を繰りながら、『梵網経』の一節を唱え、合掌し、「南無毘盧遮那仏」と口に出して一礼すると、何気なく、金堂の西側に歩き出した。僧房らしき建物のさらに西に、普通の寺院にはない建物があった。どこか、東大寺の戒壇院を思わせる。

しかし、次の瞬間、聞き慣れない話し声が耳を打って、そちらの方へ目を向けると、鐘楼の前で二人の老僧が何か話し合っている。一人は異相の胡人とも思われる老僧であり、二人が話し合う言葉は、異国のもののようであった。耳を澄ますと、唐語らしいのだが、空海が習得した長安・洛陽の唐語とは少し違っているようであった。そのうち一人は立ち去り、異相の老僧が残り、少し考え込むような風情だったが、ゆっくりと鐘楼を離れようとした。

空海は意を決して、「大徳よ」と唐語で話しかけてみた。振り返ったその顔は、彫りが深く、白い眉毛の下の眼窩の奥からは、おだやかな緑色の眼光を放ち、白い顎ひげにはまだ黒いものがまじっている。「ほう、何か拙僧にご用かな?」と試すように唐語で訊いてくる。空海は、腰をまぶかく折り、合掌しながらやはり唐語で答えた。「わたしはまだ修行中の旅の僧にすぎませぬが、たまたまこの寺の前を通りかかり、ご本尊の毘盧遮那《びるしゃな》仏にお経を供養させていただきましたが、偶然、お二人の唐の言葉を耳にしまして、お話ししてみたいと思ったのであります」と。老僧は、「拙僧らの言葉は唐の国でも南の方の言葉でな……しかし、貴僧はまだお若いのに唐語が達者じゃのう」という。空海が改めて己れの法名を名乗ると、老僧は、「如宝《にょほう》と申す」と名乗り、僧房の一室に誘った。

対座した両者は、さまざまなことを唐語を交えて語り合った。特に如宝大徳が胡人であって、その父祖の地が、唐の国より遥かに遠い砂漠を越えた粟戈《ぞくか》（ソグディアナ）という異国であり、そこの人々はそこを拠点として、さらに西に何ヵ月も行った大秦《たいしん》(ビザンティン帝国)や、東は唐の長安との間で活発な交易活動をしているという壮大な話や、彼らが信仰している拝火教(ゾロアスター教)、摩尼教(マニ教)といった不思議な異教のこと、あるいは、大徳の師たる鑑真大和上《がんじんだいわじょう》との出会いと日本に渡来する際の、艱難辛苦など、空海にとっては、珍しくもあり、好奇心を激しくゆさぶる全く新鮮な話題が展開したのであった。すべてが、空海の想像力を駆り立てるものであった。

空海が、先ほど見た戒壇院らしき建物について訊くと、大徳は次のような苦渋に満ちた話をした。大徳の師の鑑真大和上は、東大寺に戒壇院を建立し、新たに具足戒《ぐそくかい》(出家した比丘・比丘尼の守るべき戒、大戒)を授ける授戒伝律を官からおまかせいただいたのであるが、古くから行われてきた自誓受戒《じせいじゅかい》(師なくして自ら誓って大戒を受ける)を主張する者たちなどと、戒律の考え方の違いがあった。その上、授戒されるべき沙弥(見習僧)や沙弥尼に対する度牒《どちょう》(認証書)の発行は、治部省《じぶしょう》が管轄し、受戒した僧尼の名籍は、中務省《なかつかさ》と治部省に保管されているから、僧尼は官によって統制され、いわゆる官僧ということになる。しかし、真の出家は、官の統制から切り離されなければならないというのが、大和上の考えであった。そこで大和上は、僧綱《そうごう》(僧尼を統理し、諸寺を管理する高僧たちの官職)を退かれ、私寺としてこの唐律招提《とうりつしょうだい》(唐招提寺)の講堂を建立され、本尊を戒律修学にふさわしい弥勒如来とされ、本来的な戒壇院を設けられた。しかし、かの道鏡禅師の皇位をめぐる騒動のために、その反動として官の統制が厳しくなった。そのため、大和上の後を継いだ大徳は、金堂などの堂宇を建立する際、金堂のご本尊を国の鎮護のために、東大寺金堂ご本尊と同じ毘盧遮那仏とされ、官寺への道を歩まなければならなかった……と、大徳は、大和上の素志に報いることができなかったという苦渋の思いを吐露された。

このような話を、まだ若いしかも初対面の修行僧に聞かせる如宝大徳の胸の内はいかなるものであったのか。おそらく、唐語を自在に話すという稀有の修行者に驚愕されたのが、一因であろうが、唐の国の揚州大明寺《たいめいじ》で、大和上に邂逅したときの自らの若い頃のことなどを語っているうちに、大徳は、目の前の爛々と眼を輝かせて聞いている修行僧に己れの若かりし頃を重ね合わせておられたに違いない。しかも、この若い修行僧は、その眼光の奥に不思議な底知れぬ大きさが感じられ、稀にみる資質を備えた存在のように思われ、真実を語るに値する人物であると直覚されたのではなかったか。

日が傾きかけたころ、空海は唐招提寺を辞した。大徳の言葉に、唐の南の揚州なまりともおぼしき方言が混じっていたことに何か強く魅かれるものがあった。

母と弟と子部の尼

その日、大安寺の佐伯院に錫杖と笈《おい》を休めた。院主の佐伯宿禰氏子は、僧形となった空海の姿に驚き、また歓んだ。世間では、新京への移転騒ぎでもちきりとなり、長岡京の東西市はすでに移されたが、肆《いちぐら》（商店）の人々もまだ右往左往、浮浪人は増え、路傍の餓死者は捨て置かれたままだと氏子は嘆く。大安寺から下《しも》の地は早くも田地化されはじめ、あるいは寺領となるものも多くなったという。この佐伯院も、本家（佐伯宿禰氏）からの施財が、二度の移転騒ぎで滞りがちになり、厳しいご時勢だと愚痴をこぼす。

次の日から、空海は、禅定を修することと、大安寺経蔵に出かけたり、興福寺唐院の玄昉僧正ゆかりの経典類を借り出し、写経や研究に没頭したのだが、秋口に入ると、母に会いたいという気持がむしょうに起こり、矢も盾もたまらず、佐伯院を飛び出した。四坊大路を南下して中つ道に入り、村屋神社の森をぬけて阿刀《あと》村に入って行った。見覚えのある茅葺きの屋根を土塀の向こうに見たとき、空海の胸は高鳴った。

門をくぐって前庭に立ったとき、ちょうど、二人の女性が話しながら玄関から出てくるところであった。一人は確かに母であったが、いま一人は尼削《あまそぎ》（髪を肩のあたりで切る）に白い布で頭部を包み、白衣の上に緇衣《しえ》をまとった尼僧姿の女性だった。手には数珠をもっている。空海は合掌しながら頭を下げた。

母はこちらを向いて頭を下げかけ、じっと空海を見つめ、次の瞬間、あっと叫んで、「真魚、真魚ではないか！」と言いながら小走りに駆け寄ってきた。すると、尼僧も、「えっ、真魚さま？」

と叫んだ。母は空海の両腕をつかみ、見上げ、眼を覗きこみ、「髪を剃られたのですね！　まあーっ」と絶句した。空海は涙ぐみながら、「はい、今は空海と申します」とだけ、やっと言うことができた。

尼僧は、「真魚さまがあちらこちら歩きまわっていたお姿を、よく覚えております」と言いながら、気をきかせてか、「わたしは、これにて失礼します」と挨拶して出て行った。「あのお方は？」と空海が訊ねると、母は、「子部《こべ》の尼さまですよ。ほら、あなたも知っているでしょう……子部神社（橿原市飯高町）……あのお社《やしろ》の神人（氏子）子部さま（少子部連《ちいさこべのむらじ》）の娘さんよ。今は法華寺の禅雲さまに師事しているの……」と言いつつ、空海を抱くようにして、家の中に導き入れた。奥の方へ声をかけ、「手桶に水を汲んできておくれ」と中年の女性を呼び出した。

子部神社の神は、少子部連氏の氏神であるが、舒明《じょめい》天皇十一年（六三九）の十二月、百済《くだら》川のほとりの神社の近くに大安寺の前々身たる百済大寺とその九重の塔が造営されたことを、この神が怒り、百済大寺は失火、九重の塔や金堂の鴟尾《しび》が焼け落ちた。また、壬申《じんしん》の乱（六七二年）のとき、尾張の国守であった少子部連鉏鉤《さひち》は、二万の兵を率いて大海人皇子《おおあまのみこ》（天武帝）方についたが、大乱終息のころ山にかくれて自殺したという。この少子部連の一族は、天武十三年（六八四）宿禰姓を賜うが、多《おお》臣氏と同祖である。多氏の本貫たる多の地は、子部神社の地の東隣りにあり、少子部連氏、多臣《おおのおみ》氏、さらには阿刀連氏は、共に壬申の乱で大海人皇子に従って戦ったのである。

阿刀村、多村、子部村は地続きの隣り同士であった。空海も少年のころ、この辺りをよく歩きまわっていたのだ。

母は手桶に水を入れてきた女性を紹介した。笠女《かさめ》という。空海が十五の歳に長岡京の伯父大足《おおたり》の邸に移ったあと、弟が生まれ、大足が乳母として近くの秦《はだ》の庄から連れてきた。それ以来、母の許で働くようになり、あの子部の尼もまだ娘子のころ、笠女の紹介で、稲刈りなどの手伝いにこの家に出入りするようになり、その縁で、時々、この家に立ち寄るらしい。「なかなか綺麗な尼さまでしょう」と、母は何か含んだような言い方をしたが、「でも、お坊さんと尼さまではねえ」と言ってカラカラと笑った。

湯浴みしてさっぱりとし、久し振りに母と対座した。母は表裳《うわも》をはずし、橡《つるばみ》色の上衣を着て淡い萌黄色の帯を締め、左腰上に結び垂らしており、空海の顔をしげしげと見ながら坐った。結い上げた髪には少し白髪がまじっているようだ。「田公《たぎみ》さまからは、反物や塩などさまざまな物に添えて書簡をいただき、讃岐でのあなたの様子を書き送ってこられた。あなたはどのようにして髪を剃られたの」と尋ねる。空海は、まず異母兄二人が健児《こんでい》の制で兵役にとられ、遠方で亡くなり、父が少しやつれていたことを語った。

次いで金《かね》の御峯《みたけ》での修行や高野の地のこと、槙尾山寺《まきおさん》で行空という師に出会い、沙門となったことを語り、「伯父公は、どうしておられるか」と訊ねた。「山背の葛野の地に居を移されたかどうか、落ち着くまでしばらくかかるでしょう」と言いながら、兄との距離が遠くなることを不安げにこぼした。「伯父公はわたしの出家には反対のご様子でしたが、そのうち一書をしたためてわたしの決意のほどを示すつもりです」と。

そう言いながら、かつて母や大足《おおたり》に学んだこの部屋を見渡し、思わず懐かしさがこみあげてきた。『文選』や『詩経』、『礼記』『孝経』『論語』、さらには『荘子』や『晋書』『史記』『春秋左史伝』などの書巻……そして経机の上にある高価な料紙……！ これは大足が置き忘れたものか……。

その時、足音が聞こえて「入ります」という声とともに戸を開けて、一人の少年が入ってきた。髪を角髪《みずら》に結って父の面影を宿す涼やかな瞳の少年である。「あら、魚主《いおぬし》ね、そこに坐りなさい、あなたの兄公《あにぎみ》ですよ」と母が言う。魚主は兄が僧形であることに一瞬とまどったが、坐りざまに丁寧に挨拶した。「お目にかかれて嬉しいです。かねがね兄公については、母からよく聞かされておりました……」と。加えて、「父からの書簡では、兄公は物凄い修行をなされたとの由、そのことをぜひ」と、せがむように目を輝かせて問いかける。空海は柔かく制して、「まあ、ゆっくり話そう、それよりも父公はそなたを讃岐に引き取りたいと申していたが……」と父の意向を伝えると、「そうですね……」と言いながら、母の方を見つめて、「父の書簡からも知っていますが、わたしは母公の……」と言いよどむ。母は、「父公は二人のお子を亡くされて悲しんでおられるのですよ」とさとす。空海は、「とにかく、父公と母公の絆の役目を果たしてほしい。もっとも、わたしの真似だけはしてくれるな」と慰撫した。

こうして空海は母子水入らずの団欒を久し振りに味わった。しかし、心の奥には、これが母への孝行の最後になるのではという予感があった。魚主とはさまざまなことを語り合ったが、空海が彼に強く説いたのは、父が大和に出てくる機会が間遠になればこそ、母との絆をより強くするよう努めよということだった。世の中には、男が通って来なくなった女のみじめな生活がどこにも見られた。その挙句、子を寺院に預ける場合も多かった。母には頼りがいのある二人の兄弟がいるが、やはり不安であることに変わりはなかった。そうして、空海自身、出家のために、母に何もしてあげられないという慙愧の念にかられていた。母は、そのような空海の思いに気づいていたようであったが、いつも笑みを絶やさなかった。

子部の尼と禅雲法尼

十月二十二日、この日は辛酉《かのととり》に当たり、「天命の革《あらたま》る」時であり、桓武帝は、遷都の儀を執り行ったのち、屋形の上に黄金の鳳凰を飾り立てた鳳輦《ほうさん》（天皇の乗物）に乗られ、前後に美々しい行列を従えて、長岡京を後にして、葛野の新都の宮に移られた。翌月の八日、丁丑《ひのとうし》という天皇の歳の干《え》支《と》の日を期して新都を平安京と名づけられた。

空海は、離れの御堂で禅念に耽ったり、書棚のある部屋で伯父大足に呈する一書の草稿を書き進めたり、家事の力仕事を手伝ったりして過ごしていたのであるが、時折、訪れる子部の尼と仏教について問答を取り交した。母は、尼さまの訪れる機会が以前より多くなったと笑っている。空海は尼に対してはある種の親しみを感じていたが、お互い仏道を歩む者同士であるからと、接するときは、できるだけさらりと接するように努めたが、時には尼の瞳の中に、まぶしいほどの光を感じて、目をそらすこともあった。

子部の尼は、師事する法華寺の禅雲法尼についてよく語った。法尼の説法は、奥が深く、聴く者を魅了せずにはおかず、多くの尼僧たちがひきもきらず法華寺に通うという。それだけでなく、女《むすめ》を連れた母親たちも多く通い、その女たちの将来を予言する不思議な神通力を具えているという。つい最近のことであるが、内舎人《うどねり》の橘清友《たちばなのきよとも》の女《むすめ》嘉智子《かちこ》が母親に連れられて来たとき、禅雲法尼は、嘉智子の肘をとって、将来、天皇および皇后の母になると予見したという。

法華寺は、天平十三年（七四二）に玄昉僧正の建策を容れた光明皇后の強い要請で、聖武帝が諸国に国分寺・国分尼寺建立の詔を発し、建立された国分尼寺の総本山である。法華滅罪之寺と号し、『法華経』に依拠して設営された。その位置は、平城宮の東院の東、左京一条二坊であり、寺域の東北隅には海龍王寺があり、かつては、玄昉僧正が唐から請来した経論五千余巻の写経場であった。

子部の尼の心情は、会うごとに空海に傾いてくるように感じられた。しかしそれは決して猥雑なものではなく、自然で、清らかにも思えた。空海が如来蔵《にょらいぞう》と法身《ほっしん》について語る口元を見つめながら、法悦に浸っているかのように、うっとりとした顔付きをする。聴いているのか、聴いていないのかわからない。ふと、空海は、子部の尼に重荷を感じていることに気づいた。

しかしながら、子部の尼の口を通じて語られた禅雲法尼の『法華経』見宝塔品についての見解は面白いと思った。それによると、釈迦如来は『法華経』を説くにあたって、額《ひたい》の白毫《びゃくごう》から光明を放ち、過去から現在まで出現された如来や菩薩を一堂に会《かい》せしめた世界を化作《けさく》されたという。それらの如来・菩薩は、上下、四方など八方のそれぞれの国土から来臨する形をとっており、それぞれに過去において輪廻転生を繰り返しながら、気の遠くなるような時間をかけて、善根を積み修行に精進して最後に輪廻の世界を解脱された。そして、如来・菩薩は、無数の国土と娑婆世界との間を自在に往来する神通力を具えていると語る。ほかにも、龍王の女《むすめ》が男の姿に変身して菩薩となり仏陀になる話もあったが、空海にとっては、過去から現在に至る時間を説法の場に空間化するという考え方に興味があった。ここには、過去・現在・未来の一切のものを現前する観法のありようが示されていた。このような観法を修することで、眉間の眼（第三の眼）を鍛えてあったからこそ、禅雲法尼は、女たちの未来を予見することができたのではないかと。

ともあれ、子部の尼が、尼僧とはいえ、しだいにすり寄ってくるのには当惑した。空海は、旅立たねばならぬと決意した。

母とは別れ難い思いがあったが、母の許にいて孝行をつくすというのは、小さな孝行なのだ、もっと広く人々に、過去・現在・未来にわたる人々に慈愛を及ぼすための修行を積まねばならない出家の身ではないか、と意を決して旅立ちを母に告げた。母はだまって空海の瞳を深く見入り、涙を湛えながら、笈の中に紙衣《かみこ》を入れてくれた。「これはとても丈夫で、冬でも温かいのですよ」と。空海は、伯父宛ての書の草稿と、経机の上の料紙を母に許しを得て笈にしまいこんだ。草稿では、儒教や道教についての考えはすでにある程度のことは書きしるしておいたが、仏道については、まだ手を下していなかった。伯父は学問のある方だから、それにふさわしい文体をもってしるすべきだと考え、久し振りに詩魂が動き、『文選』などを参考として書いてみたのである。魚主には、「母と父との絆となってくれ」と、くれぐれもさとし、母の許を辞したのであった。

槙尾山寺に向かった。師の行空法師にお会いしたかったのである。

12　医方明と工巧明

薬草などの知識

空海は、中つ道を南下して久米《くめ》の精舎《しょうじゃ》（久米寺）から西に入り、役行者出生の地である茅原《ちはら》の里をぬけて山間に分け入り、水越峠《みずこしとうげ》から南の尾根、金剛の峠を経て尾根伝いに歩き、紀見峠《きみとうげ》を越え、一乗の峰（三国山）を経て槇尾山寺に入った。しかし、行空法師の住坊に師の姿はなかった。師の近事《ごんじ》（近く仕える者）の一人猪丸《いまる》が二、三人の優婆塞とともに師の住坊を守っていた。

猪丸に師の行方を訊ねると、和泉や河内の道場に出かけられ、いずれの道場におられるかわからぬと言う。つい先頃出立されたからしばらくはお帰りになるまいとのことであった。がっかりしたが、この地は近在に処々行場が点在しており、それらで修行を重ねながら、師の帰還を待つことにした。難波潟や金剛の峰、和泉の山地を見渡す蔵岩《くらいわ》や、清水《きよず》の滝、少し足をのばせば光滝《こうたき》寺近辺など、行場に事欠かなかった。こうして、延暦十四年（七九五）、空海は二十二の歳を迎えたのである。

行場を転々としながら読経や禅定に明け暮れる日々を過ごすうちに、春先にかかったある日、いつものように師の住坊に戻ってくると、玄関の上《あが》り框《かまち》の前で、籠に手を入れて何かしている猪丸の姿があった。籠の中を覗き込んでみると、鋸歯のある暗緑色の葉で株から四方に枝をのばした植物や、樹皮や若葉などがぎっしり詰まっている。食料とも思えず、「これは何か」と訊ねた。猪丸は笑いながら、「空海さま、これは薬草の材料ですよ。行空さまは、各地の道場に出かけられる時には、必ず薬草をお持ちになります。ですから、わたしは季節ごとに、こうして薬草の材料を集めて日に干したりしているのです。」「師は本草《ほんぞう》にお詳しいのですか。」「もちろんですとも。

ほら、この細い鋸歯のあるのは巻柏《ひば》ですよ。水洗いして日干しにし、煎じて服用すれば、痔疾《じしつ》の血止めや、ご婦人の月のとき痛みを止める効用があるのです。こちらは山桜の桜皮《おうひ》ですが、咳を鎮めたり、煎じて打ち傷などに用います。これは畑《はた》つ守《もり》（りょうぶ）で、食べて美味しいのですが、腹痛などにも効きます……」と説明してくれた。

その日から、空海は、写経や禅定の合間をみて、師の蔵書にある医方の書を選び出して読みはじめた。『黄帝内経太素《こうていだいけいたいそ》』、『新修本草』や『千金方』、あるいは『傷寒卒病論』などである。猪丸が山野に薬草の材料を採りに出かけるときは同道するようになった。猪丸は草木についての知識が実に豊富で、採集しながら、師について次のように語った。

「行空さまは、常々、次のようなことを言っておられます。つまり、この天地の間には、自然の気の動きがあり、人はその気の動きに合わせて生きねばならぬ。体を動かすことと休ますことの双方を重んじ、体の中の気がある部分にだけ集まり、塞がり滞ることのないようにしなければならないと言われる。行空さまが病いに罹《かか》った者を診られるときには、まず、脈を診られ、次に顔面の色相を診られ、その者の日頃の行動や眼前の体の動きを診られ、呼吸の具合などを診られて臓腑の経絡《けいらく》を探られ、どこが病んでいるかを突き止められる。それに応じて、時には鍼《はり》を使われ、薬草を用いられ、膏薬《こうやく》を用いられる。そして病者の体を揉まれたりしてお経を唱えられます」と。

平安京では、五月になって、平安宮朝堂院大極殿が完成し、さらに大内裏の建設と左右京の建設が進められたのだが、大極殿完成直後から、飛驒工《ひだのたくみ》たちの逃亡が公然となるようになり、全国に手配して捕捉につとめねばならなかった。七月には、僧弊を匡すために、使いを送って平城旧都の七大寺の僧尼を検校させる一方で、桓武帝は京中巡視を何度も行って左右京の建設を促した。あるいは大堰《おおい》、柏原野、大原野、北野などに遊猟を精力的に行ったが、遊猟といっても、それに名を借りた京中巡視であった。公務も正式に機能しはじめていた。

空海は、時折、師の姿を求めて、河内の狭山池《さやまいけ》院や和泉の家原寺などに足をのばしてみたが、それらの道場に師の姿はなかった。しかし、晩秋のころ、行空法師は、飄然と空海たちの前に姿を現わした。師弟は再会を喜び合い、空海は師に医方や本草について学びながら、その暮れを越したのであった。

神願寺薬師如来の予告

延暦十五年（七九六）春、行空法師は、たまたま境内に空海を伴って西方の天空を眺めていた。西方の空には黒い雲気がわだかまって、紅色の光を放っていた。「あれは黒紅《こっこう》といい、不吉の相じゃ」と師は言う。そこで空海は、「金光明経には、黒と白の二つの紅は不祥の相を表すとありますが……」と言うと、師は、「黒い雲気が紅のごとくであれば、水害の恐れがあるのじゃ。この様子では、近日というよりは、五月ごろに大雨となろう。都の建設に諸国の人たちが苦しんでいるのにのう」と溜息をつきながら、「行かねばならぬな……」と独り言をつぶやく。空海は、「わたしもお伴させて頂きます」と訴えると師はうなずかれた。

翌日、行空法師と空海は猪丸《いまる》を伴って旅支度をし、槙尾山寺を発った。行く先は、北河内の茨《まん》田郡《だのこおり》の求方院《ぐほういん》であった。この道場は行基菩薩が建てられた四十九院の一つである。淀川の茨田堤の南側にあり、雲童《うなて》（用水路地帯）の知識（信者）たちが協力して建てたものである。猪丸は、薬草に加えて救急の際に必要なものを詰めこんだ袋を背負っていた。

途中、河内国大県郡《おおがたのこおり》の高雄山の麓、神願寺《じんがんじ》に寄った。衆生救済を祈願するためであった。神願寺は、現在、民部卿にして造宮大夫である和気清麻呂《わけのきよまろ》公が建立した寺である。かつて道鏡事件が起こったとき、公は豊前国宇佐に赴き、宇佐大神から日嗣《ひつぎ》は皇統のみという神託とともに、皇位と国家を安んずるために一伽藍を建てて仏力の助けをかりよとの託宣を得た。その縁由によって、建立を願い上げたところ、桓武帝は允許され、その上建立すべき旨を天下に詔りされた。そこで清麻呂公は、和気氏の祖の鐸石《ぬてし》別命《わけのみこと》が薨じたと伝える大県郡高雄山の麓に神願寺を建立された。桓武帝はこれを嘉《よみ》されて定額寺とされたのであった。

神願寺のご本尊は薬師如来である。しかし、この如来は、ほかの寺々の薬師さまとは異なって、恐るべき眼光をもっておられる。空海は、この如来さまの前に立ったとき、すさまじい衝撃を受けた。その鋭い眼差しは、己れの心を見通す不思議な力を具えていた。数珠を繰りながら名号を唱えていると、己れ自身の肉体が脱落するような痙攣に襲われたのだ。その痙攣は、やがてゆるやかな波動となって、あらゆる存在の境界を軽々と超えていくかに思えた。そして、何か恐るべきことを予告されたと感じた。しかし、このことは師には何も言わなかった。師は何事かあったとは感じておられたようだが、師も何も言われなかった。

神願寺の薬師如来は何を予告されたのだろうかと、師の後について歩きながら考えた。師が天変による凶兆を占われたようにも思えるし、自分自身についての予告であるようにも思えるが、己れのことについて、思い当たる節はなかった。

暴風雨と娘子の死

一行が救方院《ぐほういん》に到着すると、旅装を解くもそこそこに、この道場を守っている知識たち数人と彼らの長老が挨拶に来た。行空法師は彼らと懇意であるらしく、また、彼らに尊崇されているようだ。法師は空海を彼らに一人ずつ丁寧に紹介した。一行の到着は、すぐさま近隣の里々に知れ渡り、陸続と人々が集まり、また、さまざまな病いに苦しむ者たちもやってきて、道場はにわかに活況を呈し、境内を掃く者、雑巾で拭く者、食事の仕度をする者たちなどでごったがえした。

行空法師は、空海とともに、内陣でご本尊にお経を上げると、さっそく、病者たちの診療をはじめた。空海はその脇に侍してそれを手伝う。脈をみたり、顔面や身体の動きをみたりして、経絡とそれにかかわる臓腑の変化を察知し、それを空海に教授し、また、空海にその変化を指摘させたりしながら、処方を伝え、猪丸が薬草なり鍼《はり》なりを手渡す。そしてさらに結滞した気血を揉み解すのであった。

ひとわたり診察をやり終えると、法師は、居並ぶ人々を前にして、農作業の様子を訊ね、近々、大雨が降るかも知れぬと警告し、縁起についての法を説き、六道輪廻について具体的にやさしく説法を行った。

三々五々、家路につく人々を見送っていた空海に、うしろから話しかける者がいた。「空海さま……」と。振り返ると、なんと、そこにはあの住江《すみのえ》の海娘子《あまおとめ》が立っているではないか。「おおっ、あなたはあの住江の……」とあまりの驚きに声が出なかった。と同時にいとおしさが胸一杯にひろがる。娘子は深く腰を折り、合掌しながら、「はい、得名津《えなつ》ではお助け下さいまして、ありがとうございました。こちらへは、昨年の秋に戻ってまいりました。空海さま、お懐かしゅうございます」と目を輝かす。「おお、それは上々、それで母君は達者ですか」「はい、おかげさまで……空海さまはこちらにどれくらいおられるのですか、折りを見てわたしどもの家にもお寄りください」。そう言いながら、別れにくそうな風情を見せて帰って行った。

空海は、いつになく、なごやかな気持になっている己れをじっと噛みしめていた。次の日から、道場での診察や、道場に来られない重い病いの者たちを、里々に訪れては、治療するようになった。道々、さまざまな農作業を手伝ったりもした。時には、空海一人で診療に当たることもあった。師が老体でもあり、診療の主体が空海に移り、師は助言するといった形をとらざるを得なかったのである。雨は時々降るのであるが、大雨というほどのことはなく、合間を見て、空海は娘子の家を訪れ、歓談したり、農作業を手伝うという安穏な何日かが続いた。

五月の中旬のある日、昨夜来からだらだらと降り続いていた雨は、夜明けとともに車軸を流す豪雨となった。風も出てきた。雷鳴が轟き、稲妻が走り、道場を囲む樹林の一角に落雷があり、杉木立のあいだに凄まじい轟音とともに白煙が上り、梢が焼け落ちるのが見えた。境内はしだいに水嵩がまし、一面海となるかに見えた。道場一帯はわずかに小高くなった地形だから、ここまで水嵩が増しているとすれば、里々の水田はおろか、農家も水に浸かっている可能性があった。淀川の堤や茨田《まんだ》の池の様子が心配であった。近くの里人たちが道場に避難してきた。

彼らの話によると、遥か東の小高い丘陵地帯に避難する者もいたし、淀川の堤に逃れてずぶぬれのまま、莚《むしろ》の下に肩を寄せ合っている者もいるという。笠をかぶり蓑をまとっていても、体はずぶぬれになるほどの豪雨である。行空法師と空海は、止雨を願ってお経を唱えつづけ、人々もそれに加わって必死に祈りつづけた。昼ごろになって、風が強まってきた。境内を腰まで水につかりながら、二、三人の里人が何か叫びながらやってきた。「淀の堤が切れるぞ！」と口々に叫ぶ。

境内の水は濁りだし、渦を巻いて流れ出した。道場は持ちこたえられるのか……。

二日目になって雨足は弱くなったが、依然としてだらだら降りつづき、六日目になって雨は上がった。空はどんより曇っている。境内の水は大分引いていた。空海は膝まで水につかりながら、境内を歩き、山門から里を見渡した。果てしなくつづく洪水の泥海である。家々は軒先まで水に没し、樹木やさまざまな生活用具が浮いて流れている。人の死体も処々に浮いているようだ。空海は茫然としながらも、合掌し、般若心経を唱えつづけた。

いつの間にか、かたわらに長老と数人の知識たちが立っていた。長老は、独り言のようにつぶやく、「わしらは、先年、茨田の堤が切れたときも、こんな目にあったが、そこから立ち直ってきたのじゃ、わしら田の民は、いつも厳しい天変地異と戦ってきた、これからもそうじゃ……」と。そして空海の方を向いて、「これから淀の堤を見に行きますじゃ」と言う。空海は、「わたしも同道いたします」と言い、一同は、いったん道場に引き返した。

淀の川は、流域を一杯にひろげ、濁流は木々や何かの構造物、馬の死体などを浮きつ沈みつ矢のように流れていた。堤はかろうじて堪えているようだったが、川側はかなりえぐられていて、処々泥水が陸側に滲み出ており、危険な様相を呈していた。もう少し水位が下がったなら、早急の補修が必要であった。「この様子では、あの山崎の津の橋も流れたじゃろう」と、長老が上流の方を指し示した。

その日から、空海も加わって、人々は毎日が目の廻るような忙しさに追われた。けが人の治療や、水位が下がるにしたがって現われる死者の葬送や、土砂に埋まった家屋の土砂を取り除く作業……。役人たちも駆けつけ、指揮をとり、淀の堤の補修をしなければならなかった。けが人や死者の葬送は行空法師と猪丸にまかせ、空海は、人手不足の堤の補強に加わった。

堤の補強工事から疲れ果てて道場に戻ってくると、境内に何体かの遺骸に混じって若い女の一体が運び込まれたばかりであった。死に顔を見た瞬間、空海は、雷に撃たれたような衝撃を受け、呆然とした。熱い涙がどっと溢れ、いつまでも止まらなかった。あの娘子であった。「ああ、無常な」と絶句した。「この娘《こ》は何の報いを受けたのだ」と崩おれ、両手で娘子の顔を抱いた。かの美しい面立ちは鈍色《にびいろ》となり、土にまみれ、黒髪が乱れまつわっていた。「溝瀆《うなて》（用水路）の底に沈んでおりましたから、おそらく逃げる途中足を踏みはずしたのでしょう。この娘《こ》は空海さまを慕っておりましたからのう」と、知識の一人が悲しそうな小声で言い、「母親もまだ行方しれずです」とつけ加えた。「何という無惨な……」と空海は悲嘆の底に沈み、全身の力が抜け、しばらく立ちあがることができなかった。「これが……あのお薬師さまの予告であったのか」と、あの鋭い眼光を想い出していた。行空法師がそっと空海の肩に手を触れ、「そなたが手厚く葬ってやるがよい」と静かに言った。

娘子を丁寧に葬った後、表面は何事もなかったかのように、里人とともに働き、師の治療や葬送を手伝いつづけたのであるが、空海の心の奥底には、大きな傷のようなものが激しく疼きつづけていた。

　この五月の大雨洪水は、畿内はおろか、南海道、東海道、坂東、西海道に甚大な被害をもたらしていた。そのため穀物は不作となり、諸国の人々の苦しみは想像を絶するものであった。しかし、救方院《ぐほういん》周辺の里人たちは、逞しく、めげず、復旧に努めた。掘立柱を立て、草葺き屋根を一軒ずつ、協働して造りあげ、それが終ると、全員別の一軒に向かうというように、次から次へと村の再建に全力を傾け、さらに水田の再生にもすべて協働で着々と進めていく。そうした人々の姿に空海は感動して、彼らの一員として加わり、働きつづけた。そのような共同作業を通じて、里人たちはしだいに空海に尊敬の念を抱くようになった。

　晩秋のころ、ひとくぎりを終えたと思われる日、行空法師と空海・猪丸の三人は、別れを惜しむ知識たちに見送られて救方院を後にした。師は言われた、「道場というものは、里人たちの祈りの場であると同時に、里の重大事を相談して決める場でもあるのじゃ。わしらは、それを少し手助けするだけのことじゃ」と。「あの人たちは、実に逞しいですね」と空海が言うと、師は、「この世の苦というものを楽に転ずるのが修行というものじゃ」と言われ、空海は、「生きるということは苦を楽に転ずる修行なのですね」と頷いた。

　神願寺に参った。薬師如来の眼光は、空海の心の奥底にある傷に注がれた。わずかに傷の疼きが消えていくように感じられた。その空虚さの中に、娘子の美しい面立ちが現われ、ニッコリと微笑んだような気がした。そのとき、如来の厳しい顔立ちも一瞬ほころぶように思えた。

『聾瞽指帰』を書す

延暦十六年（七九七）の春、空海は槙尾山寺《まきおさんじ》で二十四の歳を迎えた。大和国秋篠寺の善珠禅師は、僧正に任ぜられ、僧綱《そうごう》の首座となった。病弱な皇太子安殿《あて》親王の病い平癒のために、「般若験」を修して桓武帝の信任を得られたからであった。親王はなぜか故早良《さわら》親王の怨霊に悩まされておられたのである。しかも、その上、安殿親王は、己れの室の母親である藤原薬子《くすこ》と密かに通じておられ、それが帝《みかど》に知られて怒りをかい、薬子は親王から遠ざけられ、殿中のいずれかに幽閉されるという事件があった。親王は、心の悩みを善珠禅師の修験によって癒そうとされていたのだ。しかし、四月二十一日、善珠禅師は入滅されてしまった。享年七十五であった。親王は禅師の像を描かせて、秋篠寺《あきしのでら》に安置して守護を願われた。また、一方、唐招提寺の如宝大徳も三月十一日、律師に任ぜられ、僧綱《そうごう》の一員となっていた。

空海は、伯父阿刀大足《おおたり》に呈すべき書の執筆に本格的に取りかかっていた。学者である伯父に己れの志を示すには、論と賦《ふ》（叙述に対句・韻をふむ形式）の組み合わせでなければならないだろうと考えた。儒・道・仏の三教について、儒教を論ずる人物の名を鼈毛《べつもう》先生とし、仙道（道教）を論ずる人物の名を虚亡《きょぼう》隠士とし、それらに対抗して仏道を論ずる人物には仮名乞児《かめいこつじ》という名を当て、彼らが兎角《とかく》公という貴人の邸《やしき》に招待され、兎角公の母方の甥で蛭牙《しつが》公子という不良青年に対して説法するという筋書を考えた。

儒教と仙道については、すでに草稿ができていた。対句でいえば、たとえば、

楚璞致光　必須錯礪

蜀錦摛彩　尤資濯江

楚璞《そぼく》　光を致《いた》すこと必ず錯礪《さくれい》を須《ま》ち

蜀錦《しょくきん》　彩《いろどり》を摛《の》ぶること尤《もっと》も濯江《たくこう》に資《ま》つ

ここで、「楚璞」は、『韓非子《かんぴし》』による、楚の国の人である和氏が璞（玉）を厲王《れいおう》に献じたところ、玉を磨く職人がこれは石だと言ったが、のちに磨いたところ玉になったという故事を踏まえている。「錯礪」は砥石《といし》で磨くことだ。また、「蜀錦」は、蜀の国の錦のことで、江水で濯《すす》ぐと、しだいにその彩《いろどり》が明かになったという故事に由来する。総じて、玉は磨いてはじめて玉となり、錦の布は江水ですすいではじめて彩を現わすという故事を対句で連ねて律動を生み出すとともに、人間は学問を修め心身を修めなければ君子とはなり得ないことの喩えとしたのである。これは鼈毛《べつもう》先生の論であるが、学問とは、仁・義・礼・信などの意味を知りそれを実行することであり、それには書物を片時も手放さずそれらの名文を学び身につけなければならない。そうすれば、自ず

から出世の道が開け、美女とも結婚でき、子孫を繁栄させる慶《よろこ》びを味わうことができるというのが論旨である。

虚亡《きょぼう》隠士の論は、いかなる学問に通じても、達することのできない境地に導く秘法というものがある。それは不死の神仙の術による長生の秘法であり、そのためには世俗の害悪を避けねばならない。また、さまざまな仙薬があり、それらを服用することによって、神仙になりうると主張する。これは、東晋の道士、葛洪《かっこう》の著した『抱朴子《ほうぼくし》』を下地にして詩文を構築した。

仏道を論ずる仮名乞児《かめいこつじ》の段で、空海は親友の阿毘《あび》法師の風貌を想い出し、それを仮名乞児に仮託した。さらには日雄光明《ひのおの》や、金御峯《かねのみたけ》、石鎚《いしづち》の嶽《たけ》、そして雲堂娘子《うなてのおとめ》、子部《こべ》の尼や山中修行などを想い起こしながら綴った。人間は生き死ぬ存在であるが、それぞれの生き方に応じて、さまざまな存在に生まれ変るという六道輪廻を転生し続ける存在であり、空海自身も、この世では一時的に本貫として讃岐国多度郡屏風ヶ浦《たどのこおりびょうぶうら》に属する身であることを記した。その上で、世間が強制してくる忠孝についての悩みを伯父に対して示しつつ、特に父母に対する孝行について、それは小さな孝行であって、過去・現在・未来における一切の父母に対する大きな孝行こそが、仏道に励む者の孝行の仕方であると釈明した。わが師は釈尊その人であり、孔子とか老子とは、釈尊が人々の愚昧をあわれんで、儒童《じゅどう》と迦葉《かしょう》を遣わした唐土での名であったのだと述べ、さらに、釈尊は、この世の身を入滅される日、文殊菩薩に遺告されて、後継者を弥勒菩薩とされたから、弟子であるわたしは弥勒菩薩の浄土兜率天《とそってん》に向かう途中であると記した。

また、この世は苦しみに満ちた無常の世界であることを強調するために、かの雲堂娘子の死を想い浮べながら、美しい女性が腐爛して白骨と化していく有様を賦《ふ》の形式で描写し、魂はやがて、生あるときの所業に応じて地獄に堕ちて恐るべき責苦を受けるとも綴った。

さらに、輪廻転生する過去・現在・未来に浮き沈みする有様を、生死《しょうじ》の海として賦を作り、その生死の海から抜け出すためには、菩提心（さとりを求める心）を起こし、六波羅蜜などの仏道における正しい修行をつづけ、菩薩となり、煩悩を菩提《さとり》に転じ、生死を涅槃《ねはん》に転じて俗世間を超えねばならないと書き進めた。

ここにきて、空海は、仏になるための修行の時間について目を向けた。世間で語られているのは、仏になるには無限に近い時間をかけねばならないということである。無限に近い時間をかけて修行を積まねば仏になれないというのだ。ここで、空海は、「須臾《しゅゆ》に経殫《へつく》し、三祇《さんぎ》の遥かなる劫《こう》、究《きわ》め円《まど》かにせんこと難《かた》きに非《あら》ず」、すなわち、あっという間に、修行を完成し、無限の時間をかけずに仏になることは難しくない、と書いた。空海にとって、確信はないのだが、しかし、自分は生きている間に仏になりたい、すなわち、法身《ほっしん》の位に登りたいという強烈な願望を洩らしたのであった。これは、空海の真の心の底からの望みであった。

こうして、仏道における、過去・現在・未来の一切の衆生・菩薩・仏たちが、法身の説法の場に会する場面で重字《ちょうじ》を多用して描いてみた。重字とは、字を重ねて用いるもので、「関関《かんかん》」「淵淵《えんえん》」「燐燐《りんりん》」「爛爛《らんらん》」などと、響きが繰り返されて華麗な印象をもたらす効果があるのだ。

最後に、五言二十句十韻の詩で総括してしめくくり、『聾瞽指帰《ろうこしいき》一巻』と題したのであった。これは、己れの志を示すだけでなく、ある意味では、伯父から教えられたさまざまな学問の集大成として、伯父に対して、感謝の念をこめた一書でもあったのだ。だから、処々に、伯父から教えられた学問の成果がちりばめられているのだ。

晩秋のころ、草稿は仕上がったのであるが、母の許から持参した料紙には手をつけていなかった。母の家で清書すべきか、あるいは佐伯院で……と思案しながら、行空法師に別れを告げて槙尾山寺を後にした。平安京の伯父の所まで行かねばならぬか……とも考えた。

秦楽寺で清書する

水越峠《みずこし》を越えて大和に入り、中つ道を上り、阿刀《あと》村へはもう少しという勝楽寺界隈にさしかかったとき、道の向こうから歩いてくる尼僧の姿が目に入った。子部の尼にも見えて、慌てて左の小道に入った。なぜ子部の尼から逃げなければならないのか、と苦笑しながら、秦《はだ》の庄の集落に入ると、小さな寺がある。何気なく山門をくぐった。山門の額には「秦楽寺《じんらくじ》」とあった。境内にはかなり広い池があり、池に南面して御堂がある。どうやら、この界隈の秦人《はだびと》たちの氏寺らしい。

たまたま境内を掃いている老人に訊ねた。「この御堂は里の人たちの氏寺でしょうか」。老人は、僧侶が立っているのに気づき、丁寧に挨拶して御堂に導き入れてくれた。ここなら静かでよい、伯父公への書を清書するかと、しばらく逗留願いたい旨を告げると、老人は喜んで受け容れ、合掌した。ご本尊は千手観音で、脇侍に聖徳太子と秦河勝《はだのかわかつ》の像が鎮座している。今は無住寺で里人たちで守っているが、久し振りにお坊さまが来られて、里の衆も喜ぶだろうと、老人は言った。

『聾瞽指帰《ろうこしいき》一巻』の序の文案は、それほどかからなかった。しかし、蛭牙公子《しつがこうし》について、「忽《たちま》ち暴悪の児《こ》を視《み》て、其の教《おしえ》無きが染《そ》むる所を愍《あわれ》む」と書きながら、伯父の不良息子のことを想い出していた。あの当時、彼のことを蛭公《しっこう》と密かに名づけていたが……今はどうしていることか……と。全ての草稿ができあがったところで、いよいよ母の許から持参していた料紙を経机の上に広げた。この紙は、縦に簾目《すめ》の入った上質の紙で、普通には手に入りにくい紙であった。伯父であればこそ、手に入れられたもので、それが、母のところに置き忘れられていたものであろう。

書き損じぬよう、呼吸を整え、気迫をこめて筆をおろした。書いて書いて、書きぬいた。時には灯心に油を足さねばならなかった。最後の一字を書き終えたとき、さすがに精も魂も尽き果て、仰向けになったまま、寝込んでしまった。あたり一面、紙の波がうねっている……。

ふと、人声と肌寒さに目覚めた。飛び起きて、急いで書を巻き上げると、経机に置き、御堂の扉を開けると、境内に数人の檀家たちが集まっている。みな、手に盆や手桶・籠などを持っている。十二月二日の朝になっていた。空海は、人々のために朝の勤行をしなければならなかった。

檀家の人たちの好意を受けて、このまま秦楽寺《じんらくじ》を立ち去るわけにはいかなかった。そこで、一日、説法の席を設けて『法華経』普門品についての講話をすることにした。その当日、秦《はだ》の庄やその隣りの千代《ちしろ》の里人たちが、秦楽寺に集まってきた。一刻ばかりの講話を終えたとき、里人たちの中から「空海さまっ」と叫ぶ女の声があった。よく見ると、母の許に仕えている笠女《かさめ》ではないか。笠女は秦の庄の出身で檀家の一人であったのだ。秦楽寺で法話があると聞いてやってきていたのだ。法話をする僧が空海であるとは、全くの驚きであったという。二人は再会を喜んだ。

空海は、経机に置いてあった『聾瞽指帰』の書巻を手にして、「笠女どの、この書巻を母公に渡し、伯父公に届けて欲しいのですが……」と頼むと、笠女は引き受けてくれ、大切そうに布にくるんで頂き、「お母さまにお会いになりますね」と言う。「いや、そうしてもおれぬ、これから行かねばならぬ処がある。母公にはよろしく伝えておくれ」と答えた。空海は、吉野の光明の許へ行くつもりであったのだ。

こうして、空海は秦楽寺を後にしたのである。振り返ると見送る人々の中に涙ぐむ笠女の姿があった。改めて合掌しながら、挨拶をすると、くるりと背を向けて中つ道をくだった。かつて吉野入りのために阿毘法師とともに歩んだ道であった。まわりの景色が懐かしい。

13　虚空蔵求聞持法の修行

奇跡の邂逅

芋《いも》峠に登りつめたとき、一人の僧と出会い、挨拶を交した。これから元興寺《がんごうじ》に戻るところだという。比蘇山寺《ひそさんじ》での行を終えて帰るところだとも言った。空海の耳に「比蘇山寺」という言葉が強くこびりついた。この寺の名は噂には聞いていた。般若（智慧）のもう一つの唐語である自然《じねん》智《ち》をわがものにするために、虚空蔵菩薩《こくうぞう》を念ずる行を修する人たちが集まる寺であるという。高取山の南麓に位置するらしい。

眼前にたたなわる吉野の峰々を見ながら、千股《ちまた》の里まで下ると、かつて一夜の宿を借りた農家の前に立って般若心経を唱え感謝した。すると、布施を手にした主が姿を見せた。彼は空海を覚えていなかったが、五年前お世話になった礼を述べ、比蘇山寺への道筋を訊ねた。男は指差しながら、少し下ると右に入る道があり、それを辿ると比蘇山寺であるという。礼を言って立ち去りかけると、背後から、「ああ、あの優婆塞じゃったか」という独り言が聞こえた。

かくして、空海は比蘇山寺の僧房の一室に笈を休めることができた。諸僧の話によると、この寺は、いかなる修行者といえども、虚空蔵菩薩を本尊として『虚空蔵求聞持法《こくうぞうぐもんじほう》（虚空蔵菩薩能満諸願最勝心陀羅尼求聞持法)』に説かれた行法を修する者たちが集まる所であり、この行法を修すれば、すべての経典を即座に暗証でき、意味内容を理解できるようになると、口々に言うのであった。

空海自身、経典の暗記や理解には、それほど痛痒《つうよう》を感じない性質《たち》だったから、その行法にはそれほど興味を持たなかったのであるが、それでも経蔵からその経典を借り出し、僧房の一室でゆっくりと書写しながら、この年の暮れを過ごした。

年が明けて延暦十七年（七九八）、空海は二十五歳の新年を迎えた。一月の下旬、寺でのさまざまな行事が一段落した合間、空海が僧房で書写し終えた『求聞持法』を、声を出して読誦《どくじゅ》していると、部屋の戸をほとほと叩く者がいる。「どなたでしょうか」と戸を開けると、そこにはおよそ八十歳を越えているかに見える痩せ枯れた老僧が立っていた。「貧道は、隣室に止住する善意と申す者、貴僧の求聞持法を読まれる声があまりに美しく深みを湛えておられるので、どのようなお方なのかと、こうして見参いたしましたのじゃ」「どうぞどうぞお入りください」と、空海は招き入れ、経机をはさんで、空海の向かい側の円座に坐って頂いた。善意と名乗る老僧は、脚が少し不自由であるらしく、左脚を投げ出した胡座《あぐら》を崩したような形で腰をおろした。あらためて老僧の顔を見ると、白い眉毛の下に、眼は落ち窪み、老斑の出た皺だらけの顔に、白い蓬髪と黄色味を帯びたひげは伸びほうだいで、手入れもままならぬようである。しかし、かすかに鋭い眼光を放つ眼は、空海を突き刺すような強さがあった。

「わたしは空海と申します。一介の沙門にすぎませぬ」と名乗ると、「ほうーっ、うらやましいのう、何たる精気に満ちた御仁じゃ。お若いのにかなり修行をなされているようじゃな」と感嘆するかのように遠くを見るような目付きをした。「わたしは幼少の頃から伯父の阿刀氏に漢籍を学び、大学の学生となったのですが、学問の道に飽き足らず、はからずも仏道への道を……」と、空海が語り出したとき、善意法師は、「阿刀氏」と言った瞬間、頬をピクリとさせ、何か考え込むような素振りを見せた。空海は口をつぐんで、しばらく沈黙がつづいたが、善意法師は、思いがけないことをポツリと言った。「わが師の玄昉僧正も、確か阿刀氏の出であったのう……」と。空海は少し驚いて、「……玄昉僧正については、伯父や母から何度も聞かされていますが……」と絶句すると、善意法師は、遥か昔の記憶を探り出すかのように、驚くべきことを語り出した。

「貧道は若いころ、唐土洛陽の大福先寺で、善無畏三蔵《ぜんむいさんぞう》の弟子であった……貧道弱冠（二十歳）の年、玄昉僧正が三蔵の訳された経典類を求めて来られた。この『求聞持法』も無論望まれた。師の三蔵は東海の東（日本）への渡海を望まれていたが、老齢のためにままならず、示寂された。貧道は師の志を継ぎ、師の示寂の年（七三五）、玄昉僧正の弟子となって日本に渡って来た。僧正は、在唐の折、玄宗皇帝から紫の袈裟を賜わったほどの唯識教学の奥義を極められた方であった。貧道は、僧正を深くお慕い申し上げていたが、天平十八年（七四六）六月十八日、筑紫観音寺で入滅された。貧道は僧正の一周忌に当たり、師の恩徳に報いるため、『大般若経』一部六百巻敬造を発願し、天平十九年十一月八日、願を果たした。それ以来、浪々、諸国を廻り歩く身となった……」と、うっすら涙を浮かべながら、昔日を懐かしむかのように、遠くを眺めながら長く長く溜息をついた。

しばらく沈黙して、善意法師は、空海の瞳を覗き込みながら、「貴僧の眼は、玄昉僧正の眼のようじゃのう……いや、それよりも海の底のように深いのう……」と言って、経机に広げられた『求聞持法』の文面を見て、「書の手にも覇気がある……ふむ、そうじゃ」と言うなり、ゆっくりと身を起こし、左脚を引きずるようにして、部屋を出て行った。

やがて、手に古ぼけて表装の文様が処々落剝した一巻の書を持って戻ってきた。その書を紐解き、空海が書写したお経の上に広げて見せた。「これは、唐の開元五年（七一七）、善無畏《ぜんむい》三蔵が長安の西明寺菩提院で漢訳された『虚空蔵求聞持法』を、玄昉僧正のために貧道が大福先寺で書写したものじゃ。僧正が唐土から請来した五千余巻の中の一巻であるが、僧正請来の経論は、光明皇后の写経所海龍王寺で写経され、天平十二年（七四〇）五月一日、全写経が完成、そののち、僧正が止住されていた興福寺に返納された。それを収納したのが唐院であった。貧道は、三蔵と僧正の思いが篭り、しかも貧道の筆になるこの『求聞持法』一巻を密かに唐院から抜き取り、わが身離さずに持ち来たったのじゃ」。

つまり、興福寺には玄昉僧正請来の『求聞持法』は存在しなかったことになる。したがって、天平宝字元年（七五七）に興福寺初代別当となる慈訓《じきん》禅師がその五年前にこの経典を必要としたとき、わざわざ東大寺から志木人成によって写経されたものを借り出さねばならなかったのである。

処々読みにくくなっているほど古びているが、初唐風の見事な筆跡である。空海はそれを見ながら、因縁というべきか、驚くべきめぐり合わせに感動していた。阿刀氏出身の玄昉僧正の手を経た『求聞持法』が、同じ阿刀氏の血をひく空海の眼の前にあるのだ。しかもそれを書写した玄昉僧正ゆかりの唐僧が眼の前に居るではないか。その思いは善意法師にもあるに違いない。「貧道はもう老いた。明日にもこの身は滅びるやも知れぬ。この因縁の『求聞持法』は貴僧に差し上げよう」と言う。一瞬、空海は己れの血脈の中に新たな血流が注ぎ込まれたような気がして、深々と頭を下げた。

「善無畏三蔵は言われておった。この経の真髄は、経典を一度読めば即座に記憶できるなどという処にはない」と、善意法師は改めて強い口調で言った。空海はびっくりして、次の言葉を待った。法師はぐっと唾を呑み込むと、「虚空蔵菩薩との一体化に真髄があると言われた。あらゆる諸尊と一体化するための最も根本的な行法であると言われたのじゃ。」「一体化の行法！」と、空海は口に出しながら、痺れるような興奮に捉えられた。己れが求めていた行法とは、これではないのか……と。

今まで考えていた行法は、本尊を眼前にまざまざとみる観法が主体であったのだ。仏を観るのではなく、仏を拝むのでもなく、仏そのものに成ることなのだ。法身《ほっしん》の位に登ることではないか……と。善意法師は、つづけて言う。「この行法を修するには、長い日時を要するから、適当なよく選ばれた行場と、季節を選ばねばならぬ。充分な準備をした上で、じっくりと取りかからねばならぬのじゃ。貴僧ならば、まだお若いゆえに、体力もあるから、おそらくその奥義に達することができるじゃろう」と微笑む。「ありがとうございます、必ず成就させます」と、空海は眼を輝かせて決然と言った。かつて槙尾山寺の行空法師から、真の師と真の経典と真の行法を求めよと言われたが、偶然とはいえ、深い因縁のもとに真の行法を秘めた『虚空蔵求聞持法』一巻を手に入れたのである。

大瀧の嶽での修行

次の日から、空海は『求聞持法』修行のための準備に取りかかった。まず、ご本尊たる虚空蔵菩薩のお姿を描かねばならない。比蘇山寺には、さまざまなご尊像があるので、それはそれでよいのだが、細かい点については善意法師の助言が必要であった。月輪《がちりん》形の檜の板に、宝冠を戴き半跏趺坐《はんかふざ》、右手は右膝に五指を仰ぎ垂れ、左手は親指と人差指を捻じて如意宝珠成弁の蓮華をつまんでおられる。何度も紙に描いて慣れ親しみ、その上で檜の板に描く。修行中以外は、覆いをかけておく。

さらに浄水用の手桶、香、蠟燭、敷物、火打ち石などなど……。東南西に開けた行場を選び、朝日、夕陽、星明かりがご本尊を照らすように工夫、供物や毎日の食料のことも考慮する。これらの準備ののち、ご本尊の陀羅尼を一日一万遍唱え、百日間で百万遍誦すのである。この行のために、深山幽谷の雨風をしのぐ洞窟を選べと善意法師は言う。ただ、半日で往復できる人里に近い処がよい、乞食《こつじき》の都合じゃとも言った。もっとも、比蘇山寺で修行するならある意味では楽じゃがな、と言って笑った。そして、特にご本尊の印相の結び方、解き方をじっくり教えてくれた。

早春、空海は、善意法師に別れを告げて比蘇山寺を発った。法師は別れに際して、「もう二度と会うこともあるまい、行の成就を心から祈っている」とだけ言った。

紀ノ川に沿って下った。加太《かだ》の曲《わた》から淡路を経て、阿波の牟夜《むや》に渡り、官道を通って郡頭《こうず》まで来た。先年は、ここから大坂越えして讃岐に入ったのだが、この度は吉野川を越えて阿波の国府をぬけ、中湖《なかのみなと》（小松島）から山間部に分け入り、川（勝浦川）に沿って遡り、勝浦郡の生名《いくな》の地に辿り着いた。左手南方に杉や檜が鬱蒼と茂る峰が眺められた。鷲《わし》ヶ尾《お》の峰（現、鶴林寺）である。その峰への道を辿ると山頂には杉の古木に囲まれた地蔵堂があった。この地蔵堂に籠って行法を修練し、習熟に努めることにした。

早朝に起き、洗面ののち、朝食をとったのち、浄水を汲み、燈明を点け、野の花と供物を供え、身・意・口を浄化し、香を身に塗り、陀羅尼を唱えて着座し、周囲のものに浄水を注ぎ、般若心経を唱え、本尊虚空蔵菩薩の覆いをとり、いよいよ次の本尊の真言を一万遍誦す行に入る。

　南《ナウ》牟《ボウ》阿《ア》迦《キャ》捨《シャ》掲《ギャラ》婆《バ》耶《ヤ》唵《オン》阿《ア》利《リ》迦《キャ》摩《マ》唎《リ》慕《ボ》唎《リ》莎《ソ》嚩《ワ》訶《カ》

　　（虚空蔵尊に帰命し奉る　聖なる蓮華を持つ尊よ　天冠をいただく尊よ）

　この真言を一万遍唱えたのち、礼拝供養して、最後に覆いをかけて終えるのである。これをやり遂げるには、大体。寅《とら》の刻（午前四時前後）から巳《み》の刻（午前十時前後）までかかることが分かった。日が中天にかかる少し前で終ることができるのだ。これで一座とし、一日で二座修するときは、斎食《さいじき》（昼食）ののち、午後に第二座を行えばよい。一座終るごとに数珠の玉を一つ動かしておく。一日一座のとき、午後に乞食行《こつじきぎょう》に出ることもできた。あるいは、この地蔵堂に捧げるための地蔵尊の木彫りに熱中することもできた。こうして、行の次第や真言、両手の印相など、すべてがよどみなく、無意識に行えるように習熟し、身につけていった。

　日中、少し汗ばむ青葉の鮮やかなころ、空海は、この峰の南側を流れる那賀川の彼方にある峰を杉木立の間から眺めた。里人の話によれば、大瀧《たいりょう》の嶽《たけ》であるという。瀧の流れる岩屋があるらしい。

彫り上げた地蔵尊を御堂に奉納、この地での修行を謝し、鷲ヶ尾の峰の南側を下り、那賀川を苦労して渉り、水井の里から大瀧の嶽に分け入り登った。老杉が林立、霊気漂う道なき道を辿る。時折、獣の気配があった。処々、石楠花《しゃくなげ》の赤い花が咲いている。雨気の匂いが鼻をムッと衝いてきた。杉木立の狭間に南に口を開いた岩屋に辿り着いたとき、激しい雨粒が落ちてきた。岩屋に入り、火を打ち出すのに苦労しながら燈明を点けて掲げてみると、洞内は案外奥深く、奥には瀧があり、その流れはいったん岩の下にくぐり、谷に落ちているようだった。天井からは鍾乳石が垂れ、岩床に低い石筍がさまざまな形で立っている。比較的平らな岩の上に笈を下ろした。

翌朝、雨は夜のうちに止んでいたらしく、外に出てみると、前方に大きな岩がある。その岩によじ登ってみると、深い切れ込みの向こうに大きな山がある。岩から山肌の一角に跳び超えて登ると、山頂には巨大な岩塊がある。その岩塊の上に立ってみると、思いのほか、眺望が開けた。東方には阿波と紀伊の間の海峡が、南方に広大な海原（太平洋）、西は山々の重畳、北側のすぐ目前にもう一つの山がある。岩屋をかかえた山だ。どうやら、この大瀧《たいりょう》の嶽《たけ》は、南北に二つの山容を持つ地形らしい。嶽の西南の麓には人里があるようだ。那賀川が嶽の麓を大きく迂回してその人里のあたりから、南西に向かって曲りくねりながら、山並の中に消えている。

晴天の日は、この場で修行し、雨天の日は、岩屋で修することに決めた。さらに、西南麓の人里に道と時間を見るために乞食行《こつじきぎょう》を兼ねて下ってみた。人里は、和食《わじき》の里といい、乞食にも親切に応じてくれた。

かくして空海は、虚空蔵求聞持法の本格的な修行に入った。岩塊の行場では、結跏趺坐して半眼で空中に月輪の中の菩薩像を観じ、その真言を唱えつづける。岩屋では菩薩像を前にして真言を唱える。早朝から日が中天にかかるまで、一座一万遍、午後は未《ひつじ》の刻（午後一時前後）から戌《いぬ》の刻（午後七時前後）まで第二座一万遍を誦す。

ただひたすら誦しつづけ、菩薩と己れの距離を縮めようとする。真言の連なりは、われが誦すのか菩薩が誦すのか分からぬほど、しだいに空海と菩薩とは近くなるかに思える。しかし、完全な一体化には至らない。何日も何日も修行の日はつづく。時には、和食《わじき》の里へ乞食行に出ることもあった。

百万遍達成が近くなったある日、岩塊の行場で、第三座を行った。夜も更けて、寅の刻に近くなったとき、突如として、意識しないのに、虚空蔵菩薩が空中の闇に示現し、ぐんぐん迫ってきて、空海に憑依《ひょうえ》した。一瞬、谷は鳴動し、響きを惜しまず一体化を称えた。そのとき、左手の人差指と親指は、蓮華の茎の感触をまざまざと感じた。

それから数日間、空海は澄み切った忘我の状態にあった。瀧の音、風の音、鳥の声音、老杉のたたずまいなどすべてが新鮮であった。あらゆるものが輝きわたり、美しい音楽を奏でている。この世がそのまま浄土であった。

室戸崎での修行

秋風が吹くころ、空海は大瀧《たいりょう》の嶽《たけ》を辞した。さらに理想的な行場を探し出し、もう一度、一体化の行を修して確かめておきたかったからであった。和食《わじき》の里に下り、那賀川沿いに遡り、さらに古屋谷の川沿いを遡って、その支流（古屋川西）を辿って峠（霧越峠）を越え、大木屋谷を経て魚梁瀬《やなせ》に下り、土州（土佐国）に入った。馬路の里を経て川（安田川）沿いに下って、黒潮洗う海（土佐湾）沿いの奈半利《なはり》に出た。そこから南下して室津《むろつ》まで来た。そこでの乞食《こつじき》の際、漁師に聞いてみると、お鼻（室戸崎《むろとのざき》）の東側には東に口を開いた岩屋が二つあるという。これまでの道々で聞いていた話ではあったが、その実在を地元の漁師の口から聞き出すことができたのである。室津から室戸崎までは指呼の間であった。

大海原に突き刺さるような室戸崎から眺めると、果てしなく遠い水平線は、雄大な弧を描き、打ち寄せる怒濤は豪快な白いしぶきをあげ、処々に矢尻のようにそそり立つ礁《はえ》や奇岩が点在し、右手には遥か彼方に足摺岬が、左手には紀伊の山並が青く霞んで遠望できる。海岸一帯には見たこともない不思議な植物の群落がそここに生い茂っている。海原からは塩気を含んだ暖かな風が吹き渡ってくる。爽快である。

蒼穹は限りなく深い青を湛え、日輪はあくまでも燦々として金光を八方に射る。室津の漁師によれば、つい先頃、猛烈な暴風に襲われ、高波は天漢に沃《そそ》ぐほどであったという。波の砕ける音と風籟《ふうらい》の絶妙な韻律……空海はしばらく耳を傾けて立ち尽くした。室戸崎は、火津御崎《ほつみざき》ともいい、火を焚いて沖ゆく夜舟の目印にすると、漁師たちは言っていたが……。

岬の突端から東へ五町ほど歩くと、崖の下に岩屋があり、さらに五町先に二つ目の岩屋があった。いずれも雨露を凌ぐには充分な深さと広さがあり、大海原に向けて口を開けている。どちらの岩屋の近くにも真水を湛えた水場があり、行場としては理想的であった。乞食を行う室津もそれほど遠くはない。二つの岩屋の間数十間先の波打ち際に奇岩が立ち並び、中でも六十数尺もあろうかと思われる高さの岩（ビシャゴ礁《はえ》）がそそり立っていた。

岩屋の一つに入ってみた。小岩や小石が転がっている処を整地して坐し、入口の方を眺めると、見えるのは空と海だけである。「空海か……」と呟いてみた。はからずも山上ヶ岳での弥勒菩薩の予言を想い起こしていた。「因縁のある人物とは沙門善意のことだったのか……一つの法とは求聞持法のことであったか……」と。今まさにその行法成就の予感に駆られながら、来し方を回想した。そのうちに、猛然と行に入る勇気がふつふつと湧いてきた。

道場を結界する準備に入った。座の敷物、乞食行でいただいた供物を盛る土器、燈明や香の位置。真水を汲んでくること、辺りにひっそりと咲く野の花を献ずる花入れなど、隅々まで気を配った。菩薩像は、用いるつもりはなかったが、射し込む光の当たる位置に懸けた。すべては入口から見える空と海が壇そのものとなるようにしつらえた。

翌日早朝、行に入った。身口意と道場内を浄め、般若心経を唱え、虚空蔵菩薩のお姿を心中に想念して空と海の壇に迎え、供養し、宝珠印の印相《いんぞう》を結ぶ。両親指を延ばしてぴったり添え、両人差指を曲げて先をつけて両親指の先につけ、両中指を曲げて先をつけ、残りの二指は右指を上に組む内縛《ないばく》の形をとる。これは三弁宝珠といって、蓮華上の三つの宝珠を象《かたど》るものだ。かくして、菩薩の真言一万遍を誦す行に入る。

ナウボウ　アキャシャギャラバヤ　オン　アリキャマリ　ボリ　ソワカ

真言の連なりは洞内に響きわたり、潮騒と風籟に和して、空海と壇上の菩薩との間に往き交う。壇の空と海は、その色彩を漆黒そして青紫色からしだいに赤味を増し、時には薄雲がたなびき、虹色となって輝き、荘厳さを増して、やがて晴れやかな空と海へと変貌していく。それにつれて、壇上の菩薩は消えたり現われたりしながら、荘厳に包まれているが、それは一に空海の気力にかかっていた。

こうして一日二座の勤行《ごんぎょう》が何日も続くのであるが、壇の空と海は必ずしも晴天ばかりではない。雨風の吹き荒れる日もあれば、嵐の到来により空と海とが渾然となる時もある。しかし、空海は泰然としてひたすら勤行に没入しつづけた。

日を重ねて、乞食に出ねばならぬ日が来る。午前に一座を終えて室津へ乞食行に出るのだが、これを二度ばかりすると、室津の漁民たちの間に、お鼻の岩屋で修行する僧の噂がもちきりになり、しだいに人々は、お斎《とき》(食事)をしつらえて岩屋を訪れ、岩屋の入口の一角にそっと置いて帰るようになった。空海は、そのためにただひたすら勤行に没入することができた。

四十五日目ごろから、空海は、己れが真言の律動に乗って身体から流れ出し、岩屋から空中に浮遊し出していることに気づいた。そして空と海を自在に浮遊して飛び廻り、遊行する己れを自覚するのであった。風雨は甘露であり、日輪は天地を荘厳し、雲間遥か高みに昇ったかと思えば、海中深くくぐりぬける快感を味わうことができた。しかも真言は途絶えることなく、己れが唱えているにもかかわらず、それは天籟となり、風籟となり、地籟となって天地の間に響き渡るのであった。いつの間にか虚空蔵菩薩は星となって、西天に、あるいは東天に輝くようになり、顫動《せんどう》するようになった。

真言の誦行が百万遍を超えようとする日の早朝、まだ暗い闇の中で燈明を点じ、いつものように行に入った。真言を唱えはじめ、空と海が白みはじめたころ、東天の明けの明星が激しく顫動したかと思うと、流星となって飛来し、真言を唱える空海の口の中に凄まじい光を発して飛び込んで来た。真言を発するのは空海であると同時に虚空蔵菩薩自身となった。一体化が成就!……

と直覚した。しかし、そのことを喜ぶという感覚はなかった。むしろ寂静の境地にあった。意識は澄み渡り明澄である。

岩屋を出てすがすがしい朝の汀《みぎわ》に沿って歩む。そそり立つ岩の一つに上り、岩頂に立って遥かな水平線を見る。そこには雲海が横たわっていた。その雲海の上に切れ切れの金線が現われた。金線はやがて左右に広がりつつつつながる。その金線の太くなった部分に、輝く半球の光が幾つも出ては消え、同時にその周囲に馥郁たる紫色の光を放つ。それらの光の半球はしだいに出現と消失を繰り返す球体となり、ついに、凄まじい光を放つ全球となり雲海の上に浮き上がる。凄まじい光を放つ球体は海の彼方から渚まで光の道をつくり、全宇宙を光で満たし、雲海は消えた。日輪は中心に黒曜石を具え周辺に白光を放ちながら中空に浮き上がった。空海は合掌し、般若心経を唱えた。

振り返ると、渚に何人かの人たちがこちらに向けて合掌をしながらお経をあげている。お斎《とき》を携えた室津の人たちであろう。静かに岩を下りて歩み寄り、合掌しながら深く腰を折って感謝の思いを述べた。人々は畏れ戦くかに見えてひれ伏した。「貧道の修行は成就しました……これから大和へ戻りたいのです……」と語りかけると、漁師風の男が、「大津（高知市）からの船が室津に寄り、これから和泉に向かうとのことですから、その船に乗られれば……」と言いながら、「しかし冬の海は荒れるから……」とも呟く。「観音菩薩に祈りましょう」と答えると、人々はお斎を空海に手渡し、何度も頭を下げながら帰って行った。空海は、「真の経典を求めねば……」と呟きながら、さらに、「真の師は異国の地におられるのであろう」と、海の彼方に視線をやった。

14　真の経典を求めて

大安寺戒明

室津を出帆した船は、懐かしき室戸崎を廻り、阿波の津々に点々と寄りながら、淡路から加太《かだ》の曲《わた》にかろうじて辿り着いた。そこから、血沼《ちぬ》の海を左に見ながら、先年通った道筋を辿った。すでに年は移り変わり延暦十八年（七九九）、空海は二十六の歳となっていた。住江の得名津《えなつ》の浜では、かの娘子の面影を偲んだ。四天王寺を南大門から遥拝し、直越《ただご》えの道をすぎ、暗峠《くらがり》を越えて平城旧都に入り、大安寺佐伯院に錫杖と笈を休めた。

その大安寺境内の西塔院に、戒明《かいみょう》という不思議な老僧が隠棲していた。空海は偶然に出会って以後、妙にうまが合ってしだいに親交を深めるようになった。讃岐国出身であることからも、親近感を持つようになった。戒明法師は、大安寺慶俊に華厳を学び、天平勝宝四年（七五二）、遣唐大使藤原清河らに随って入唐留学、その際、聖徳太子の著された『勝鬘経義疏《しょうまんぎょうぎしょ》』と『法華経義疏』を携えており、それらを唐国揚州に伝えたという。宝亀九年（七七八）帰朝したのであるが、この時の遣唐使船は副使の小野石根《いわね》が大使代行を務めていた。大使の佐伯宿禰今毛人が病で降りていたからだ。帰朝の途中、嵐のために第一船が中央で分断し、副使石根は溺死、同船に乗っていた戒明法師は、艫《とも》にしがみついて肥後国天草郡に漂着した。その翌年の宝亀十年五月、かろうじて請来した内典のうち、『釈摩訶衍論《しゃくまかえんろん》』という論書が問題となった。つまり、大安寺南塔院中堂で諸大寺の衆僧が集まり、この論書は偽書ではないかと疑われ、焼却すべしと戒明法師に迫ったのだ。この論書は、『大乗起信論』についての注釈書であったのだが、それに精通する当時の大学頭淡海三船さえも、これは龍樹撰にあらず、蔵匿して流布しないようにと忠告したほどであった、その時の論難について、戒明法師は空海に次のように語った。

「この書には、仏が無限に沈黙しつつも説法しておると書いてあるのじゃ」。「法身《ほっしん》が説法するのですね」。「そうじゃ、それがおかしいと言うのじゃ。『大乗起信論』には真如は説くことはできないとしているからな。しかも、機根《きこん》（教えを聞いてさとり得る能力の有無）を離れるとか、教説を離れた説法が仏の説法だとあるから、批難号々じゃったよ」。「それは法相や三論、華厳などが無明の辺境であって、真の大乗ではないということを意味しますね」と仄めかすと、戒明法師は、「全くじゃ、批難されれば、わしも維摩《ゆいま》のように沈黙せざるを得なかったわい……」と。

「仏が説法するとすれば、どういう言説《ごんせつ》を用いるのですか」と空海が訊ねると、法師は、「もちろんわれわれの言説では説くことができん。われわれの言説は文であり文語じゃからな。法相や三論などは文語で論じている。当然、真如を説くことは出来ぬ。つまりは海公の言われる通り、無明の辺境じゃ、この書には如義言説《にょぎごんせつ》によって説法すると書いてある。如義言説という語は『大乗起信論』には出てこんのじゃ。それがまた批難の対象となったのじゃ」。「如義言説とはどういう言説ですか」と訊ねると、戒明法師は、「真如を現わす語、すなわち義語であると書いてある。それは、実《じつ》は空《くう》にして空ならず、空は実にして実ならず、空と実の二相を離れて中間に中《ちゅう》するものでもない。そのような言説じゃ」と言って話題を変え、「摩訶衍《まかえん》とは大乗のことだが、世間で言う、たとえば『大乗起信論』の大乗という言葉とは区別する意味で用いた語じゃろう。この書は、『大乗起信論』の注釈書じゃが、注釈書であることを超えている。世間的大乗観を超えているところがある。たとえば、眼識から阿頼耶識《あらやしき》に至る普通の八識に対して、心のあり方には十識あるとしている。その第十識である一一識心、すなわち一と一切が相入相融する識心のみが、真理を対象とすることができるというのは、全く新しい。先ほど海公は法身と言われたが、『勝鬘経《しょうまんぎょう》』などにおける如来蔵と法身《ほっしん》との関係に、この『釈摩訶衍論』をつき合わせれば、今までにない、新たな境地に達するじゃろう。わしはもう年じゃ。そのような境地に達するのは若い海公にしてはじめてできよう……」と言った。

空海は戒明法師から『釈摩訶衍論』を授かった。その際、法師は忠告した、「この書の真偽は世間ではまだ定まっておらぬ。世間の目に触れぬようにしておくがよかろう」と。空海は、その研究に没頭し、また頻繁に戒明法師の許に通うようになった。

ある時、法師はふと昔を想い出すようにして語った。「わしが南塔院中堂で論難に遭ってしばらくして、筑紫の国の国分寺国師に任ぜられたのじゃが、たまたま、肥前の国佐賀郡の大領、佐賀君児公《こぎみ》が安居会《あごえ》を催されてな、そこでわしは八十華厳の講義を行ったのじゃ。ところが、大勢の聴僧たちの中に、一人だけ尼僧がまじっていた。当時は僧と尼僧が同席するのは禁じられていたから、わしはその尼僧の同席を叱った。するとその尼僧は、仏は平等大悲なるがゆえに、一切衆生のために正教を流布したもう、何のゆえに我を制するかと尋ね、その上、偈《げ》（詩句）をもってわしに教義について質問してきた。わしはへどもどして、偈を作って返答することができなんだ。冷や汗をかいたものよ」とカラカラ笑った。それは、法師が『釈摩訶衍論』の一節について解いてみせると、空海は、その内容をよどみなく偈にして応えるからであった。法師は、「大変な尼僧であったが、海公はその尼僧をも凌駕する才能の持ち主だのう」と感嘆するのであった。

八十華厳とは、唐の実叉難陀《じっしゃなんだ》が訳した八十巻の『新訳華厳経』のことである。戒明法師は『華厳経』についても造詣が深かったから、空海はこれについてもみっちり学ぶことができた。以前から『華厳経』普賢三昧品における普賢菩薩の三昧に注目していたのだが、そのとき如来蔵菩薩となって、仏身であると同時に菩薩であることとなるが、『華厳経』では菩薩が語っており、仏身は語らない。この点が、『釈摩訶衍論』で仏が説法するということとどのような違いがあるのだろう……と、考える。しかし……と空海は、さらに考える。求聞持法修行で虚空蔵菩薩との一体化を成就したのだが、それならば、仏身と直接一体化できる修法があるのではないか……と。しかももっと体系的な一貫した修法があるはずだ、と推測した。こうして、空海は、戒明法師の許に通う一方で、諸寺の経蔵にも通い続けたのであった。

夢告

己れの望みにかなった真の経典にはなかなか行き当たらない。『釈摩訶衍論』についての探求がひとくぎりついた秋風の吹くころ、ふいと思い立って乞食の行に出た。実はこの年の二月二十一日、平安京造宮太夫の和気清麻呂公が薨去《こうきょ》されたという噂が平城旧都にも流れてきていた。享年六十七だったという。その清麻呂公の墓所は、平安京西北の奥にある高尾の和気氏の私寺高雄山寺に築かれたともいう。

そのことを知った空海は、清麻呂公が創建された神願《じんがん》寺のお薬師さまに会いたくなったのだ。もっとも、九月に入って早々、暴風雨が来襲、平安京では家々が倒壊し、淡路の風水害は甚大なもので、大安寺佐伯院も被害は大きく、院主はその対策に頭を悩ませていた。

神願寺の山門をくぐると、境内は松の木が何本も倒れ、処々に浸水でもあったのか、土砂が入っていた。何人かの僧たちが後始末に走り回っていた。しかし、金堂は無事で、お薬師さまもその森厳なお姿をそのままに立っておられた。そのお姿の前に立ったとき、己れは如来に呼ばれたのかも知れないと思った。

　合掌して般若心経を唱え、結跏趺坐して『薬師経』を唱えながら、「われに真の経典を授けたまえ」と祈りつづけた。昨夜は深更まで経論の研究に没頭していたせいか、つい、うとうととした。夢を見た。如来が何か言われているのだ。よく聴こえない。耳を澄ますと、「ゼンムイ、ゼンムイ」と呟かれている。ハッとして目を覚ますと如来は依然として鋭い眼差しで空海を射る。「ゼンムイ、ゼンムイ……善無畏のことか……あの沙門善意の元の師匠善無畏三蔵のことか……」と、自問自答しているうちに、しだいに明瞭になってきた。

　あの『虚空蔵求聞持法』は、三蔵が梵語から漢訳されたものであった。とすると、善無畏三蔵はもっとほかに漢訳されたものがあるはずだ。その中に己れが求めている真の経典があるに違いない。それは恐らく玄昉僧正が請来された経論類の中にあるだろう。とすれば、興福寺唐院にある！　必ずある……。

　欣喜雀躍、空海は急遽大和にとって返した。まっすぐに興福寺の唐院にとびこんだ。玄昉僧正の請来経論はよく整理されて棚に分類されていた。善無畏三蔵の項目を探し出し、注意深く調べてみると、『大《だい》毘《び》盧《る》遮《しゃ》那《な》成《じょう》仏《ぶつ》神《しん》変《ぺん》加《か》持《じ》経《きょう》』（大日経）七巻が目についた。経題の「成仏」という文字が目を射たのだ。これは唐の開元十二年（七二四）、善無畏三蔵が翌年にかけて、洛陽の大福先寺で漢訳したのを書写したものであった。紐解いてみると、第一章の住心品《じゅうしんぼん》には、龍樹の『中論』を根本にすえた般若空観や唯識の思想、さらには如来蔵の思想がちりばめられ、第二章の具縁品《ぐえんぼん》以下の諸品には、住心品で示された課題を解決するための実修についての記述が展開され、漢音で表現された梵語などがちりばめられており、従来の経典とは全く異なったものであることが分かった。第七巻の五品は、具体的な修法の手引きのようなもので、空海にとっては新鮮であり心躍るものであった。早速借り出しの手続を取った。

『大日経』を書き写しているうちに、まさにこのお経こそ、仏に成ることを目指す、空海が求めていたお経であることが分かってきた。仏に成る行法は、いままで見聞きしてきた行法とは全く違うものであった。世間で行われてきた修法は、ご本尊を前にして拝し、現世利益を願い、災厄を除くことを祈るものであった。たとえば、天平勝宝四年（七五二）に実忠がはじめた東大寺二月堂の修二会《しゅにえ》、すなわち、お水取りは、十一面観音悔過《けか》法要であるが、僧が観音像に対して己れの罪過を懺悔して、その上で天下泰平であるよう、万民が幸せになるよう祈願するもので、確かに僧は口に呪を唱え、手に印を結び、金剛鈴を振り鳴らして龍王や四天王を勧請するのであるが、このような修法は、昔から人々が神に祈ってきたやり方と大差なく思えてくる。仏や菩薩、神は、人々から切り離された超越的な存在として、崇められてきたに過ぎないではないか。

あるいは、唯識などの論では、人はさまざまな正しい行を積み重ねて、転生を繰り返しながら、それこそ無限ともいえる長い時間をかけて仏になると主張するが、それは成仏というものを無限の時間の彼方に押しやってしまって、成仏をほとんど諦めざるを得なくしてしまっているのではないか。

ところが、この『大日経』は、さまざまな執着のあり方に応じてさまざまな心のあり方（住心）があるとして、そういう心のあり方をありのままに正しく知りつくし、その源底に清浄な虚空のような境地をさとることができるとし、それが成仏であるとして、その成仏のための修法が提示されているのだ。

その修法たるや、修法の対象たるご本尊に秘められた身密と口密と意密という境地と、修行者の身業・口業・意業とを一体化することを目指す修法であった。空海はかねがね法身に登ろうとする望みを抱いていたのであるが、まさにその法身とは、法そのものとしてのご本尊であり、教理そのものがご本尊そのものであるという、そういうあり方が『大日経』では開示されていたのである。

しかし、頻出する梵語や変幻する印相《いんぞう》には悩まされた。幾つかの寺々に参って、さまざまな学僧にその意味やあり方を問うて廻ったのであるが、誰も知らなかったし、教えてもらえなかった。この経典を身につけている師たるべき人物はどこにもいなかった。梵語についても、東大寺大仏開眼の時の導師であった印度僧の菩提僊那《せんな》と林邑《りんゆう》（ベトナム）の僧仏哲が、大安寺で梵語を教えたという情報を得て、大安寺の経蔵に出かけ、梵語について記した書巻などを捜し出し、研究してみたのだが、納得のいくものはなかった。こうして、『大日経』の研究に明け暮れしながらこの年を越し、延暦十九年（八〇〇）、空海二十七の歳を迎えた。

瑜伽の書

『大日経』が即心成仏を目指すための経典であることは見えてきたのであるが、やはり法身《ほっしん》の「身」にこだわっていた。「身」が見えてくる経典がほかにあるのではないか、という思いがあったのだ。求聞持法を修行したときの経験がそういう思いを支えていた。

善意法師から頂いた書巻には、その経題のわきに、『金剛頂経《こんごうちょうきょう》』成就一切義品《じょうじゅいっさいぎぼん》から抜き出したと書いてあったのを想い出した。それに思い至ったのは、『大日経』第七巻供養法の中に、『金剛頂経』という経名を見出したからである。『金剛頂経』という経典があるのだ。空海は心躍る思いで興福寺唐院を再度訪れた。

探索の結果、金剛智三蔵の項目に、『金剛頂《こんごうちょう》瑜伽《ゆが》中略出《ちゅうりゃくしゅつ》念誦経《ねんじゅきょう》』（以下、略出念誦経）という経名の書巻が四巻、目に止まった。紐解いてみると、『金剛頂大瑜伽教王経』の中から瑜伽を修する者が瑜伽法を成就させるためにその精要なる部分を略出させたという意味の文章がある。この「瑜伽《ゆが》」こそ一体化の行法を指し示しているのではないか……。

『略出念誦経』は、金剛智三蔵という人物が開元十一年（七二三）、唐長安の資聖寺で『金剛頂経』金剛界品の最初の大曼荼羅広大儀軌分だけを訳出したものであった。そのほかにも、『金剛頂経』系統と思われる書巻も借り出して書写、借り出しては書写するという日々がつづいた。

これらの書写には半年もかかったのであるが、その間、戒明法師の計らいで、大安寺西塔院の一僧房に居を移した。法師は空海のよき理解者であったばかりでなく、その老齢の身の世話も兼ねていたのであった。

『略出念誦経』で空海が特に注目したのは、瑜伽の修法における「心」から「身」への転換を記述した部分であった。この修法では、まず数息観《すそくかん》（呼吸法）を修するのであるが、これは従来、空海自ら身につけてきたものであったから、問題はなかった。次に真言（密語）を誦しながら、自らの心を月輪《がちりん》のように観じてわが心は清浄であると想い、さらに真言を誦しながら印を結んで、わが心を極限にまで清浄にし、堅牢にする。そのわが心の月輪の中に、金色で光焔を放つ五股《ごこ》の金剛杵《こんごうしょ》（印度の武器の一つ）の形象を想い、真言を誦し印を結んでその金剛杵を虚空世界まで、すなわち宇宙大にまで拡大し、自身はその宇宙大の金剛杵の中に入り、次にはその金剛杵を縮小して、自らの中に摂めることを繰り返す。次いで、われ自身は金剛身となって堅牢たることを修する。つまり、「心」から「身」に転換するのだ。最後に一切如来の身・口・意は金剛であって、自身が一切如来と一体化する。五股金剛杵は、中心と周囲四つの五つの爪があり、中心は大日如来、周囲四つは阿閦《あしゅく》仏、宝生《ほうしょう》仏、阿弥陀仏、不空成就仏を象徴しているから、五股金剛杵《ごここんごうしょ》と一体化すること自体が、一切如来との一体化となるのである。たしかに、この修法には、「心」から「身」へと転ずる修法の秘密が隠されていると思われた。

この修法で、印相や頻出する梵語について、大和の諸寺に教えを求めるべくもなかった。また、梵語の学習自体がなかなか深まらなかった。空海は、ようやく、孤軍奮闘の限界を感じはじめていた。

しかしそれでも、明瞭に理解できる修法については、しばしば試みるようにした。いずれにせよ、空海は『大日経』と『金剛頂経』の習熟に努め、この年から翌延暦二十年（八〇一）にかけて、さまざまな疑問点を煮詰めていったのであった。

戒明法師が火の消えるように示寂された。空海は、法師の弟子として、葬送のために駆け回った。世に不遇であった師から授けられた『釈摩訶衍論』は、生涯の支えとなってくれるであろう。肝を爛《ただ》らす思いで香とともに野辺送りした。師の庵室には、彼が請来した宝誌《ほうし》（梁代の僧で十一面観音を感得）の供養像が淋しそうに立っていた。また、かつて儒学を学んだ伊余部家守《いよべのいえもり》が延暦十九年十月に死去していたが、空海は知る由もなかった。

延暦二十年二月十四日、桓武帝は、宝亀年間以来つづいた奥州北上川上中流域の蝦夷《えみし》の動乱に最後のけりをつけるべく、征夷大将軍坂上田村麻呂に節刀を授けた。先年来、田村麻呂は奥州に入り、帰伏した蝦夷を内地に移し、徐々に蝦夷の団結を切り崩しつつあったのである。田村麻呂は、五万の兵を率いて奥州の奥地に分け入って行った。

四月十五日、年分度者簡試の法が改められ、二十歳以上の沙弥に試度が許されることになった。これは、ある意味では、空海が官僧になるには有利な法改正であった。というのは、三年前に年分度者の制が定められ、三十五歳以下の度者が禁じられていたからである。二十八歳の空海は、いつでも官僧となり得る条件がそろったことになる。

しかも、世間ではすでに遣唐使派遣の噂が立っていた。八月十五日には、藤原葛野麻呂《かどのまろ》が遣唐大使に任ぜられたという噂も聞こえてきた。しかし、空海は世間的には私度僧であって、官僧としての資格はない。官僧となるには、しかるべき師の推挙によって、一月に行われる御斎会《みさいえ》に列しその最終日に、年分度者の一人と認定され、しかもその上、東大寺戒壇院で具足戒《ぐそくかい》を授けられ、治部省玄蕃寮《げんばりょう》と僧綱《そうごう》の署名の上に太政官の外印《げいん》のある度縁《どえん》という官の出家認可証を発行してもらって、はじめて俗戸籍から僧籍に移り、正式な官僧となるのである。

当然、留《る》学僧として遣唐使船に乗せてもらうには、第一に官僧でなければならず、しかも、しかるべき高僧の推挙がなければならなかった。空海は、己れが現在の仏教界から全く孤立していることに唖然とした。もはやこの現状では、どうにもならぬ瀬戸際に立っていることを自覚した。今回の遣唐使船は諦めざるを得ないか。それとも密航の道を求めるべきか……と。

第Ⅱ部　入唐

15　入唐渡海

入唐準備

それでも、空海は入唐への道を模索しつづけ、延暦二十一年（八〇二）、空海二十九歳となった。平安京の友人である藤原真川《まかわ》を訪れ、入唐の件について相談をもちかけた。真川はすぐに父の雄友《おとも》にその件について話してくれた。しかし、私度僧であるということで難色を示された。悄然として、いったん大安寺西塔院の僧房に戻った。

当てにできるのは、伯父の阿刀大足《あとのおおたり》だけであった。大足は、官人仲間に知り合いもあろうし、伊予親王にも当たりをつけられるのではないか……と。空海は、大足に宛てて書簡を書きはじめた。入唐を願う己れの現状を伝え、また、仏教に対する己れの心情を熱く書き記したのである。何を目的として今まで修行し学びつづけてきたのか、真の行法と真の経典を求めてきたが、そこにおけるさまざまな問題点や疑義は、やはり真の師に出会わねばならず、そのような師とは、弥勒菩薩の予言によれば、異国の地にしかおらず、何としても唐土に渡って真の師にまみえ、新しい仏道を身につけて帰れば、必ずや国家安寧のためにお役に立つであろう、と綿々と書き綴ったのであった。

平安京嵯峨野に隠棲していた大足は、この書簡を受け取って、ハタッと困惑した。空海が私度僧であることで、事は簡単ではないからだ。しかし、その書簡は、詩的な香りが高く、極めて優れた筆跡で熱っぽく書かれており、仏教に対する造詣は、かつての『聾瞽指帰《ろうこしいき》』を遥かに超える深いものを示し、説得力があったから、さすがに大足も動かざるを得なかった。

かつての『聾瞽指帰』は、伊予親王の侍講《じこう》をしていたころ、親王にお見せしたところ、親王はぜひわが手許に置きたいと申され、親王に捧げられたのであった。そのことを大足は想い出していた。伊予親王は、現在、桓武帝に最も信任の篤い皇子であり、式部卿であって人事一般を司っておられる方だ。あの方ならば、何らかの手立てを考えて下さるのではないか……と。

大足は、現在、伊予親王の侍講を勤めている清村浄豊《きよむらのきよとよ》を訪れた。久し振りに大足の顔を見た浄豊は、満面に笑みを浮かべて迎えいれた。大足は空海の書簡を示しながら、「これを親王にお見せして、海の入唐の件についてご相談願えまいか」と頼みこんだ。浄豊はかつて自分の弟子であった真魚が、今は空海という法名の僧になっていることは知っていたが、私度僧ではあるものの入唐を熱く望んでいることに感動した。それに己れを伊予親王の侍講に推挙してくれた大足には恩義もあった。

九月の中旬、清村浄豊は、侍講として宮中に参内した折、空海の書簡を携えていた。伊予親王は、その書簡を手にされたとき、驚嘆の声を発せられた。野に置くのは惜しい人物だ、わが手許に置いて使いたいものだと言われた。しかし、入唐する人選はすでに決定されており、仮にあえてそれに加えるにしても官費は発給できぬし、帝《みかど》は僧侶に関しては厳しい政策をとられているから、なかなか難しい。訳語僧（通訳）として採用するにしても、唐土での生活を続けるほどの費用は出まい、とも述べられた。とはいえ、この空海という僧には、形式的にせよ、師となるべき者が必要であろうから考えておこうと言われた。

十月に入って、空海の許に浄豊《きよとよ》からの書簡が届いた。それによると、玄蕃寮《げんばりょう》から牒《ちょう》（公文書）が元興寺の泰信禅師に下され、空海の師となるべきことが命ぜられ、空海は早々に泰信禅師の許に行き、弟子の礼を取るべしとあった。

泰信禅師という僧は、桓武帝の信任の篤い三論宗の渡来僧である。延暦十八年（七九九）二月十五日、大伴是成らとともに、淡路国に遣わされ、早良《さわら》親王のみ霊に幣帛《へいはく》をささげ、鎮魂の読経を捧げている。空海は、とりあえず、元興寺の禅師の許に駆けつけ、弟子の礼を取り、受け容れられたのであった。

こうして空海は公的に泰信禅師の弟子の沙弥《しゃみ》という形ができあがった。とはいえ、今回の遣唐使に加わることは諦めざるを得なかった。また、七日に一日は、禅師のところに通って、龍樹の『中論』などについて学ばねばならなかった。禅師は律《りつ》にも精通しており、東大寺戒壇院で、具足戒を授けるときの戒和上《かいわじょう》を勤めることが多かった。その禅師の許に出かけたある日、八月に出家したばかりの泰範という二十五歳の沙弥と知り合った。泰範は四つ年上の空海に対して、仏道における深い情熱と学識を感じ取り、尊敬するようになっていった。

一方で、空海は、己れが目指すべき修法については独自の工夫と考察を重ねながら、修行を積む合間に、河内の神願寺《じんがんじ》を訪れ、薬師如来に入唐がかなえられるようにと祈りつづけた。

奥州に分け入っていた坂上田村麻呂は、蝦夷《えみし》の首魁阿弖流為《あてるい》らを降伏させることに成功、七月に帰還、首魁《しゅかい》らは斬刑となり、ひとまず蝦夷の動乱に終止符を打つことができた。

年が改まり、延暦二十二年（八〇三）、空海は三十歳となった。

三月二十九日、桓武帝は神泉苑で、遣唐大使藤原葛野麻呂らを送るための内宴を催された。このとき安殿《あて》皇太子は、伊予親王や神野《かみの》親王ら十五、六人の皇子たちを率いて舞いを舞われた。この宴は唐風に行われ、帝は葛野麻呂《かどのまろ》を近くに呼ばれ、酒を賜い、次のような歌を詠まれ励まされた。

この酒は大《おお》にはあらず、平《たい》良《ら》かに帰り来ませと斎《いわ》いたる酒

これは遣唐使が無事に帰還することの難しさを踏まえて詠まれたもので、葛野麻呂は流す涙雨

のごとく、群臣も涙を流さぬものはなかった。

四月二日、遣唐大使と副使石川道益《みちます》が宮中に参内、帝にいとま乞いの挨拶をし、大使は節刀《せっとう》を賜わった。節刀は天皇の大権の一部を象徴するものである。これを帯びることによって、犯罪者を断罪し、任務を無事に果たすことを命じることができた。

この頃、遣唐使一行の他のほとんどの者たちは、すでに難波津に集結していた。その中に、内《ない》供奉《ぐぶ》禅師の最澄法師も還学僧《げんがくそう》（短期の入唐）として混じっていた。最澄法師は、唐語が話せなかったために、訳語僧《おさのそう》（通訳僧）の義真を伴い、また、長期の留学僧《るがくそう》の円基も伴っていた。

同月十四日、一行の乗船がはじまり、十六日、遣唐使船は難波津を出帆した。ところが同月二十二日、暴風雨に見舞われ、船は破損、留学生《るがくしょう》（明経請益生）の豊村家長は波に呑まれて行方不明となった。最澄法師たちの乗った船は九州に漂着したため、そこで降りて九州に留まって次の機会を待った。大使藤原葛野麻呂と副使石川道益らは京にもどり、五月二十二日、節刀を返上した。遣唐使船の損壊がひどく、渡海不能であったのだ。溺死する者は多数であったという。

この報せを空海にもたらしたのは師の泰信禅師であった。同時に禅師は、伊予親王に上申して、空海の入唐留学を願い出た。親王は作戦を練られた。八月になって、帝が親王の別荘愛宕《おたぎ》荘に行《み》幸《ゆき》されたとき、空海の書いた書簡と『聾瞽指帰《ろうこしいき》』をお見せになったのである。帝は、それらの筆跡や文面を見比べながら、すこぶる感心の態を現わされ、特に書簡における入唐への熱意と仏教についての知見の深さと真摯な求道精神を称えられ、よきに計らえとのお言葉を賜わった。ただ、空海が沙弥であることを懸念され、やはり比丘（僧）であった方が唐土での学問に何かと利便があろうという意味のことも仰せになられた。その上で、来年には、再度、遣唐使を発遣する旨を親王に告げられた。

帝のお許しが出たこと、来年、再度遣唐使が発遣されること、そして比丘となるべき旨が、伊予親王の使者から聞いた泰信禅師は、早速、空海に報せた。それを聞いたときの空海の喜びはいかばかりであったか。ただちに禅師の許に駆けつけ、感謝の礼を行った。禅師は、来年一月の宮中での御斎会《みさいえ》では自ら空海を推挙することを告げ、東大寺戒壇院での具足戒伝授までの修行については、予めこれから教示すると申された。ただし、空海が比丘になったことを証明する度牒《どちょう》の発行は、恐らく出帆するまで間に合うまいとも述べられた。

その足で、河内の神願寺薬師如来に参り、入唐の機会が与えられたことを感謝し、無事な渡海を祈願した。さらに讃岐の父の許に書簡を送り伝えた。伯父の大足や阿刀村の母へも伝えた。父からは折り返し使者が金品と喜びの書簡をもたらした。そのほか、多くの知人にも伝えたのであったが、行空法師と善意法師からの返信はなかった。あるいはもうこの世の人ではなくなっているのか……。

大海漂蕩

延暦二十二年（八〇三）十二月の中旬、空海は泰信禅師に随って宇治橋を渡り、平安京に向かいつつあった。左手に巨椋《おぐら》の池を眺めながら、唐土への思いに胸をふくらませていたのであった。いよいよ正式な官僧となるために翌一月の御斎会《みさいえ》に列するのである。この御斎会というのは、毎年一月八日から十四日までの七日間、宮中大極殿で行われる法会で、『最勝王経』を講じて国家安寧と五穀豊饒を祈り、最終日に師の推挙によってその年の分度者が選ばれるのである。そこで得度を受けて僧形になるのだが、空海の場合は形式的に得度を受けるだけであった。

延暦二十三年（八〇四）一月、空海は御斎会に列し、形式的に得度し、直ちに大和に向かい、東大寺大仏殿の裏手の地蔵院に身を寄せた。泰信禅師の配慮であった。戒壇院での授戒は四月七日から九日にかけての三日間に行われた。

戒を受ける者は、まず院の中門で治部省玄蕃寮《げんばりょう》の役人の簡検を受ける。ついで食堂《じきどう》に入って粥を振舞われた。そののち、厳清なる戒壇に進んだ。そこには鑑真大和上が唐から招来された多宝如来と釈迦如来が安置されている。戒壇に他の受戒者たちとともに上った。そこには、戒を授ける戒和上と羯磨《こんま》師、教授師、そして七人の証明師が並び坐していた。戒和上は泰信禅師であった。和上からそれぞれの受戒者に、受戒の資格が問われ、それに対して三度誓約の文言を繰り返す。大僧二百五十戒（具足戒）遵守を誓うのである。そして威儀作法をそれぞれの師から教授される。

こうして空海は、官度僧となったのであるが、それを証明する度牒の発行は、空海の場合、延暦二十四年（八〇五）九月十一日付で治部省から発せられ、その頃、空海は唐土にいることになる。空海とともに受戒した僧たちの中に、円澄という人物がいたが、彼は後に比叡山に登って最澄禅師の弟子となる。

受戒を済ませた空海は、すぐさま東大寺を出立、平安京に戻り、清村浄豊《きよとよ》に伴われて官司に寄り、留学僧《るがくそう》として、絁《あしぎぬ》四十疋《ぴき》、綿一百屯《むら》、布八十端の支給を受けた。それらの一部を東西市で沙金に換え、清豊の従者の協力で荷造りや私物をまとめ、従者と馬を借りて難波津に向かった。難波の旧都に来ると、辺り一帯に遣唐使の一行や留学僧、留学生らが陸続と集結していた。難波津には、四艘の遣唐使船が繋留されていた。

一方、大使藤原葛野麻呂と副使石川道益《みちます》は、三月二十五日、餞殿《せんでん》に召され、桓武帝から恩酒を賜わり、同月二十八日、大使は再度節刀を授けられたのである。五月に入ると大使らは、難波津に下り、住江の神に航海の無事を祈願した。

五月十一日、帝は、式部卿伊予親王の宅に行幸された。帝は、親王に、あの者は間に合ったかとお聞きになられた。親王はかろうじて間に合いましたと答えられた。そして改めて、空海の手跡をお目にかけた。帝はそれらをじっとご覧になり、何度も頷かれておられるようだった。

同日、難波津の浜頭では、帝の勅語を持ち来った右近衛中将藤原縄主《ただぬし》が、無事に早く帰り着くことを願うという意味のお言葉を読上げ、右少弁石川清直が太政官宣を称揚し、節刀が大権の一部を預かったものであり、犯罪者の断罪をまかせられている旨を一行に知らしめ、無事に任務を果たし終るべしと読みあげた。こうした浜頭の儀式が済むと、人々は陸続と乗船しはじめた。

第一船の船頭《ふねのかみ》は大使藤原葛野麻呂、留学僧として空海と霊仙《りょうせん》らが乗り込んだ。霊仙は慈蘊《じうん》の著した『法相髄脳』一巻を携えていた。また、ほかに留学生の橘逸勢《たちばなのはやなり》なども乗った。第二船の船頭は副使の石川道益や判官菅原清公が乗り込み、第三船の船頭は三棟今嗣《みむねのいまつぐ》、第四船の船頭は判官高階遠成《たかしなのとおなり》であった。そのほかに、訳語《おさ》、録事や船匠・楽師や水手《かこ》たち百数十名が分乗した。船はそれぞれ従五位下の位が授けられ、船首には鷁《げき》の冠を戴いていた。鷁という水鳥は、風を自由にあやつり、水難鎮撫、風波の難をさけると信じられていた。

五月十二日、四艘の遣唐使船は、難波津を出帆した。空海三十一の歳であった。九州で待機していた最澄禅師一行は博多津で第二船に乗り込んだ。そして、七月六日夜、四艘の船は、肥前国松浦郡田浦《たのうら》を出航、唐の国へ向けて大海原にのり出した。櫓を漕ぎ、船尾をゆるがせて船出、陸からの追い風を受けて帆をあげ、左右の細長い島（生月島・大島）の間をぬけて、大海へと進む。四船とも火縄や松明を焚いて互いに発火信号を交した。

翌朝、大使は絵師に航海の安全を祈って観音菩薩を描かせ、もし、無事に今回の遣唐使の役割を果たせたなら、百八十所の天神地祇等のために『金剛般若経』を一神ごとに一巻を写し奉ると願掛けをした。空海たち僧は、『観音経』を読経して、航海の平穏無事を祈った。

しかし、午後になると、波のうねりが出てきて、雲行きが怪しくなってきた。船は上下にゆれ、帆は風を孕んで今にも裂けんばかりにはためき、張られた帆綱はうなりを上げる。夜になって、初更（午後八時頃）から、強烈な暴風雨が襲ってきた。帆を降ろす暇もあらばこそ、裂け、船のそこかしこがきしみ、悲鳴をあげはじめ、波は激しく船端《ふなばた》を叩き越え、高波は天漢（天の川）に届くかと思うほどしぶき、船は波間に翻弄されてきり揉み、ついに舵《かじ》も折れてしまった。船は波にしたがって漂流しはじめた。

大使以下水手《かこ》まで全員、裸になって褌《ふんどし》一つとなり、ある者は帆柱にしがみつき、他の者は左右の手すりの端に縄を結んでつかまり、船酔いに苦しみ吐く者もある。空海は、手すりに身を支え、気息の法によって耐えながら、観音菩薩や薬師如来に念じていたが、奇妙にも唐土には必ず到達するという絶対的な確信を持っていた。一方で、これも一つの修行だという思いがあった。

明け方になって暴風雨はおさまったが、高波は相変らずである。船は予定の航路を大きくはずれたようであった。他の三船はどこにも船影がなかった。南の風が強く、船は北へ北へと流される。ただ大空と大海原だけである。数日後、帆柱に上った物見が遥か北方の彼方に島影が見えると叫ぶ。訳語の一人が、恐らく耽羅《たんら》（済州島）だろうと言う。そのうち、風が南向きとなり、その島影は消え去った。今度は次の日も次の日も南へ南へとと流されて行く。北東からの風、猛風で南へと流され、琉球の島々の影が見えることもあった。ついに飲み水は尽きようとし、人々は疲れ果て、病人も続出、日差しが一段と強くなり、海の色が紺色から緑色に変わった。帆桁《ほげた》に二羽の鳥がとまっているのを見た。

八月の初日、帆柱に上った物見が、右舷前方遥か彼方を指し示し、陸だと叫ぶ。目をこらして眺めると、雲のかかった峰が見えている。一同の喜びは限りなかった。それは赤子が母に出会ったときの喜びよりも大きく、干上がった田の苗が長雨に遇ったのにまさるものがあった。死の危険がある波を越えること万度、今ここに生きて日を仰ぐことができたのだ。

八月十日、船体はかろうじて大きな破損を免れ、印材のような巨岩が波間に屹立する入江に辿り着いた。後で分かったことだが、この入江は、福州長渓県六印港であり、赤岸鎮という守備隊駐屯地の南南東にある南海口（福寧湾）であった。

16　福州観察使兼刺史閻済美

南海口から福州城へ

大唐は、三百五十の州からなり、州の下の県は千五百五十もある。福州は十の県をもち、長渓県もその一つである。州の長官は刺史であって、県の長官は県令である。しかもこの時代の唐には、幾つかの州の民政と軍事を統轄する藩鎮といわれる節度使と観察使という令外官《りょうげ》がおり、前者は辺境の軍事の要地に置かれ、軍事的緊張の少ない地域には後者が置かれている。福州の刺史はこの六印港からさらに南の閩江《びんこう》の河口東側にある閩県城（福州城）に駐在する。とはいえ、六印港に漂着した遣唐使第一船の一行は、ここがいかなる地であるか知る由もなかった。とにかく碇《いかり》を降ろした。

港内には何隻かの漁船があり、漁民たちもいたが、遣唐使船を海賊船とでも思ったのか、蜘蛛の子を散らすように逃げ去ってしまった。さてどうしたものかと、大使以下相談をしていると、いつのまにか、海岸に浅青色の衣をまとった人物が馬に乗り、二十名ばかりの兵卒を従えて、こちらの様子を眺めていた。やがて兵卒三人ばかりが、小舟を漕いでやってきた。訳語《おさ》が話し掛けてみたが、相手の方言が強くなかなか通じない。それでも身振り手振りで話し合うが、少なくとも当方が海賊ではないということは理解できたようであった。小舟の兵卒は訳語に舟に乗れと合図する。小舟は訳語を乗せて海岸に戻って行った。馬を降りた役人らしき人物の前で、訳語は平伏し、筆談を交えて話し合っているようだった。

戻ってきた訳語の話によれば、かの役人らしき人物は、この地の守備を受け持っている赤岸鎮の鎮将杜寧《とねい》という人物であった。われわれ一行は東海の日本国からはるばると大唐皇帝に朝貢のためにやってきた遣唐使の一行であり、風に流されて漂流し、この地に漂着してしまった、水も尽き、病人も多く、困っている由を告げると、鎮将は、わが役目は海賊の取締と、市舶の臨検にあり、遣唐使一行の処置に関しては左右できない、より上級の県城に行かれて判断を仰ぐほかはないとのことであった。ただし、上陸して、病者の回復を待つことと、水の補給などは許可するとのことであった。

鎮将杜寧《とねい》は何隻もの小舟を出して、一行を上陸させてくれた。水手《かこ》の長《おさ》と水手たちは、病人を除いて船に残り、船匠《ふなだくみ》たちは、舵の修理や船の破損したところを修理することになった。一行は、白水郎《はくすいろう》（漁師）の家々に分宿した。杜寧や白水郎たちには、相応に沙金やお土産を渡すと、杜寧は、断り、かえって餅や酒を差し入れてくれた。

人々は疲れ果て、暑さは一段と厳しく、蚊や虻は針のような痛さで衣類の上から容赦なく刺してくるのに悩まされた。船医たちは病人たちを診て回っていたが、空海も治療や看病に加わっていた。その合間を見て、空海は入江に面する赤い岩山に登り、松の木蔭に坐り、入江の波間に屹立する巨岩や遥か水平線の彼方の母国を思いやったりした。そしてまだ続く長安の都への旅路を案じていた。

この地方の人々の言葉を耳にしたとき、ふと如宝大徳のことが想い出された。大徳の唐語の響きや抑揚の中に、どこか似ているところを感じたのである。しかし、この地方の方言を完全に理解するまでは至らなかった。

船旅の疲れも癒えてきた十日目、長渓県城へ使者を立てることになった。判官甘南備信影が録事の山田大庭や訳語・射手《いて》ら十人を率いて、赤岸鎮を訪れると、鎮将杜寧は、県城への道案内と護衛を兼ね十人の兵卒をつけてくれた。赤岸渓という河を遡り、半日で県城に辿り着いた。

長渓県の県令は胡延沂《こえんき》という人物であった。二日後に帰ってきた判官の報告によれば、日本国使の処置については、県で処理できない、福州城まで行き、刺史の裁量を仰がねばならないというのだ。さらに県令胡延沂の言うには、福州刺史であった柳冕《りゅうべん》は病気のために任を去り、長安に帰ってしまった。新任の刺史はまだ着任していないとも語ったという。また、福州までの陸路は、山谷が嶮隘《けんあい》で荷物を担って行くのは困難であるから、船を廻航して、福州に赴かれるがよかろうとも述べたという。新任の刺史が着任していなければ、福州に行っても、一行の長安行きは決せられないだろうと予測できた。それに風向きもあることだ。胡延沂には、新任の刺史着任を報せていただきたいとお願いすることにした。

九月の中旬になって、県令胡延沂の使者が、福州刺史の着任を知らせてきた。しかも、この度の刺史は閻済美《えんさいび》という人物で、観察使を兼ねており、その権限は極めて大であり、その民政・軍事の管轄は、福州だけでなく、建州、泉州、汀《てい》州、漳《しょう》州に及ぶという。何としても福州城に赴き、長安行きを願わねばならなかった。赤岸鎮の鎮将杜寧には世話になった礼状と県令胡延沂への礼状を託し、風の具合を見て出帆した。杜寧は航路に詳しい漁民をつけてくれた。

十月三日、閩江《びんこう》の河口に入り、服州城を仰ぎ見、左手前に中洲を見る東岸に碇を降ろした。

文筆を貴ぶ閻済美

閩江の両岸には無数の船が碇泊していた。ところが、碇を降ろしたとたん、早くも岸辺に州の役人とおぼしき者たちが二十数人現われ、どやどやと船に乗り込んできた。彼らは竹符《ちくふ》（竹の割符）か銅契《どうけい》（銅冊の割符）はないか、文契《ぶんけい》（証明杵）は保持しているか、あるいは日本国の国使ならば国書があるはずだとわめきたててつめより、あげくは、一行の私物や公物を調べはじめた。国書も竹符も銅契、文契も無いとわかると、今度は、今すぐにこの船を封艙《ふうそう》（差押さえ）すると命じ、遣唐使一行は全員、河原に降ろされてしまった。どうやら、日本国の国使なら国書を保持しているはずであり、それがないなら市船であろうが、竹符などを持たぬなら密輸船だろうという嫌疑がかけられたようであった。

州の刺史閻済美《えんさいび》は、観察使でもあったから、海賊や密輸の取り締まりに心を配らねばならなかったわけで、長渓県からの報告では、国書を持たぬということから、海賊ではないにしても密輸船ではないかという疑いを払拭できなかったのであろう。それに、この地に日本国の国使が来たという前例もなかった。

大使の藤原葛野麻呂は、慌てて、自らの名を唐風に賀能《かのう》と名乗って、州府に上書をしたため、われらは日本国の国使であり、朝貢のために来唐したのだと、主要な一行の名簿とともに書き送ったのだが、何の反応もなかった。さらに、二度、三度と書状を州府に送ったのだが、やはり何の反応もなかった。

大使は考えあぐねていたが、そのうち、ふと、日本でお別れのために宮中に参内した折、伊予親王が言われたことを想い出した。親王は、この度の遺唐使に新たに加わった留学《るがく》僧の中に空海という僧がいるが、この者は、類い稀な能筆であり、しかも名文を作る異能の持ち主だと言っておられたのだ。それに大唐は文書の国ではないかとも考え、空海という人物に代筆させてみようと思いついた。名文能筆の文書ならば、観察使の心を動かすことができるかも知れないと考えたのであった。また、焦りの心もあったから、早速、空海を呼び寄せた。

かくして、空海は、大使になりかわって、福州刺史兼観察使に与えるための書を書くことになった。大使の葛野麻呂は日本国では正三位という高官であり、しかも天皇から節刀を授けられ、天皇の大権の一部を預けられている。そういう立場から地方の観察使に書を与えるという威厳を保持した上で、書かねばならなかった。

空海は、まず、「賀能啓《かのうもう》す」と「啓」字を用いてへりくだった形を取った。次に、対句を駆使して、

高山澹黙《たんぼく》なれども禽獣労《ろう》を告げずして投《いた》り帰《おもむ》き
深水言《ものい》わざれども魚龍倦《う》むことを憚《はばか》らずして逐《お》い赴《おもぶ》く。
故《かるがゆえ》に能《よ》く西羌《せいきょう》険しきに梯《かけはし》して垂衣《すいい》の君に貢《こう》し
南裔深《なんえいふか》きに航《ふなわたし》して刑厝《けいそ》の帝に献ず。

すなわち、高山はゆったり沈黙しているが、鳥獣は苦労を告げずにそこへ赴き、深い水は何も言わないが、魚龍は倦むことを厭わずそこへ赴く。だから、西の羌《きょう》族は険しい道に橋をかけてまでして、衣裳を垂れただけで世を治める君に貢物をもたらし、南の諸族は水の深いところを舟で渡ってきて、刑罰を用いないで世を治める皇帝に献上してくる、と冒頭に筆を入れた。高山や深水を大唐の皇帝にたとえ、朝貢する諸族を鳥獣や魚龍にたとえたのだ。その上で、貢し献ずる者が艱難に身を亡ぼすことを知っていても、天子の徳化が辺境に遠く及んでいるために、死ぬかもしれぬという思いを忘れる、と続けて一段を構文した。

次いで、東方の蓬萊国《ほうらいこく》といわれるわが日本国も、明君が代々続く大唐の聖君を慕い、昔から貢物を献上してきたのであって、今回もわが国主（天皇）が自分を国使として差し遣わしたのである、といった意味の文を綴り、さらに、艱難辛苦の末にようやく大海を渡り、辿り着いたことを書き記した。ここで一転させ、大唐国の日本国に対する従来の待遇のあり方に筆を進めた。

我が国の使《つかい》に於《おい》ては殊《しゅ》私《し》曲《ま》げ成《な》して待するに上客を以てす。面《まのあた》り龍顔《りょうがん》に対して自ら鸞綸《らんりん》を承《うけたまわ》る。佳問栄寵《かぶんえいちょう》已《すで》に望《のぞみ》の外《ほか》に過《す》ぎたり。夫《か》の瑣瑣《ささ》たる諸蕃《しょはん》と豈《あに》同日にして論ず可《べ》けんや。

つまり、わが日本国の使者については、格別に丁寧に扱われ、その待遇は上客のそれであり、親しく皇帝陛下のご尊顔を拝し、直接勅語をうけたまわることができるのであって、直接のご下問も光栄ある待遇も、これだけで望外のものである。あのこまごまとした諸々の蕃族と同日に論ずることができようか、と日本国の位置を強調し、そうであればこそ、現在われわれ遣唐使一行が福州府から受けている待遇を具体的に対比させるように、次のように表現した。

竹符《ちくふ》・銅契《どうけい》は本《もと》奸詐《かんさ》に備う。世淳《あつ》く、人質《すなお》なる時は文契《ぶんけい》何ぞ用いん。……献ずる所の信物《しんぶつ》、印書《いんしょ》を用いず。

すなわち、竹の割符や銅冊の割符は、もともと奸人の詐偽に備えたものである。世の中が誠実で治まり、人心が質朴であるなら、証明書のような文書が必要であろうか……貢物の献上にしても、天子の格別な印のある信書を用いる必要はないのだと書き進め、さらにこの国の古書には、東方の国すなわち日本国は君子の国であるとして、その国の人は、懇切、廉直、礼儀を守ると記されているではないかと強調し、そうであるのに、この州の官吏たちは、われわれが国書を持たぬといって、われわれが日本国天皇の腹心であることを疑い、船上を臨検して公私のものを計《かぞ》え調べている。その上に船を封鎖してわれわれを苦しめている。以前の遣唐使船は、揚州や蘇州に着いていたから、その地方の役人は使者の慰労の仕方も心得ており、船の物は使者の一存に任せ、臨検するようなことはしなかった。どうか、お恵みをたれ、そのような前例通りの待遇をという小願を申し上げずにはいられない、と結んで書き終えた。

この啓は、早速、福州府に送られた。しばらくして戻ってきた使者の口上によれば、観察使閻済美は、この啓を開き読むと笑みを浮かべ、早急に船の封鎖を解くことを命じ、一行の様子を問われたという。その上で言われたことは、実は九月上旬に長渓県より知らせがあり、赤岸鎮に日本の国使と称する船が漂着したから、その船を福州に廻航させるとのこと、この旨は早速上都（長安）に使者を派遣して上奏してあるのだとのことであった。

船の封鎖が解かれ、一行は乗船して観察使の動きを待っていた。二、三日後、州府から役人がやって来て、先に上都に派してあった使者が戻り、近く存問使（国使一行の安否を問う勅使）が派遣されてくる旨と、遣唐使第二船が明州に着き、入京願いが上がってきている旨の報符（返答文書）をもたらしたと知らせてくれた。

また役人は、力使（世話係）四人を連れてきており、あわせて物資や食糧を支給してくれた。さらに、一行の窮状を察せられ、仮の家屋十三棟を河原に造って宿舎として住まわせてくれた。大使の葛野麻呂は、空海の文筆の威力に舌を捲いた。また、第二船が明州に着いたという報せは、久し振りの朗報であった。一行は歓声を挙げた。しかも存問使が到着次第、入京のために発することを許可するとのことだった。それと同時に、役人は、上都への入京を許されるべき人物の名を連ねた名簿を持ち来ったのであるが、その中に、空海の名はなかった。

入京許可の嘆願書を書く

空海は、再度、己れのために、入京の許可を願う嘆願書を書かねばならなかった。空海は書いた。

日本国の留学の沙門空海啓《もう》す。空海、才能聞《きこ》えず、言行取《とりどころ》無し。但《ただ》雪中に肱《ひじ》を枕とし、雲峯《うんぽう》に菜《な》を喫《くら》うことのみ知れり。時に人に乏しきに逢《あ》って留学の末に簉《まじ》われり。限るに廿年を以てし、尋ぬるに一乗《いちじょう》を以てす。任重く夙夜《しゅくや》に陰《かげ》を惜しむ。今、使に随って入京することを許されざることを承る。理、須《すべから》く左右すべし。更に求むる所無けん。然《しか》りと雖《いえど》も居諸《きょしょ》駐《とど》まらず、歳《とし》、我と与《とも》ならず。何ぞ厚く国家の馮《あつらえ》を荷《にな》って、空しく矢の如くなるの序《しょ》（年月）を擲《なげう》つことを得んや。是《こ》の故に斯《こ》の留滞《りゅうたい》を歎《なげ》いて早く京に達せんことを貪《むさぼ》る。
伏して惟《おもんみ》れば　中丞《ちゅうじょう》閣下、徳、天心《てんしん》に簡《えら》ばれ、仁《じん》、遠近《えんきん》に普《あまね》し。老弱《ろうじゃく》袖《そで》を連ねて徳を頌《しょう》すること路《みち》に溢《み》ち、男女手を携えて功を詠ずること耳に盈《み》てり。外には俗風を示し、内には真道（仏道）を淳《あつ》くす。伏して願わくは彼《か》の弘道（仏道を広めること）を顧《かえり》みて、入京することを得せしめよ。然《しか》らば則《すなわ》ち早く名徳《めいとく》（高徳の仏僧）を尋ねて速《すみ》やかに所志《しょし》を遂《と》げん。今、陋願《ろうがん》（勝手な願い）の至《いたり》に任《た》えず。敢《あ》えて視聴《しちょう》を塵《けが》して伏して深く戦越《せんえつ》す。謹《つつし》んで奉啓以聞《ほうけいいぶん》。謹んで啓《もう》す。

この啓を見た観察使は、先に大使から上げられた啓を書いた人物と同一人物の手であることを直ぐに察知したに違いない。今度の文は簡潔にして要を得ており、これを書いた人物の才能を惜しんだようである。とにかく、この啓を読んだ閻済美は、空海の名を、入京許可の名簿に加えてくれた。こうして、長安に赴くことを許可されたのは、大使以下、空海を加えた総勢二十三名であり、その名簿は上都に向けて上奏されたのであった。

存問使が到着するまでの間、空海たち僧は、役人の許可を得て、城内の壮大な規模の開元寺を訪れ、寺の和上や監僧《かんす》（寺院の統監）らと談話し、あるいは寺家が供養を設ける斎《とき》（昼食）を相共にした。開元寺は、玄宗皇帝が開元二十六年（七三八）に各州府に勅命で道観とともに建立した官寺で、福州開元寺は、元々、梁の太清二年（五四八）に建立されていた寺院に開元寺の寺名が与えられたものである。また、城外の東にある風光明媚な鼓山羅漢泉のほとりの華厳寺も訪れた。華厳寺の僧によれば、この山中にある巨岩は、雨が降ると太鼓のような音を立てるから鼓山と名づけられたという。

空海は、開元寺でも華厳寺でも、今、長安にあって知名の大徳はどなたかと訊ねてみたのだが、何人かの名が挙げられたものの、空海の胸を打ったのは、密蔵（密教）では青龍寺の恵果阿闍梨という人物の名であった。その名は空海の脳裡に深く刻み込まれた。

十月の末近く、長安からの存問使が到着した。存問の儀式は州府内で行われ、丁重極まりないもので、主客各々感動の涙を流すほどであった。その際、閻済美は、わざわざ空海と接見し、その能筆と名文を褒め称え、京都（長安）で良き師に出会われ、仏道を全うされよと心励ましてくれた。一方、大使は、これから辿らねばならぬ道のりを思い、日本の天神地祇に力添えを祈っていた。

観察使の文牒（旅行証明書）が発給された。十一月三日、大使ら二十三名の一行は、公物私物とともに、三艘の船に分乗して閩江を遡るべく、福州城を発った。三艘の前には、監送軍将船が先導し、参軍（従七品官）や官吏、兵たちが乗り込んだ。大使は、録事の山田大庭を福州に残した。

遣唐使船を明州に廻航しておくように命じたのである。大庭をはじめ、残された船匠や楽師・水手《かこ》たち百名は、涙を流して手を振って見送ってくれた。

17 長安への旅路

閩江を遡り仙霞嶺を越える

福州を発ったのはまだ星の輝く早朝であった。およその幅が一千尋《ひろ》以上あろうかと思われる閩江《びんこう》の流れは、ゆったりとしており、右手に福州城を戴く屛風のような越王山を後にして遡っていく。それぞれの船の船頭が巧みに棹を操る。両岸の処々には南方特有の榕樹が無数の気根を垂らしているのが薄明かりの中にほんのりと見える。岸辺には長大につながれた筏《いかだ》や大小の船が舫《もや》っている。両岸の黒々とした山並と大河の空間は日本では見られない壮大なものであった。星明かりが水面に映りチカチカと光っている。

大使の葛野麻呂は空海を脇に坐らせていた。そして呟くように語りかけ、「まだ先は長いのう……これからも海公の力を借りねばならぬこともあろう……ところで、海公は文筆をどのようにして身に着けられたのじゃ」。空海はかしこまって言う、「わが伯父の阿刀大足から学びました……」。「阿刀？……おお、あの伊予親王の侍講を勤められた……」と言いながら、空海の顔を横に見て、「それにしても唐語も堪能で……あの観察使は何と言っておったのかな」と話題を変える。空海は、「福州に留まって手伝ってくれぬか、と申しました」と答えると、大使は、「はっはっ、あの観察使は海公に惚れ込みおったか」と言って、しばらく沈黙したが、「長安には誰か目当ての大徳でもあるのかな」と訊き返した。「福州開元寺の和上から、何人かの大徳の名を教えて頂きました。一応の目安はついております」と言うと、「そうか、それはよい」と頷き、その大徳の名を訊くのでもなく、顔にまとわりつく蝿を振り払いながら、「長安の元旦の朝賀に間に合えばよいのだが……」と遥か上流を眺めるようにして呟いた。

日が昇るにつれて、行き交う船の数が増してくる。一行は艫《とも》と舳《へさき》を繋いで連ねて遡る。流れに抗して進むのであるから、遅々として進まない。しかし、山路を辿るよりは遥かに楽なのだ。二日目、三日目となると、河幅はようやく狭まってくる。河幅が狭いところは、両岸に綱を渡して曳夫《えいふ》を雇って曳いてもらう。狭い処は、しかし流れが早く曳夫のかわりに水牛に曳かせなければならなかった。両岸に時々切り立った岩肌が目立つようになり、濃い緑が美しい。

延平からは、北から閩江に流れ入る建渓に船の向きを変えた。建渓を遡り、建寧に辿り着いたところで、一行は船を降りて馬を雇い、各自騎乗して浦城に向かう。空海は黒い馬に跨り、南浦渓の川沿いの道を行く。一行が騎乗した馬の列の後には、公私の荷を積んだ馬列が続いていた。

浦城からは、山間の谷の処々石段が続く道を人々は徒歩で登らねばならなかった。仙霞嶺《せんかれい》の山越えである。欝蒼とした緑に囲まれた谷沿いの道を休んでは登り、登っては休むという苦行が続いた。大使や判官たち、山歩きに慣れない者たちにとってはまさに苦行であった。空海は涼しい顔で、むしろさわやかな思いで登り続けた。一行の中に橘逸勢《たちばなのはやなり》という留学生がいたが、空海の健脚ぶりに感嘆して、吐息を漏らし汗を拭きながら、「海公は文筆と唐語の才のみならず、恐るべき健脚じゃのう」と語りかけた。空海は、「はは、愚僧は、吉野の金《かね》の御嶽《みたけ》や四国の石鎚山などで修行しましたから、山歩きには慣れております」と答えると、「いやはや、この国は隗偉《がいい》広大じゃのう！」と嘆息する。この逸勢の「ガイイ」という言い方に空海は苦笑した。高く険しく偉大であるという意味で、そのような表現をしたのだろうと思った。

仙霞嶺を越えると、浙江省である。福州観察使の権域は及ばない。浙東観察使の権域となる。一行は烏渓《うけい》沿いの道を下って衢州《くしゅう》に入り、衢州城で一泊することになった。福州から同行した監送の参軍や兵士たちは、衢州刺史に引き継ぎ帰って行った。福州城下を発して八日目であった。

江南河を経て揚州城に入る

衢州刺史から衢州牒（旅券）の発給を受け、新たな監送使らの先導で、翌早朝に出立、銭塘江《せんとうこう》を船で下った。こうして一行は、婺州《むしゅう》を経て杭州《こうしゅう》に辿り着いた。杭州城は、一方に銭塘湖（西湖）を控え、他方は銭塘江に臨む周囲三十七里弱の豊かな街《まち》で、幅の広い街路や水路が縦横に隅々までゆき渡り、主要街区には市場がたち、鹿・兎・雉・鴨・家鴨などあらゆる種類の食料品がそろい、高楼は立ち並び、浴場、妓楼などもそろい殷賑を極めていた。銭塘湖には孤山と称する島があり、湖南からは雷峰を見通し、東岸には楊柳の木立が風情を添えていた。しかし、旅を急ぐ一行は、杭州城を周遊する余裕はなく、杭州牒を受けるや直ちに運河に船を浮かべて発った。

この運河こそ、かつて隋代の第二代皇帝煬帝《ようだい》が、広大な中国の地を南北に貫通させた大運河の南端であったのだ。この江南河《こうなんが》と言われる運河を北上、蘇州、常州を経て揚子江を渡り、対岸の瓜洲《かしゅう》村に達した。瓜洲村からは、隋の文帝が淮水《わいすい》まで開いた山陽瀆《さんようとく》という運河に入ることになる。隋を建国した文帝（楊堅）は開皇四年（五八四）、黄河と長安を結ぶ広通渠《こうつうきょ》という運河を開き、さらに同七年、淮水と揚子江を結ぶ山陽瀆を舟運で連絡、その成果の上に第二代煬帝が大業元年（六〇五）に淮水と黄河を結ぶ通済渠《つうさいきょ》（御河）を開き、揚州揚子江から長安にいたる運河を貫通させ、さらに揚子江南岸から杭州にいたる江南河を完成させたのである。これは、揚子江三角洲地帯の豊富な物資を輸送するためであった。

これらの運河を完成させるためには、各河の高さが違うため、閘門《こうもん》を設けたり、堰《えん》という斜面を設け、縄索《じょうさく》で引き上げたり滑らしたりするという技術的な工夫を凝らしたのであった。これらの運河は唐代にも引き継がれ、江南と長安とを結ぶ一大舟運動脈の役割を果たしていたのである。したがって、揚子江北岸の瓜州村に達した遣唐使一行は、これから山陽瀆を経て通済渠という水路を遡って長安に到る予定であった。

いずれにせよ、まず揚州府において揚州文牒（旅行許可書）の発給と監送使の先導を乞わねばならなかった。運河を少し北上すると、禅智寺橋に達し、そこから西へ三里ばかりの官河を行けば揚州城下に達する。そこに停留して一行は陸に上がり、城内の官店（官設旅店）に止宿した。

このころの唐朝の中央歳出額は、その半分以上が塩の専売の利益でまかなわれており、特にその生産量の大部分を占めていたのが、淮河や揚子江河口を結ぶ海岸地帯から産出する海塩であり、塩官の管轄下にあった。この地域の塩を積んだ船は、何艘もならべて結び、それを連ねて水牛に繋ぎ、掘溝《くつこう》（運河）を西行して揚州に送られてくる。さらに米などの江南の産物もまた揚州に集荷されてくるのであるから、この時代の揚州は長安に次ぐ第二の都と称されるほど殷賑を極めていた。いわば唐王朝を支える最重要地であった。安史の乱（七五五～七六三年）を乗り越えることができたのも、この地域が経済的物資的に支えたからであった。

したがって、揚州府に在る淮南《わいなん》節度使は絶大な権力を手中にしていた。この当時の淮南節度使は、王鍔《おうがく》という人物であり、揚州大都督長史も兼ねており、揚州、楚州など七州を所管としていた。

都督王鍔は、遣唐使一行を篤く歓迎し、宴を張ってくれた。大使葛野麻呂は訳語《おさ》を連れていたのだが、福州の一件以来、常に空海を随伴させ、いっかな手放そうとしなかった。空海は揚州開元寺やかつて鑑真和上が止住した竜興寺などに参りたかったが、それもかなわなかった。

一行は、先を急いでいたので、揚州には一泊しただけで、揚州牒の発給を受けるとそそくさと旅立った。王鍔《おうがく》は、一行のために大型船を二艘用意してくれ、監送の将卒を載せた先触れの船を先頭に出発した。

通済渠を経て長安城へ

山陽瀆《さんようとく》を北上、盱眙《くい》県のあたりで淮河を渡り、通済渠《つうさいきょ》に入った。この運河は汴河《べんが》とも云われるが、これを遡るには、多くの曳夫《えいふ》に牽いてもらわねばならなかった。通済渠に入れば泗《し》州である。泗州刺史は虹《こう》県に駐在していた。宿州、寧陵を経て汴《べん》州まで辿り着いたとき、汴州の役人は、一行にこれからの行程について尋ねた。つまり、この運河をこのまま行けば黄河の南岸の河陰に達し、黄河を渡り、黄河北岸に上陸して陸路を辿り、また黄河を渡って渭水《いすい》に入らねばならないと言うのだ。なぜ河陰から黄河を遡らないのかと聞き返すと、河陰と上流の渭水河口との間には三門峡という険所があり、それを遡るのは不可能だ、さまざまな物資は河陰から北岸に渡して陸路を輸送し、再度、黄河を渡って渭水を遡り、華陰から漕渠《そうきょ》(水路)で長安城に入るのだと言う。

一行は、もう船旅にはうんざりしていた。陸路で洛陽を経て長安に向かいたいと申し出ると、汴《べん》州の役人は、馬と荷車を用意してくれた。こうして一行が、鄭州、洛陽、潼関、昭応を経て長安の迎餞《げいせん》駅である万年県長楽坡《ちょうらくは》に着いたのは、貞元二十年（八〇四）十二月二十一日であった。ここで大使一行は旅装を解き、長安城に到着の旨を知らせるために、監送使と共に判官を派遣した。実に福州以来四十九日の長旅であった。大使はホッとしていた。元旦の朝賀に間に合ったという思いがあったのである。

二日後、内使（宦官）の趙忠という迎客使が二十三頭の馬を率いて迎えに来た。遣唐使一行は正装して趙忠に相対した。趙忠は、一行に下賜の酒肴をふるまい、今上皇帝徳宗からのねぎらいのお言葉を伝え、馬は飛竜厩《ひりゅうきゅう》（長安大明宮玄武内外の厩舎）からの馬でいずれも名馬であると自慢した。大使用の馬には七宝（螺鈿《らでん》）をちりばめた鞍がかかり、他の者たちの馬には銀色の鞍が置かれていた。大使は盃を干して迎えの礼を述べ、一同、しばらく酒肴に舌鼓を打ったのち、各々乗馬し、趙忠を先導に兵たちに護衛されながら、長安城に向かった。道端には沢山の見物人が群がっていた。そして壮大な長安城東壁の青い春明門をくぐって城内に入り、宣陽坊の東南の官宅（万年県庁舎）に入った。

そこには、すでに十一月十五日に長安入りを果たしていた、第二船の判官菅原清公《きよとも》の一行二十七名が大使一行を待っていた。双方は再会の喜びに浸り、さまざまな事を語り合ったが、わけても、空海の耳を引いたのは、最澄禅師らが天台山に向かったらしいという情報だった。菅原清公の一行は、九月一日に長安に向けて明州を発したのだが、そのとき、最澄禅師は明州に居残り、天台山に赴くと言っていたという。事実、九月十五日、最澄禅師は台州天台山に向けて出発していた。そのほかに、第二船の副使石川道益が明州到着直後に病死したために、清公が副使を代行、道益の弔いを長安への途中、揚州の禅智寺で行ったと聞かされ、大使らは驚き悼んだ。

18　長安城と永忠法師との出会い

徳宗皇帝

十二月二十四日、大使藤原葛野麻呂は、国信別貢等物を官宅の監督官である監使の劉昂《りゅうこう》に託し、徳宗皇帝に進献した。劉昂は帰ってくると、徳宗の勅を伝え、進物は極めて精好であり、朕はことのほか喜ぶ云々とのことだったという。

翌日、大使一行は大明宮宣政殿で国使として礼見があったが、皇太子李誦《りしょう》には挨拶したものの、徳宗皇帝の姿はなかった。しかしその後、大明宮麟徳殿《りんとく》で初めて徳宗に拝謁を賜わり、大使は日本国天皇になりかわり遣唐の趣旨を申し上げた。取次の者からそれをお聞きになられた皇帝は、ゆったりとうなずかれたご様子であった。やがて宴が張られ、日本国使一行の各々は、位に応じて官賞を賜わった。さらに使院で宴が催され、一行は肩の荷が降りたようで、ホッとした風情であった。

年は移り変わり、貞元二十一年（八〇五）の元旦を迎えた。この日、大明宮含元殿《がんげん》で朝賀の儀が執り行われた。日本の国使一行もこの儀に列席したのであるが、新羅国の一行や渤海《ぼっかい》国の王子の一行なども列席していた。この時期、渤海国は日本と極めて友好的な関係にあり、延暦十八年（七九九）に、日本は渤海船の無制限な来航を許可していたほどであり、朝鮮半島南の新羅との長年の緊張関係も緩和され、唐朝からも渤海国王として冊立され、緊密な関係が維持されていたのである。渤海国の王子は、朝賀の儀を終え、大明宮の丹鳳門《たんほう》を出たところで、日本国大使藤原葛野麻呂に歩みより、親しく挨拶を交わした。

その翌日、監使の劉昂が、皇帝が不予であるとの報せをもたらした。徳宗は大暦十四年（七七九）に即位したのであるが、その宰相となった楊炎は、翌年の建中元年に両税法を定めた。これは税の収得体系を、それ以前の律令制における租庸調を破棄し、戸単位・資産に応じ、夏税と秋税の二期にわたって納税させるものとした一大変革であった。しかも唐中期以降、兵制も律令的府兵制を募兵制に変え、諸地域に藩鎮（節度使）が置かれていたから、唐朝の性格は、徳宗の時代にがらっと変わってしまった。節度使の中には反旗を翻す者もあり、しかも西の辺境には絶えず吐蕃の圧力が加わり、朝廷内には、宦官の専横がはびこり、科挙を通って官吏となった官僚との軋轢も多くなっていた。

貞元十三年（七九七）、徳宗は、内侍省の宦官を宮市使《きゅうし》に任命し、宮中での必需品を長安の東西市で購入させることにした。しかしこれはただ同然の値段で買い上げる結果となり、民衆の怨みを買っていた。徳宗は六十四歳で老境に入っていた。その徳宗が病に臥したというのである。大使以下遣唐使一行は、帰国の勅許が遅れるのではないかと不安になった。それに皇太子の李誦も、去年の九月に倒れ、それ以来口がきけない病にあるというのだ。劉昻の知らせ以降、皇帝と皇太子の安否は杳《よう》として知られなかった。

永忠法師と長安城

空海は、これから長年暮すことになる長安の市街を見てみたかった。これから二十年間留学《るがく》僧としてこの地で仏教の研鑽に励まねばならないのだ。強引に監使の許可を得て、宣陽坊の官舎を出て東隣りの東市との間の街路に出たとき、ふと思いついた。日本の留学僧や留学生たちは、止宿するのを常とするのが西明寺であると監使は言っていた。西明寺に行けば、日本人の誰かが居るかも知れない。その人物に長安城の様子について聞いておくのも悪くはないと考えた。道行く人に西明寺への道筋について尋ねると、宣陽坊の南側の道を西に行き、道の南側六つ目の坊の延康坊西南隅にあると言う。

この前の遣唐使は光仁帝の宝亀八年（七七七）に派遣された。今回の遣唐使まで二十七年も経っている。おそらく、前回の遣唐使に随って入唐した留学僧たちは、二十七年もの歳月を過ごしてきたに違いない。そんなことを思いながら、西明寺の大門の前に立った。大和の大安寺は、この大伽藍を模したのだなと想い起こしながら、中門を抜けるとき、すれ違おうとした寺僧に、日本国からの留学僧は居られないかと尋ねだ。僧は頷き、金堂の脇の廻廊を抜けて講堂の西南の僧房まで案内してくれた。

僧房の扉は開け放たれており、そこに一人の老僧が立っていた。「拙僧は空海と申しまして、このたび、はるばる日本から留学僧として当地に参った者です」と挨拶すると、老僧は目を耀かせて、「愚僧は、永忠《ようちゅう》と申す。前回の遣唐使に随ってこの地に留学し、帰国の機会を待ち申しておった」と合掌し、目に涙を浮かべながら、目の前の精気あふれる若い留学僧を眺め吐息をついた。さらに語を継いで、「愚僧は、これから遣唐大使のところへ行き、一緒に帰国させてもらえないかと嘆願しようと思っておった」と口早に言った。

こうして、空海の口添えもあって、永忠法師は、大使が出す帰国願いの奏上書の中にその名が加えられることとなり、晴々とした顔で、空海に長安城周遊の案内を買って出たのであった。

長安城は、東西約一万二百歩、南北約九千百五十歩の矩形をなしており、北壁の東寄りに大明宮が北向きに突き出している。百十の坊が整然と碁盤目状に配置されており、東壁には北から通化門、春明門、延興門、新門があり、西壁には北から開遠門、金光門、延平門、南壁には西から安化門、明徳門、啓夏門があり、特に東から入城する春明門と西から入る金光門を結ぶ街路に面して、中央に皇城が城壁をめぐらし、その北側に北壁を背後とする宮城がある。皇城の南壁の三つの門で中心となる朱雀門から真っ直ぐ南下する朱雀門街は、明徳門に至る。この朱雀門街の東側は万年県に属し、左街と称され、西側は長安県に属し、右街と称され、それぞれに東市、西市がある。東市は宣陽坊の東隣りに、西市は延康坊のすぐ北西に位置している。

春明門を入ってすぐ北側は興慶宮といって、かつて玄宗皇帝が皇居とした所である。この興慶宮から南四つ目の新昌坊には青龍寺がある。また皇城前の街路から南に二つ目の坊で、朱雀門街に面する開化坊の南半分が大薦福寺、さらに南に三つ目の靖善坊全体が大興善寺で境内には不空三蔵塔が松林の中にある。啓夏門に至る街路の東側南から三つ目の晋昌坊の半分を占めるのが大慈恩寺で、ここには玄奘三蔵が建てた大雁塔がある。

春明門のある東の城壁は、二重壁の構造になっていて、夾城といわれ、内部は上下の複道になっている。この夾城は、大極宮（宮城内）や大明宮、興慶宮から長安城東南隅の曲江や芙蓉園に通じており、上の通路は天子専用であるという。夾城を通って皇帝は、曲江へのお忍びの行楽ができるのである。大明宮は東南隅に門下省、西南隅に中書省があり、中央に南から北に含元殿、宣政殿（皇帝の執務堂）、そして皇帝の居住する紫宸殿が建っている。

永忠《ようちゅう》法師は城内のさまざまな所を案内してくれた。晋昌坊の大慈恩寺の境内では、法師は己れの学業については余り語らなかったが、ただ読経のときの音律（声明）については、多少得るものがあったと言いながら、大雁塔の前に空海を連れてきた。そして「この塔は高宗の頃（七世紀後半）建立され、玄奘三蔵が翻経院を設けて仏典の翻訳をされたことはご存じであろう。その弟子の慈恩大師（窺基《きき》）は法相の学の泰斗であった……」と言う。慈恩大師の名を聞いたとき、空海は、今回、留学僧に加わって入唐した霊仙のことを想い出した。彼は興福寺慈蘊の著した『法相髄脳』一巻を携えてきていたのだ。彼は唐語が少しできたようだな、と思っていると、永忠法師はさらに話を続けた。「科挙で進士に及第した者たちはこの塔に登り、姓名を記して詩を書きつけたりする。それに九月九日の重陽の節には登高といって、この塔に登り、菊の花を酒に浮かべて酌み交す風習がある……」と。

塔下の塔院南門左右の龕《がん》には、猪遂良《ちょすいりょう》の筆になる「聖教序」の彫られた石がはめこまれている。猪遂良は唐初の名筆である。金線のように細いが弾力性のある字である。空海はしばらくその書に見入っていた。南門を入って、一瞬、目を剝いた。そこには千手千眼観世音が描かれてあった。西壁には千臂鉢文殊菩薩も描かれている。像の顔はまるで太い鉄の棒を曲げたような輪郭で描かれ、彩色はきわめて重厚豊麗、明暗濃淡の変化によって奥行きが表現されている。このような画法をかつて知らなかった。

永忠法師が説明してくれた。「これらは尉遅乙僧《うっちいっそう》が描いたものだ。彼は于闐《うてん》（ホータン）の人で、于闐の西方の土火羅《とから》国に遊んでこの画法を身につけたそうだ。土火羅国王が彼の画技は丹青（絵画）

の奇妙だとして唐朝廷に推薦、貞観（唐太宗期）の初めに来唐、宿衛の官を授けられた。顔の輪郭の太い線の描き方は屈鉄盤絲《くってつばんし》の描法といい、唐人の画家には決して描けない。乙僧はどうやら密蔵（密教）系の仏画しか描かなかったようだ。」と。

息を呑んで凝視しながら、「他にもあるのですか」と尋ねると、法師は、「大明宮の南隣り、宮城の東隣りの光宅坊に光宅寺があるが、そこの普賢堂の七宝台後面には、普賢金剛薩埵《ふげんこんごうさった》の降魔像《ごうまぞう》がある。皮の脱げ垂れた白骨や三人の魔女なども、壁から浮き出すばかりに描かれている。儒教的壁画を描いた閻立本《えんりっぽん》に匹敵する神品だな」と。

永忠法師は、歩きながら話し合っているうちに、空海の来唐の目的がどうやら密蔵（密教）にあるようだと気付いていた。だから、かつて不空三蔵が住した靖善坊の大興善寺や、開化坊の大薦福寺などに案内した。大薦福寺の翻経院ではかつて義浄や于闐出身の実叉難陀が八十華厳を翻訳したし、密蔵系では金剛智三蔵が住して訳経したのであった。

大興善寺では、翻経堂の南にある不空三蔵の塔に参ったのだが、その碑銘は、厳郢《げんえい》撰文、徐浩《じょこう》の筆であった。空海はこれこそ良い書だと感じ入った。永忠法師は「時の人は徐浩の書について、怒猊《どげい》が石を抉《えぐ》り、渇驥《かっき》が泉に奔《ほとばし》ると評したそうだ。今上皇帝徳宗につかえ、彭王傅《ふ》、会稽郡公となり、没後に太子少師を追贈された人物である。確か字《あざな》は季海で越州（浙江省）の人であったと思う」と語った。

不空三蔵の話が出たとき、永忠法師は、「不空三蔵の弟子の恵果阿闍梨《けいかあじゃり》が、新昌坊の青龍寺にご健在でおられるが、いかがかな？」と水を向けると、空海は、「まだ早いのです……その前に……梵語を……」と言うと、法師は、「はっはっ、梵語の学習なら、わしは良い師を知っておる。醴泉坊の醴泉寺の般若三蔵じゃ。西市の北隣りだ」と事もなげに言う。

こうして、二人で長安城内をめぐっているうちに、空海は、永忠法師に兄のような情愛を感ずるようになっていた。

19　梵語を学習し異教に触れる

渤海国王子の使者・王孝廉と出会う

一月二十三日、皇帝徳宗が崩御された。五日後、皇太子李誦が即位された。順宗である。即位の大礼があった数日後、新たに官舎の監使となった宋惟澄がやって来て、そろそろ帰国の勅許が出るはずであるから、準備しておくようにと言った。その翌日、宣陽坊の官舎に、一人の人物が訪れた。渤海国王子の使者の王孝廉《おうこうれん》であった。王子からの書状を携えていた。大使の葛野麻呂に宛てて、帰国の日も近いので、一度親しくお会いしたい旨が書かれてあった。王孝廉はなかなか教養もあり、詩人の資質もあったため、大使は空海を交えてしばらく歓談したのだが、王は空海の学識の深さに感嘆し、いま一度ゆっくりお話を願いたいものだと言って帰って行った。今度は大使の方から渤海国王子宛ての書をしたためねばならなかった。これはやはり空海の代筆でということになった。大使は帰国の勅許がまだかまだかと待つ心がはやり、渤海国王子と面談する余裕がなかったのだ。空海は書いた。

　渤海と日本と、地、南北に分かれ、人、天地を阻《へだ》てたり。然《しか》れども隣を善《よ》みし義を結び、相《あい》貴《とうと》んで通聘《つうへい》（往来）す。往古今来《おうここんらい》、斯《こ》の道、豈息《あにや》まんや。賀能《かのう》（葛野麻呂）、悉《かたじけな》く朝貢に就《つ》いて偶然として奉謁《ほうえつ》す。期《ご》せずして会す。常の喜悦に非《あら》ず。仲春漸《ようや》く暄《あたた》かなり。伏して惟《おもんみ》れば、動止万福《どうしまんぷく》、即ち此《これ》なり。賀能推して既に監使を被って、留礙《りゅうげ》して再び展《の》ぶることを得ず。惆《ちょう》悵《ちょう》周旋して誰か腸《はらわた》を断つに堪《た》えんや。今日別《わかれ》を取る、後会《こうかい》期し難し。今、顧恋《これん》の情《こころ》に任《た》えず。謹んで状を奉る。不宣。謹んで状《もう》す。

つまり、監使の監視を受けて引きとめられ妨げられ、王子に再び見《まみ》えて心を申し上げることができない、という部分がみそであった。しかし、王孝廉の人柄については、空海の胸に残るものがあった。

　大使たち一行は帰国の準備を整え、空海や霊仙、橘逸勢たち居残る者たちも荷物をまとめて、いつでも動けるようにした。二月十日、監使の宋惟澄がやって来て、国家喪事のゆえに、早く帰国するようにと、帰国の勅許をもたらした。また、居残る者のうち空海と橘逸勢は西明寺に、霊仙は醴泉寺に止住すべきことも分かった。空海と逸勢は、荷車を借りて荷物を積み、西明寺に向かい、待っていた永忠《ようちゅう》法師がその荷車に自分の荷物を積み替えて大使一行の許に向かった。法師の荷物の中には、彼が常日頃たしなんでいた茶の木の種が入っていた。空海たちは、法師に同行して大使一行に合流した。翌十一日、みな長楽坡まで送客使に送られた。そこで空海たち送る者たちと送られる者たちは、別れを惜しみながら涙をしぼった。帰国する一行は、監送使王国文(内使)らに伴われて明州に向けて発って行った。空海は、西明寺に移り、永忠法師の止住していた一院に入ったのであった。

西明寺での修学

西明寺は、かつて唐太宗の皇子濮王《ぼくおう》李泰《りたい》の邸宅であった。李泰は士を好み、文を善くし、ここに文学館が置かれ、大勢の文人を集めて『括地志』五百五十篇を編纂した。のちに高宗の顕慶元年(六五六)、皇太子の病気回復を謝するために、この邸宅に寺を建立したのが西明寺の始まりである。道宣、神泰、懐素、道世、円測、玄則、法雲などの名僧が止住した。寺額は玄宗期の南薫《なんくん》殿学士劉子皐《りゅうしこう》の筆になるもの、西門を入ると南壁に楊廷光の神王像、東廊には猪遂良や欧陽通らによる伝法者の画賛があった。空海は、確かに狂草とまで言われた草書の名人懐素や、しなやかな書体で有名な猪遂良に興味があったのだが、わけても、西明寺が意義深いのは、開元五年（七一七）西明寺菩提院で、善無畏三蔵が『虚空蔵求聞持法』を梵語から漢訳したという事実であった。それを弟子であった善意法師が書写したものが、三蔵の没後新たに師となった玄昉僧正の手に渡り、のちに再度、善意法師の手を経て、空海に手渡されたのだ。そしてその修行によって成就した空海自身が、それをきっかけに密蔵（密教）への目が開かれ、はるばる大海を渡って入唐、この長安の西明寺に足を踏み入れたのだ。実に感慨無量であり、万感胸に迫るものがあった。深い因縁に空海の胸は震えた。

唐の朝廷は、留学僧や留学生には生料（官給食糧）を宛ててくれるのだが、空海のような僧は朝の粥と昼の斎《とき》だけで一日を済ますのだが、橘逸勢のような留学生の場合は、そうはいかない。生料では足りないのだ。どうしても留学費を少しずつ取り崩さざるを得なかった。そう言えば永忠法師が言っていた、「愚僧は、茶を啜《すす》るのが唯一の楽しみでな、日本に帰る時には茶の木の種を持ち帰って喫茶の風を続けたい」と。

空海も、西明寺に来て仲間となった寺僧たちと、喫茶の風を楽しむようになった。そういう喫茶の機会の談話は、さまざまな情報を手に入れる機会でもあった。なかでも親しくなったのは、志明法師と談勝法師であったが、空海が西明寺に入るやいなや、何かと寺内の作法しきたりなど細かく教えてくれた。

特に西明寺の円照律師という人物についての情報は貴重であった。円照律師は、訳経場で筆受(梵語を漢音に写す役)をつとめたこと、灌頂に入壇、賜紫鴻臚少卿《ししこうろしょうきょう》の官名を賜わったことなどであったが、わけても、『貞元新定釈教目録』三十巻や『貞元新翻訳経図記』二巻を著わし、さらに『大弁正広智三蔵和上表制集』も編集したこと、また、この寺の慧琳《えりん》法師が『建立曼荼羅及揀択《けんじゃく》地法』を著わしたことなども教えてくれた。その上、『貞元新定釈教目録』による聖教が、西明寺菩提院東閣に収蔵されていることも教えてくれた。空海がまず手をつけるべきことは、これらによって示される諸巻をじっくり読み、書写ないし摘記することであった。特に日本で読みつくした経論以外のものに集中したのであった。

般若三蔵に梵語を学ぶ

空海は、西明寺に腰を落ち着けるとすぐ醴泉寺の般若三蔵を訪れた。この碧眼紫髯《へきがんしぜん》の老僧は、相対すると、あらゆるものを吸い込んで止まない空海の資質をすぐ見ぬいた。その上で、己れの来歴を次のように語った。

「わしが生れたのは罽賓国《けいひんこく》(カシミール)じゃ。少年のころ仏道に入り、中天竺《てんじく》(ビハール州)の那爛陀寺《ナーランダー》で学び、東西南北、天竺中を遍歴し、常に教えの燈を伝えようと誓い、南印度では法称について密蔵をも学んだ。その後、この国の広州に向かったが暴風雨に遭って漂流した。再度広州に向かい、さらに長安に入ったのがこの国の建中三年（七八二）のことだった。さまざまな翻訳に携わったが、一度、罽賓国《けいひんこく》に戻ったが一年でこの国に帰り、五台山にも登った。その後も訳経に努めたが、伝燈の思いはつのり、今、桴《いかだ》（船）に乗り、東海の日本国に行きたいと思っているが、縁なく志が遂げられない。わが所訳の新約『大乗理趣六波羅蜜多経』十巻と、この梵夾《ぼんきょう》（梵文経典）三口を持って行き、供養しなさい。願うところは、この経をもって日本に縁を結び、人々を救って欲しいのだ」と。それらの諸巻は空海に手渡されたが、梵語の教授も約束してくれた。

翌日から、朝に坊門が開くとすぐ、西明寺を出て醴泉寺に向かった。午前中、三蔵から梵語の教授を受け、午後はさまざまな寺院や珍しい拝火教や摩尼《マニ》教の寺などを訪れ、坊門が閉まるまでに帰院し、夜は遅くまで菩提院東閣の聖教を繙《ひもと》くという生活に入った。

三日目、醴泉寺に行ってみると、般若三蔵の許に客の僧があった。青龍寺《しょうりゅうじ》恵果阿闍梨《けいかあじゃり》からの使者で、阿闍梨の弟子の惟上《いしょう》法師であった。三蔵は空海を紹介した。惟上法師は蜀（四川省）の出身で、蜀は山がちであるから、蜀に入る石段の道は険しく旅人は常に難渋していると話す。

一方、般若三蔵は、恵果阿闍梨とは親しい関係であることを述べ、阿闍梨について、次のような驚くべきことを語り出した。

「去年のことじゃ。この醴泉寺で、恵果和尚が弟子の義智のために、金剛界曼荼羅の壇をひらき、尊像などを図画された。わしも、ほかの多くの僧とともに参列しておったのだが、和尚は描き終ると、手に香炉をとられ、仏天に対して、『もし、私がいま描いた金剛界曼荼羅が法と相違していなければ、今ただちに雨を降らせてほしい』と要請された。そこに居並んでいた、わしたち僧や弟子たちは、恵果和尚のあまりにも自信あふれる要請の言葉に、冷汗を流すほどであった。ところが恵果和尚の言葉が終るか終らぬうちに、雷雨が沛然として降りそそいだのだ。わしは、恵果和尚をたたえて、これこそ不退転の菩薩であると、思わず言わざるを得なかった」と。

この話を聞いた空海は、やはり真の師は恵果阿闍梨以外にはないと確信した。阿闍梨が起こした奇跡を眼の当たりに見た般若三蔵が語っているのだ。阿闍梨の法力は間違いない。わが存在をいかにして阿闍梨に伝えるべきか……と空海は思案した。

「わたしもその場におりました」と惟上法師が言うのを聞きながら、この法師を通じて一種の刺を投ずることにした。先ほど惟上法師が語っていたことを踏まえて離合詩《りごうし》を作って紙に書し、法師に示したのである。離合詩というのは、ちょっとした技巧を凝らした詩のことである。すなわち、

磴危人難行　　磴《とう》（石段）が危なくて人は行くことが難しい
石嶮獣無登　　石は嶮《けわ》しく獣も登れない

燭暗迷前後　　燭《あかり》が暗くて前後に迷う
蜀人不得火　　蜀人であるあなたは火《あかり》を得られない

と。これは第一句の「磴」の字を「石」と「登」とに分解して第二句の首尾に置き、第三句の「燭」の字を「蜀」と「火」に分けて、それぞれを第四句の首尾に置くという技巧的な詩であった。

惟上《いしょう》法師は、「先ほどのわたしの話を詩にされたのですね」と、ただ空海の能筆ぶりに感嘆して、秘められた技巧には気付かなかった。運筆のすばらしさに、そこまでは思いいたらなかったようだった。

数日のち、空海が般若三蔵の許に顔を出すと、惟上法師が来ていて、顔を紅潮させながら、次のように語り出した。

「わたしは海公の詩を恵果和上にお見せしたのですが、たまたまそこに居合わせておられたのが、前泉州別駕の馬摠《ばそう》さまでした。この方は天下に轟く大才でありますが、海公の詩を見られて、その能筆のみならず、詩そのものについては目を丸くして驚かれ、その場でこのような詩を作られ、わたしに託されたのです」と。こう言って法師は馬摠の詩が書かれた紙を空海に差し出した。その詩は次のようなものであった。

何乃万里来
可非衒其才
増学助玄機
土人如子稀

何ぞ乃《すなわ》ち万里より来たる
其《そ》の才を衒《てら》うに非《あら》ざる可《べ》し
増《ます》学《ます》んで玄機《げんき》を助けよ
土人、子《きみ》が如きは稀《まれ》なり

ここに「玄機」は仏教のことであり、「土人」は唐人のことである。この詩も第一句の「何」の字から「可」を取り、第二句の冒頭に使い、第三句の「増」の字から「土」を取って第四句の頭に置くという技巧を凝らしている。これを空海はすぐ見抜いていた。惟上法師は、さらに次のように語った。

「恵果和上は、これは大変な才能の持主じゃのうとおっしゃられ、わたしが密蔵にも深く親しんでおられるようです、と申し上げると、頷かれながら、海公の詩と馬摠さまの詩とを見較べられ、双方の最後の句はよく響きあっているのう、とおっしゃられて、わたしの方をじっと見つめて笑われました。そして、この空海という人物は、わしの『光《あかり》』となるやも知れぬと大変な喜びようでありました」と。

梵語の学習は、日本でもある程度は身に着けていたから、急速な進歩を遂げ、般若三蔵は舌を捲いた。そして自ら翻訳した『守護国界主陀羅尼経』十巻と『造塔延命功徳経』一巻をも空海に託した。

また、空海は、夜になると、円照律師が著わした『貞元新定釈教録』を繙《ひもと》いて、特に密蔵の法灯継承について研究した。それによると、第一祖は法身の大毘盧遮那如来《だいびるしゃなにょらい》（大日如来）で、第二祖の金剛薩埵《さった》が法灯を継承、第三祖龍猛《りゅうみょう》菩薩（龍樹）、第四祖龍智菩薩と続き、第五祖金剛智三蔵に至って法灯は唐の国へもたらされた。しかも第四祖の弟子で金剛智三蔵と同門の善無畏三蔵も入唐されて布教と訳経に励まれ、善無畏三蔵の弟子の一行禅師は、以前、金剛智三蔵の弟子でもあったことが知られた。こうして第六祖不空三蔵へと連綿と法灯が継承されてきた。青龍寺の恵果阿闍梨は不空三蔵の直弟子ですなわち第七祖ということになる。

異教を知る

ある日、空海が醴泉寺に赴くと、般若三蔵の庵に、彼の親友である牟尼室利《むにしり》三蔵や南天竺出身の波羅門《ばらもん》たちが集まっていた。空海は親しく紹介されたのであるが、密蔵の話題が出ると、かの第四祖龍智菩薩は大変な長命で、現在でも南天竺に健在で、秘密の法を伝授していると教えてくれた。それだけではない、天竺（インド）における波羅門《バラモン》の教えなど、仏教とは異なるさまざまな教えについても語って聞かせてくれた。

波羅門は、天竺における四つの姓（カースト）の中で最高位の僧族であり、吠陀《ベーダ》という宝典に基いて、祭祀や教法を掌り、行政の顧問となって王族を助け、他の三姓の民衆から絶大な尊敬を受けているという。特に吠陀の思想によれば、造一切主は言語の主であり、その力そのものと考えられ、梵天（ブラフマン）は風であり、息であって、音であり、命であり、言葉は全宇宙を創造しかつ破壊する強力な呪力をもつ。この呪力をもつ言葉こそ真言（マントラ）であり、顕幽両界のあらゆる存在を支配してそれに命と力を与えるというのであった。空海にとっては実に興味深い話であった。

すると、般若三蔵は次のように空海に諭した。

「海公が学ばれている梵字は、梵天が創《つく》られたものだ。梵字は常住不壊である。梵字の音律は長短を基礎とするが、唐語に長短の区別はない。だから、およそ、真言や陀羅尼を唐語に訳すことができない。讃などもそうだ。仏菩薩の名号も本来的には梵音のまま唱えるべきなのだ」と。空海は三蔵の言葉を肝に銘じた。

そのほか、無道徳論や因果否定論、唯物論など、いわゆる仏教の立場から言えば六師外道《げどう》と呼ばれるさまざまな哲学思想についても話題にのぼった。どれもこれも空海にとっては、実に新鮮な考え方であった。

そのうち、般若三蔵は、過去を振り返り、入唐した頃のことを話し始めた。『六波羅蜜多経』は、当時、胡本（ソグド語本）しか手に入らず、仕方なく、この寺の西北隣りの義寧坊に大秦寺《だいしんじ》という寺があるが、それは景教（キリスト教ネストリウス派）の寺であって、そこの僧で粟戈《ソグド》出身の景浄《けいじょう》という人物の助けを借りて翻訳したのだが、あまり出来はよくなかった。そこで、一度、故郷に戻って新たに梵本を持ち帰り、改めて訳し直したのが、先に空海に托した『大乗理趣六波羅蜜多経』であると語った。

「景教とはどのような教えなのですか」と空海が訊ねると、三蔵は、「あまりよく知らんが、遥か西の果てにある大国大秦（ビザンティン帝国）で行われている教えだそうだ。たしか景浄は、徳宗の建中二年（七八一）、わしが長安に入る一年前に大秦寺に『大秦景教流行中国碑』を建て、その碑文を書いた人物だ。伊斯《いし》という篤志家の布施で建てられた。景浄は、まだ大秦寺に健在ではないかな」と語った。

景浄が粟戈《ソグド》人であるということから、空海は唐招提寺の如宝大徳のことを想い出した。如宝大徳も粟戈人の血を引いていたのだ。それに、景教という異国の教えにも興味があったから、その日の午後、醴泉寺を辞して義寧坊の大秦寺へ向かった。般若三蔵が、「わしの紹介であると申せばよかろう」と言いながら、見送ってくれた。

大秦寺——景浄

大秦寺は、屋根の上に十字形の飾りを戴いた一風変わった造りの建物であった。正面の二つの格子窓には珍しい色どりの玻璃《はり》がはめこまれ、柱にはさまざまな異国風の像や動物の装飾が施され、入口には巨大な観音扉が閉じていた。その左脇に例の石碑が建っていた。それには簡単な教義と、唐代における景教の歴史が彫られていた。

中に入ろうとして扉を引いてみたが開かない。押してみると扉は内側に開いた。ムッと甘い香の匂いが鼻を衝く。内部の空間は、天井が高く、無数の長椅子が二列に並び、その間の通路の奥に祭壇がしつらえてある。何本もの蠟燭の灯火《ともしび》が辺りを照らしている。祭壇の奥には大きな十字形の柱が立っていて、異国人が裸体のまま磔《はりつけ》の刑になった形で灯火にゆらめいている。

中央の通路をなかほどまで進み、祭壇に向かって合掌し終えたとき、祭壇の左脇に立っている人物に気付いた。黒い僧衣をまとった白髪白髯の老僧で、両手は書物をかかえ、胸に十字の首飾りが光っている。彫りの深い顔立ちであるが、柔和な表情を湛えている。どこか如宝大徳に似たところがある。

「どなたですかな」と問うてきた。空海は、東海の日本国から来た留学《るがく》僧であると名乗り、般若三蔵の名を口に出して、景教の教えに興味がある旨を伝えた。老僧は、おーっと頷き、「わたしは、かつて仏教経典の翻訳の手伝いをした景浄というものです」と答えて、空海を左手奥の別室に導き入れた。

重厚な書物群を並べた書架をのぞけば、机と椅子、それに机の上の灯火だけという、実に簡素な部屋であった。景浄は、空海に椅子を勧め、手にした書物を机に置きながら、自らもゆったりと椅子に腰をおろした。

空海がかつて如宝大徳から聞いた、景浄の父祖の地でもあるソグディアナのことを口にすると、景浄は、遥か遠くを懐かしむ思いを碧眼に湛えながら、その地は……と語り出した。その地はヤクサルテス川（シル・ダリア）とオクソス川（アム・ダリア）にはさまれたオアシスの地であり、砂漠とパミール高原を越えて、何ヵ月もかけて辿り着く地であった。サマルカンドやブハラといった都市が栄え、そこを拠点として、ソグド人は、西の果ての大秦国からこの長安までを往来する商人として交易に従事してきた。ソグド人は、子供が生れると、必ず口に蜜の固まりを含ませ、掌には膠《にかわ》を握らせる習慣がある。男の子は五歳になると商売を学ぶ。また、男女の胡騰舞《ことうぶ》という激しく回転するソグド人特有の舞踏についても語った。これは長安の東西市でも見ることができるとも。さらに、ソグディアナでは、景教だけでなく、拝火教（ゾロアスター教）や仏教、摩尼《マニ》教、拝天神教（イスラム）などが混在しているという。ソグディアナの地は、かつてはアケメネス朝ペルシア（前五五三〜前三三〇）の一州であったが、前三三〇年、アレクサンドロス大王に滅ぼされ、領有された。その後、バクトリア王国や大月氏などの領有を経て、ササン朝ペルシア（二二三〜六五二）の支配と続き、今では大食《タージーク》（イスラム）の支配下にある……などといった意味のことを語った上で、ソグド人は、いつも外部の勢力に支配されてきたが、豊かな土地と都市の文化、商業的才能によって生き延びてきたのだと言う。

ひとしきり、ソグディアナの地について語って沈黙が訪れると、空海は改めて景教の教主は誰かと訊ねた。すると、景浄は、イエスのことを語り始めた。イエスは、北パレスチナのナザレに、大工のヨセフとその妻マリアとの子として生まれた。後に洗礼者ヨハネから洗礼を受け、神の完全な自己啓示であるメシアとなる。すなわち、人類の罪を贖《あがな》うために、神が遣わした救世主となられた。イエス・メシアは完全なる神であると同時に完全なる人であるという。空海は、洗礼とは灌頂《かんじょう》のようなものであり、メシアとは応化仏《おうけぶつ》（この世に現われた仏）のような存在かと考えていた。すると、景浄は机の上の書物に手を触れながら、「イエス・メシアの言葉は神の言葉であり、それを記したものがこの経（聖書）なのです」と言った。さらに語を継いで、「この経に導かれ、信仰の道に入れば、神は浄風《じょうふう》（聖霊）を遣わし、人に宿らせ、神意の啓示を与えてくれる」と言った。その上で、「父なる神と、その子のメシアと浄風（聖霊）とは一体なのです」と続ける。

「神はどこにおられるのですか」と空海が訊ねると、「天上にまします。だから私たちは天尊といいます」と答える。そして、景教の「景」という語は「日光」を意味しているが、聖なる神の光を意味し、これを仰ぐ私たちは景衆（教徒）と称するとも。空海は、この神は光の神であるから、遍照尊と言ってもよいのではないかとも考えた。さらに景浄は、この景衆たちは、大秦国から発して東方への伝道を進め、波斯《ペルシア》人の阿羅本《アルホーン》が唐太宗の貞観九年（六三五）にこの地に入り、三年後に皇帝の許可を得て、義寧坊に教会を建てた。この教会は、この地では波斯胡寺《はしこじ》と呼ばれた。玄宗皇帝の天宝四年（七四五）に大秦寺と名を変え、徳宗の建中二年（七八一）に「大秦景教流行」の碑を建てたのである……とも。

空海が「あの祭壇の十字形の柱に磔になっている人がイエス・メシアなのですか」と訊ねると、景浄は頷き、イエスがユダヤの人々から迫害を受け、ゴルゴタの丘で十字架にかけられて刑死し、死後三日目に復活したことを語り、「メシアが十字架にかけられたのは、人類の罪を背負われて贖うためであったのです」と強調し、さらに「死活（復活）はメシアが神であることを示されたのです。それに、聖書には、イエス・メシアが示された数々の奇跡について書かれているのです」とつけ加えた。

「人には神性はないのですか」と訊ねると、彼は、「人は罪深いものです。イエス・メシアを除いて神性はないのです」と言い切ったが、「しかし罪を懺悔して信仰の道を歩めば、神は浄風（聖霊）を遣わして啓示を与えてくれるのです。罪深い人々に満ちたこの世はやがて終末を迎えるでしょう。神の国が来臨して、信仰深き者たちだけがその神の国の門をくぐることができるのです」と語った。

最後に、空海は訊ねた、「神の存在をどのようにして知るのですか」と。景浄は空海の眼を覗き込むようにして、「神の存在は啓示によって示されるのです」と答えた。

大秦寺から西明寺への帰途、空海は、メシアの神性《しんせい》と仏《ほとけ》および人の仏性《ぶっしょう》との差異や啓示ということについて考えていた。また浄風とは菩薩の教化のようなものか、とも考えていた。それにしても、景浄が言った「人は罪深いものです」という言葉は実に印象的であった。さらに景浄の口から出た拝火教という異教も妙に印象に残った。それは、吉野の山上ヶ岳で護摩木を焚いた経験があったからだ。

祆祠——拝火教

長安には、祆祠が何ヵ所もあった。醴泉坊の東隣りの布政坊西南隅にある祆祠には薩宝府が置かれている。薩宝府は、在留する西域の胡人を管理する役所である。有力な胡祝《こしゅく》(西域系の聖職者)が薩宝府の官に任命されていた。空海はそこに赴いた。祆祠の中は、異国風の文様(モザイク、スタッコ)で飾られた壁面で囲まれ、祭壇には火が赤々と燃え盛っていた。居合わせた長老に挨拶をして、拝火教がどのような教えなのかを問うた。長老は、燃え盛る火に祈りを捧げ、次のような意味のことを語ってくれた。

拝火教の教祖はゾロアスターという人物で、カスピ海西南のウルミエという村で生まれた。三十歳のとき、善神アフラ・マズダの天啓を受け、その教えを各地に広げた。その福音を記した聖典がゼンド・アヴェスタである。それによると、アフラとは神、マズダとは智慧(光)の意味で、アフラ・マズダの現身《うつしみ》が日輪である。日輪は世界の万物を照臨し、その化育《かいく》の恩徳は広大無辺であるから、その恩徳を敬謝するのが教義の主旨である。日輪は天火であり、その天火を移して地火として、火を焚き、これを拝するのである。アケメネス朝ペルシアでは、拝火教が敬われ、王は、アフラ・マズダから王権の象徴である「フバレナの環」を授けられるとされ、王家の徴号は、重弁の菊の花に似た形をしている。中心は日輪を模したもので、外部の重弁は日輪の光輝を表していた。王家の宮殿は、ペルセポリスにあり遍照台（タクテ・ゼムシード）と言われた。

ゾロアスター自身の教えでは、アフラ・マズダは創造神であり、最高神であった。ササン朝ペルシアのワラフラン二世の時代、拝火教の祭司カルティィールは、当時、国内にあった摩尼教、ユダヤ教、キリスト教、仏教など、すべての異教を禁止、各地に拝火教神殿を組織して、拝火教を国教とした。

ところが、大秦国（ビザンティン帝国）との戦争という背景もあって、教義的には、アフラ・マズダは善と光明の神とされ、悪と暗黒の邪神アフリマンと対立するものとされるようになり、人々は勤倹力行《きんけんりっこう》して善神が悪神に勝利するように努めねばならないとされた。

拝火教がこの地に伝わったのは、六世紀前半であったが、六三六年、ペルシアの領土に大食《タージーク》（イスラム）が侵入、翌年、カーディシーヤの戦いでペルシア軍は敗れ、ヤズダギルド三世はメディアに移って再起をはかったが、六四二年、ニハーワンドの戦いで敗れ、六五一年、メルブで暗殺された。王子のペーローズ（卑路斯）は、この唐に遁れ、唐朝の援助を受けて王朝の回復を図ったが、成功せず、六七二年に没した……と。

空海は、智慧（マズダ）が光明によって示されるのは、仏教の場合も同じだなと思った。大日如来はまさに「偉大なる遍照者」（マハーヴァイロカナ）ではないかと。それに、アフラ・マズダの名を聞いたとき、「アフラ」は阿修羅の「アスラ」と同じ語源ではなかったかと考えた。「アスラ」は、「アス・ラ」とすれば、光明・生命（アス）を与える者となるが、「ア・スラ」とすれば天（スラ）にあらざる者、すなわち魔となるのではないか、と。梵語を学びつつある空海の考えであった。

そのほかに、摩尼教の寺院や、拝天神教（イスラム教）の礼拝堂、さらには道観（道教寺院）などにも赴いて、異教についての知識を貪欲に吸収した。それと同時に、梵語の習得、夜は仏教経典、特に密蔵関係を中心に、書写研究に忙しかった。

20　文人墨客と交わる

唐朝廷における政治改革

貞元二十一年（八〇五）一月二十八日、順宗が即位して永貞元年となった。順宗は風疾（脳溢血）の後遺症で口がきけなかったものの、頭脳はしっかりしていた。側近の王叔文を用いて、父徳宗が遺した晩年の悪政を改革しはじめた。王叔文は、寒門（貧家）の出であったが、囲碁の名人で、順宗が皇太子であったころから碁の相手をして親しく接し、順宗の信頼の篤い人物であった。その上、口のきけない順宗の意を素早く察する能力を具えていた。

この王叔文に同調して、政治改革に意気込んだのが、李景倹《りけいけん》、柳宗元《りゅうそうげん》、劉禹錫《りゅううしゃく》など気鋭の官僚たちであった。彼らがまず実現したのは、当時、酷薄さで民衆の怨みを買っていた京兆府（長安一帯）の尹《いん》（長官）李実を通州長史に左遷したことである。そして王叔文は翰林《かんりん》学士と起床舎人《きしょうしゃじん》となった。前者は詔勅を草する官であり、この時代、宰相を凌ぐほどの権力をもち、後者は順宗の言行を記録する係であった。

次に、宮市《きゅうし》の制の廃止と、鷹匠など禁中の動物の世話をする五坊の者たちの庶民に対する横暴を断罪した。三月には、後宮三百人と教坊女妓（左右教坊で歌舞を教えられる妓女）六百人を解き放った。また、この当時、国都を護衛する左右神策軍の兵権はその長官たる中尉が宦官たちに握られており、その兵権を背景に宦官の横暴が目立っていたから、宦官たちから兵権を天子の手に取り戻さねばならなかった。そこでまず、経済の中枢を握るために王叔文は、度支使《たくしし》（租賦諸税の収支をはかる長官）と諸道塩鉄転運使（塩・鉄の専売を管轄する長官）の副となった。国家の歳入の半分以上は塩と鉄の専売による利益であったからだ。こうして、順宗・王叔文・若き官僚たちの改革は着々と進められていくように見えた。四月には、順宗の長男李淳が皇太子に立てられた。しかし、順宗は病がちであった。

筆工に教えられる

二月の末の午後、空海は境内に向けて扉を開け放ち、梵語の復習をしようと、青瓷《せいじ》の陶硯に向かって墨を磨っていると、行商人らしき人物が入ってきて、「筆はいりませんか」と言う。「筆は寺から支給されるので間に合っている」と答えると、彼はぐっと身を乗り出して経机の上の筆を見ながら喋り出した。

「それは宣城（安徽省）の産の兎毫《とごう》ですな。崇山《すうざん》（河南省）の兎毫も有名です。兎の毛は八、九月（現在の九、十月）ごろに取ったもので作りますが、肥えた老兎のの長い毛は紫毫《しごう》といって賞用されます。ほとんどは兎毫や羊毫を用いますが、南の方では鶏毛や人毛などでも筆を作ります。晋代の書聖王右軍《おうゆうぐん》が蘭亭《らんてい》の序を書いた筆は鼠鬚筆《そしゅひつ》（鼠のひげの筆）だったと言われています。そのほかに鹿や山馬の毛を使いますが、これらは剛毛ですな。また木筆《もくひつ》といって、柳樹で作った先の扁平な筆もあり、どうやら梵字を書かれておられるが、梵字を書くには木筆が最適ですな」と言いながら、肩にかけた袋を開けて、空海の眼前に拡げながら、「鋭さとしなやかさのある字を書くのに適した筆は、兎毫よりこれが良いのです」と、数本の茶色の筆を指し示した。

「これは、何の毛なのかね」と尋ねると、男は、「狸毛です。しかも、真書（会所）用や行書用、草書用、写経用に作り分けられておる」と言う。いろいろと話をしているうちに、この男は、筆工であって、あちこちの寺や役所からの注文に応じて筆を作り、納めているという。いま、空海の目の前にある狸毛の筆も、自分が作ったのだと言って、「大小、長短、強柔、先のそろったものと尖ったもののどれを用いるかは、文字の筆勢に応じて取捨選択しなければならないのです」と言い、「筆の穂は紙を巻いてととのえ、穂に墨を沁ませて固くして蔵《しま》っておく」など、さまざまなことを喋る。さらに、黄臘《こうろう》を引いた紙を碑帖《ひちょう》の上にのせ、その上に紙を貼って、細い線を書く筆で字画の輪郭をとり、その中へ濃墨を填《う》める双鉤填墨《そうこうてんぼく》という模本《もほん》の作り方まで教えてくれた。

空海は、狸毛の筆をそれぞれの用途に応じた一揃え購入した。試みにそれらを使用してみると、兎毫よりは弾力に富み、鹿毫ほど剛《つよ》くなく、しなやかで誠に使い良いのである。狸毛の筆は、日本には無い。「これはいい」と惚れ込んでしまった。筆工は、その後も、時々顔を見せては、筆の作り方について薀蓄《うんちく》を傾けてくれた。

文学論を交す

二月中旬、西明寺の境内は、北廊の奥まで牡丹の花が咲き誇っていた。西明寺の牡丹は、大慈恩寺の牡丹とともに有名であり、長安の人々はみな牡丹に狂うとまで言われ、毎年、この時期は城内の牡丹めぐりでごったがえし、西明寺もその例外ではないのだが、今年は、徳宗の崩御もあり、意外に人出が少ない。境内には絢爛たる紅の花の芳しい香りが漂っている。

昼下がり、空海が牡丹に見とれていると、志明法師と談勝法師が見慣れぬ人物と連れだって、牡丹を愛でながら、やって来た。談勝法師がその人物を紹介した、「海公、こちらは詩人の朱千乗どのです」と。すると志明法師が、「衛尉寺《えいいじ》の丞《じょう》ですよ」と言う。朱千乗は、「初めまして、官位はあるのですが、前試《ぜんし》にすぎません」と、はにかむように挨拶する。

衛尉寺というのは、外朝官庁の九寺の一つで、宮門屯の事務を司る役所のことである。この時代の唐国において、政務官僚として、中書省（詔勅起草）と門下省（詔勅審議）、尚書省（詔勅執行）の三省の長官が宰相である。尚書省の下に、礼部や兵部などの六部がある。そして事務官僚として、御史台《ぎょしだい》（官吏を監査糾弾）、九寺、五監があり、外国の賓客接待に当たる鴻臚寺《こうろじ》や礼楽祭祀儀典などを司る大常寺《たいじょうじ》などは九寺に属し、太学など教育関係を司る国子監《こくしかん》や武器管理整備などを司る軍器監などは五監に含まれる。皇帝の家庭生活に関わる内朝は、秘書省（禁中の図書・写本・校定）と内侍省（皇后・官女の世話で宦官の役職）、殿中省（食事・医薬・衣服・乗物）から成っていた。そして、どこにも所属せず、俸給は与えるが、きまった職もなく、出勤も自由だが、役立つときにその才能を利用するのが翰林学士であって、この時期、王叔文が翰林学士として順宗の下に権力を振るっていたのである。

朱千乗が言った「前試」というのは、見習期間で正式の任官を受けていないことを意味する。

歳は空海とそれほど差はないか。空海が自己紹介すると、朱千乗は、「わたしは青龍寺の俗弟子ですが、惟上法師から貴僧のことを聞き、ぜひお会いしたいと思っておりましたが、本日、牡丹を愛《め》でがてらお伺いし、かねてお見知りおきの、志明、談勝両法師にご案内を願ったのです」と語った。空海は、三人を己れの僧房に導き入れた。朱千乗は、僧房の一角に積み上げられた空海の書写した経典類の紙群を見て、ホーッと嘆息を洩らし、経机の上の書きかけの写経の文字を見ながら、「見事な手跡ですね」としきりに感心する。

空海が、「いや、まだまだです。どこかに良い解書の先生はおりませんか」と尋ねると、朱千乗は、「そういえば、わたしの詩文の仲間に柳宗元《りゅうそうげん》や劉禹錫《りゅううしゃく》などという、今を時めく王叔文の下で働く気鋭の者たちがいますが、特に柳宗元の書はなかなかのもので、二人とも優れた師に書を習ったと申しております。一度彼らを紹介しましょう」と言った。

話は自然に詩文の方へ向かった。空海が、「近代の才子たちは、文選を学ばれるのですか」と聞くと、朱千乗は、「もちろんです。杜甫《とほ》も、熟精せよ文選の理、と申していますからね」と答える。「最近の風潮はいかがなものですか」と尋ねると、朱千乗は、語り出した。

「文章の方では、武后（則天武后）称制の時代に活躍した陳子昂《ちんすごう》が駢文《べんぶん》（六朝の駢儷体）の綺麗《きれい》にあきたらず漢魏の風骨に戻るべし、と叫んだのを受けて、韓愈《かんゆ》、この人物は大変詩文の才のある人ですが、監察史であったとき、天旱人饑《てんかんじんき》を論ずる状を上表して怨みを買い、去年（八〇四）の春に陽山の令に貶《おと》しめられたのですが、この韓愈や柳宗元などが、やはり、漢魏の風骨に帰れと叫び、役人の酷薄さに多くの民衆が怨んでいることを、自由な形で訴えています。

詩は、やはり、何といっても、玄宗時代に一世を風靡した王昌齢《おうしょうれい》や、玄宗から代宗期に活躍した杜甫が詩の規範となっています。これも、宮廷での余りに修辞にかたよった傾向に対して、建安（漢末）の風骨に帰ることを目指していました。二人とも、官としては不遇でしたからね。王昌齢には『詩格』一巻の詩論がありますが、われわれはこの詩論を愛しているのです」と。「その詩論はぜひ読みたいものです」と空海が言うと、朱は、「宜しいでしょう」と請合ってくれた。

ここで一息ついて、朱千乗は、境内の方を眺めながら、話題を変えた。「わたし個人としては……毎年、あの咲き誇る牡丹の紅芳に酔うたびに、劉希夷《りゅうきい》という高宗（唐第三代皇帝）期の詩人の白頭吟《はくとうぎん》を想い出すのです」と言って溜息をつく。「白頭吟というのは、楽府《がふ》（古詩の一体）の題ですね」と空海が受けると、朱は頷きながら、「花は牡丹ではなく、桃李なのですが、白頭（白髪）を悲しんだ翁に代《かわ》るという題の詩で、その中の……

今年《こんねん》花落ちて顔色改《あらた》まり、
明年《みょうねん》花開いて復誰《またたれ》か在る。
已《すで》に見る松柏《しょうはく》の摧《くだ》かれて薪《たきぎ》と為《な》るを。

更に開くも桑田《そうでん》の変じて海と成るを。

という句と」と詠じたとき、空海は、「古い墓もいつかはこわされて消えてしまうのですね」と問いかけた。朱はちょっと驚いて、「そうです、松柏は墓に植える木だからです……」と答えて、さらに「あるいはまた……

年年歳歳《ねんねんさいさい》　花相似《あいに》たり。
歳歳年年《さいさいねんねん》　人《ひと》　同じからず。
言《げん》を寄す　全盛の紅顔子《こうがんし》。
応《まさ》に憐れむべし半死の白頭翁《はくとうおう》。

これらの詩句を劉希夷自身は不吉な句であると思ったらしいのですが、この詩を作った一年後、姦人に殺されたのです。そして、最後は、

但看《ただみ》る　古来歌舞の地、
惟《ただ》　黄昏《こうこん》　鳥雀《ちょうじゃく》の悲しむ有るのみ。

と詠じて終るのです」と。空海、「昔、若い人たちが歌い舞ったその場所に、今はただ、悲しく歌う鳥雀の声があるだけ……か」と呟くと、志明法師が、「無常というものだな……」とだけ言った。

解書先生に会う

数日後の午後、空海は朱千乗に伴われて、親仁坊にある柳宗元《りゅうそうげん》の宅を訪れた。劉禹錫《りゅううしゃく》も来あわせていた。柳は礼部員外郎、劉は度支《たくし》員外郎の地位にあって、国政の改革に紛身している最中であったから、ひとしきり政治の改革について論じ、やがて詩についても、漢代の楽府《がふ》は生人《せいじん》（民衆）のなまの訴えであり、われわれは酷吏に虐げられる生人の現実の生活を自由な形式で率直に歌わねばならないのだと義憤の思いを語った。

そして、そうした現代の詩人として、韓愈《かんゆ》、張籍《ちょうせき》、孟郊《もうこう》、白居易《はくきょい》（白楽天）、元稹《げんしん》らの名を挙げ、白居易については、「今年になって、校書郎を辞して、渭水《いすい》のほとりに居を卜《ぼく》し、制挙《せいきょ》（天子が行う特別な試験）に応ずる準備をしており、残念ながら、今日は顔を出せなかった」と語った。

柳も劉も忙しそうに見えたので、談話を早めに切り上げ、別れ際に、二人の書の師について訊ねると、同じ坊内に住む皇甫閲《こうほえつ》という人物を教えてくれ、紹介状を書いてくれた。その柳宗元の書は見事な章草（八分《はっぷん》風の草書）であった。

翌日、空海は、柳宗元の紹介状を懐にして、皇甫閲の宅を訪れた。かなりの年だったが、眼光鋭く、頭脳は明晰なようであった。「わしは徐少師《じょしょうし》（徐浩《じょこう》）の弟子である」と語り、徐浩がかの伝説的な張旭《ちょうぎょく》の弟子であること、さらに、書法の系譜は、かの王右軍（王羲之）の子孫である智永や虞世南《ぐせいなん》、欧陽詢《おうようじゅん》につながると言った。また張旭の弟子には、徐浩のほかに、顔真卿《がんしんけい》や鄔彤《おとう》がおり、鄔彤の弟子に懐素《かいそ》や柳公権《りゅうこうけん》がいると語る。

書法については、「永」という一字に運筆の法がすべて含まれているとする永字八法についてや、名高い後漢の鍾繇《しょうよう》の書法十二意、あるいは草書に関する折釵股《せっさこ》の法（かんざしの枝を曲げたような筆法で草書の丸みがあって力がこもった書き方）について、詳しく教えてくれたが、これは張旭より徐浩を経て伝わった書法だと言う。しかし、皇甫閲が、特に、強調したのは、徐浩から伝えられた蔵《ぞう》鋒《ほう》の法だった。筆を入れるとき、鋒先を外に出すのを露鋒《ろほう》というが、その鋒先を包みこむように筆を入れる用筆法であって、沈着にして筆力は紙背に透ると言う。空海は、今まで、どちらかと言えば露鋒で書いてきたわけだから、この蔵鋒の法は、まったく新しい用筆法であり開眼する思いであった。

さらに、皇甫閲は、「書を鑑《かん》するものは臨書をせず、臨書をするものは鑑しない。鑑するものは興が起こるとすぐに書して奇逸の書をのこすが、臨書するものは一日中こつこつと臨書して手本によく似せるのを快しとする」とも言った。

そのほかに、皇甫閲は、さまざまな書家たちの逸話についても語ってくれた。たとえば、顔真卿が書法について考えあぐねていたとき、窓の外に雨滴が玉をなして落ちるのを見て「点画の妙ここにあり」と悟った話や、懐素が壁の亀裂の線を見て自然な線の在り方を悟った話などである。そして、高宗の時代から武后期にかけて活躍した孫過庭《そんかてい》の『書譜《しょふ》』の精巧な模本を示し、「これは、神品じゃ、二王（王羲之・王献之）の法をよく伝え、書論としても優れている。差し上げるから、よくよく精読され、臨模されるがよかろう」と励ましてくれた。そのうえで、古代文字や、いわゆる雑体書などを集めた書巻も、これは正統な書体類ではないが、と言いながら手渡してくれたが、特に、後漢の蔡邕《さいよう》が、人が箒《ほうき》で字を書いているのを見て創始したと伝えられる飛白体《ひはくたい》という書体についても語り、「昇仙太子之碑」の拓本を見せて、「これは武后が書したものと伝えられる」と言って、その六字二行三文字の珍しい書体を示した。その本文は草書で、これも武后の手になるものらしいが、それらの文字の中には、則天文字と称する武后が制定して流行した文字が点在した。この碑は河南省偃師《えんし》県緱山《こうざん》の仙君廟《びょう》にある、と言いながら、皇甫閲はこれも空海に与えてくれた。

空海は、さまざまな教えと贈られたものを深々と感謝しつつ辞したのであった。

21　密蔵伝法阿闍梨位遍照金剛へ

恵果大阿闍梨

三月の末までに、空海は、主に不空三蔵の訳を中心に、『金剛頂瑜伽《こんごうちょうゆが》真実大教王経』三巻など一千三百余紙の書写を終えていた。すべて西明寺菩提院東閣に収蔵されていた経典類の書写であった。さらに、梵字の真言や讃などもできる限りは書写し、論書や旧訳の経典類は、写経生を雇ってどれを書写するか指示して書写させた。特に、最近の訳で、日本に伝えられていないものや、旧訳であって、名称だけは知られているが、実際には日本に存在しないものを指示したのであった。

空海には、ある種の予感があった。つまり、二十年間の入唐留学であるのだが、意外に早く日本に帰ることができるのではないかという予感であった。その予感が、経典類の書写に没頭させたのである。とはいえ、密蔵関係の経典を書写するときは、筆の動きを正確に、しかも手早く書していくと同時に、頭の中は、その理解と記憶化のために白熱沸騰した。醴泉寺の般若三蔵は密蔵についても造詣が深かったので、梵語の習得とともに、密蔵経典の難解な部分に関する示唆も与えてくれたから、思いもかけぬ驚愕的な発見と理解の達成感に幾度歓喜したことだろう。

あざやかな青葉が長安城を包み、初夏のさわやかな風が吹きぬける四月のある日、空海の耳に、順宗の皇弟や皇子たちが諸王に立てられ、長男の李淳が皇太子になったという噂が入ってきた。しかし、空海は、経典の書写研究と合間の禅定とその工夫に集中し、時折、志明法師たち五、六人との仏典の論議に過ごした。

五月の中旬、醴泉寺の般若三蔵は、空海の梵語習得が、密蔵に必要な程度の水準に達したことを告げ、青龍寺の恵果和尚の許へ行くようにと励ましてくれた。その日の夜、空海は、『梵字悉《しっ》曇《たん》章』一巻を清書した。梵字の字母表（アルファベット）を「シッタン」といい、漢字で「悉曇」を宛てたのである。そして、次の日から、書写をピタリと止め、今まで書写してきた経典類を読み直し、全体の構成と細部との関係や、そこに書かれていることを体得することに集中して幾日か過ごした。その間、あの室戸崎の岩屋で体験した虚空蔵菩薩との一体化の成就の経験が、すべてを吸収しつくして止まない資質となって働き続けたのであった。

五月末日、空海は新昌坊の青龍寺に向かった。志明法師や談勝法師ら五、六人の親しい僧たちを伴っていた。彼らは、等しくみなが認めるこの一大天才と思える人物と恵果和尚との出会いの場に立ち合ってみたかったのだ。一応、道案内という名目ではあったが。彼らは、この三ヵ月半の間に、この人物にすっかり魅了されていたのであった。

青龍寺は、隋朝が大興城（長安）を造営したころ、この辺りは墓地であったのだが、隋の文帝が墓地を郊外へ移し、長い間、霊が眠っていた土地であったというので、開皇二年（五八二）仏寺を建て霊感寺と称した。唐の武徳四年（六二一）にいったん廃寺となったが、高宗のとき、内親王城陽公主が重病にかかり、蘇州の僧法朗《ほうろう》が『観音経』を誦したところ全快したため、龍朔二年（六六二）、法朗が再興し観音寺と称した。のち睿宗の景雲二年（七一一）、青龍寺と改称されて今日に至ったのである。

戯場などで賑やかな長い坂を登りつめ、青龍寺の門をくぐり、境内に足を踏み入れると、思いのほか静寂に包まれ、仏殿や塔が立ち並んでいた。東塔院の門前に立って案内を乞うと、姿を現わしたのは、惟上《いしょう》法師であった。彼は満面笑みを浮かべながら、「おお、お待ち申していました」と空海たちを招き入れたのであった。恵果和尚の庵室に案内しながら、惟上は、「和上も待ちわびておられるようでしたよ」と言う。

恵果大阿闍梨は、榻子《とうし》（腰掛台）に坐具を敷いて、端然と坐しておられた。

阿闍梨は、俗生馬氏、玄宗の天宝四年（七四五）、長安の東郊外の昭応でお生まれになった。七、八歳のとき大広智不空三蔵の弟子となられた。十五歳のとき宮廷に招かれ、代宗皇帝の疑問に答えるため、法力を用いて童子に大自在天をのりうつらせ、皇帝の疑問に答えさせたという。二十歳で具足戒を受けられ、のち経・律・論の三蔵に広く精通され、金胎両部の伝法灌頂に入って阿闍梨位を許され、諸真言、印契《いんげい》などことごとく不空三蔵から伝授された。

不空三蔵の弟子は数万人と言われたが、金胎両部の阿闍梨位を得たのは恵果阿闍梨のみであった。ゆえに代宗、徳宗、順宗の三代の皇帝は、結縁《けちえん》灌頂の壇に入られ、国師と仰がれたのである。何度となく国家のために祈雨、止雨、祈雪、除災招福の修法を行い、数知れぬ在俗の信者を救済され、多くの弟子を育ててこられた。

なかでも、訶陵《かりょう》（ジャワ）の弁弘、新羅の恵日には胎蔵部の阿闍梨位を、剣南道の惟上、河北道の義円には金剛界の阿闍梨位を授けられ、宮廷に出仕する義明供奉《ぎみょうぐぶ》にのみ金胎両部の阿闍梨位を授けてこられた。

恵果阿闍梨は、義明供奉に法灯を継がせようと考えておられたが、天下の形勢は、次第に傾きつつあると見え、密蔵の流布にも翳《かげ》りが見えてきている、その上、義明は病がちである。もし東海の国から来た空海なる人物が噂どおりの器量ならば、新天地に密蔵を流伝することも可能なのだが……と考えておられた。

今まさに五体投地を終えて、静かに居住まいを正し、顔をあげた空海の眼は、海のような深さを湛え、その全身から何者をも吸い込むかのような、しかも何者にもなりかわりうるような、柔らかな雰囲気が醸し出されていた。阿闍梨は、菩提心とは因なり、因とはこのようなものじゃな、と心の中で呟き、これは大変な密蔵の器《うつわ》であると直感した。かつて師であった不空三蔵が初対面のとき、「この児、密蔵の器あり」と称嘆されたことを想い出していた。しかもこの空海という人物は、相当な修行を積んできていることも感じ取ることができた。

恵果大阿闍梨は、笑みを含んで口を開いた。「わたしは以前からそなたが来ることを知って、長い間待っていた。今日、相見《あいまみ》えることができたのは、大いに好《よろ》しい。大いに好しい。わが寿命も尽きようとしているのに、法を授けて伝える人がまだいなかったのだ。ただちに香花《こうげ》を仕度して灌頂壇に入るようにしなさい」と。

その場に居合わせた人々はアッと驚いた。初対面であるのに、和上は灌頂壇に入れという。「法を授けて伝える人」となれば伝法灌頂ではないかと。しかし人々は思い直した。和上の言われる灌頂とは、学法灌頂のことであろうと。それならば、目隠しして曼荼羅に投花して、その花が落ちた尊像と縁を結び、その仏ないし菩薩を対象として修行に入ることだ。いわば弟子入りのための灌頂なのだ、驚くことはない、と、自らを安心させたのであった。

しかし、恵果阿闍梨は、まさに伝法灌頂を行うことを決意していたのであった。というのは、醴泉寺の般若三蔵から絶えず音信が届き、空海の修学の様子が知らされており、その驚くべき教学の広さと修行の深さを知らされていたのである。梵語の習得も進み、密蔵経典の理解と体得はほぼ完璧に近く、密蔵の真髄を完全に把握しているとのことであったのだ。東海の国にあったときから、密蔵の修行に励んでいたらしいことも知らせてきていた。この空海という僧は、凡百の僧を遥かに超えた地点に立っていることが充分にわかっていたのである。今日、接見してみて、般若三蔵の報告が偽りではないことがはっきりしたのであった。急がねばならない、自分もそう長くはない、と。阿闍梨は奮い立つ思いであった。

空海は、いったん、西明寺の本院に戻った。灌頂壇に入るための準備のためであった。帰り際、志明法師は言う、「今日の恵果和尚と海公の接見の場は、不思議な空間であったな」と。談勝法師は、「海公はほとんどなにも言葉を発せず、恵果和尚は永年教えてきた弟子に対するような眼差しをなさっておられた」と言い、他の人々も、「不思議じゃ、不思議じゃ」としきりに感嘆していた。志明法師は、「法を授けて伝える人がまだいなかった……と言われたのう」とも言う。「とすれば、和尚は海公に……」と談勝法師はしきりに首をひねっていた。

胎蔵法灌頂と修学

永貞元年（八〇五）六月十三日、空海は、青龍寺東塔院灌頂道場において、胎蔵法の学法灌頂を受けることになった。それに先立って、まず三昧耶戒《さんまやかい》壇上に入り、密蔵の戒である三昧耶戒を授けられた。すなわち、仏法僧の三宝に対する不退転の信心を発すること、次に一切の衆生を救わんとする大悲の心を発すること、そして、究極の真理を求める般若（智慧）の心を発すること、次に、さとりそのものを求める菩提心を発し、さらに、そのさとりを身体化しようとする心を発すべしと教えられたのである。この最後の戒を授けられたとき、空海は、この三昧耶戒は、金剛界の法も己れに授けられるべき戒でもあることを悟った。

この日、灌頂道場に入ると、空海は、恵果阿闍梨に従い、大悲胎蔵生《だいひたいぞうしょう》曼荼羅の諸尊に、花、香、食、燈明、幡。浄水瓶などを次々に捧げて供養した。その後、阿闍梨は、空海の頭頂に浄水をそそぎ、塗香《ずこう》と華《はな》を授与し、曼荼羅に向かって諸尊がそれぞれの法界《ほっかい》を生じるようにと促し、印を結び、さらに諸尊が法輪を転ずることを促す印を結び、金剛杵を持つ者たちの加護を願った。別室では、あらゆる諸悪の侵入から守護するために、息災の護摩が焚かれ、衆僧が梵唄《ぼんばい》を唱和していた。

空海は、曼荼羅に向かい、五体投地して金剛合掌を結び、真言を唱え、普賢金剛薩埵《ふげんこんごうさった》に礼拝、次に膝まずき弥勒菩薩に礼拝、さらに文殊菩薩、除蓋障《じょがいしょう》菩薩にそれぞれ礼拝し、加護と灌頂と鼓舞激励として導きを乞い願った。

やがて、恵果阿闍梨は、空海の顔を覆面で覆い、空海は三昧耶戒の戒文を三度誦す。すると師は、空海の頭頂に梵字の囉《ら》字を描き、大空点を打つ。空海は目が見えぬまま、手にしていた華《はな》を曼荼羅に向かって投げた。その一瞬、耳にしたのは、師の阿闍梨が放つ感嘆の声だった。

「不可思議、不可思議なり」と、再三讃嘆された。

覆面が取られ、曼荼羅入口の二龍王が守衛する門の中間に立たされ、曼荼羅上を観ると、空海が投げた華は、曼荼羅の中央、中台八葉院《ちゅうだいはちよういん》の中心、大日如来の上に落ちていた。投華得仏、この大悲胎蔵生大日如来こそ、空海が縁を結ぶべき御本尊であったのだ。

師は空海を促し、曼荼羅の諸尊を隅々まで観るがよいと言われる。空海は、まず、己れの御本尊たる大日如来を観じ、如来の真言を唱えながら、如来の印契《いんげい》を結び、如来そのものとなりきる……次の瞬間、中台八葉院東方の宝幡《ほうとう》如来に流出《るしゅつ》、印を結んでその真言を唱え、宝幡如来と一体化し、次の瞬間には南方の開敷華王《かいふけおう》如来と化し……と、次々に曼荼羅の諸尊と一体化しつづけ、すべての諸尊と化して、最後に中央、大日如来となって曼荼羅そのものとなり、曼荼羅を空《くう》と化し……その静寂にして白熱的一体化の場に恵果阿闍梨はただ惘然《ぼうぜん》とし、空海は曼荼羅の諸尊が帝釈天《たいしゃくてん》（インドラ神）の珠網《しゅもう》のようにわが身と化す瞬間を体験しつつあった。

最後に恵果阿闍梨は、五智を象徴する浄水を空海の頭頂にそそぎ、あらためて、空海の御本尊たる大日如来の真言と印契を授け、本尊の身密・口密・意密と、空海の身・口・意を一体化させる三密加持の法を伝授し、灌頂の儀を終えた。

次の日から空海は、西明寺から青龍寺へのおよそ二里弱の道のりを、毎日通って胎蔵の法を、恵果阿闍梨直々《じきじき》に学ぶことになった。西明寺から通うことについては、師が大勢の弟子たちの眼や思いもあるかと気遣って、そのように命じたのであった。

『大日経』すなわち『大毘盧遮那成仏神変加持因陀羅王経《だいびるしゃなじょうぶつしんぺんかじインドラおうきょう》』というお経については、そのほとんど隅々まで、空海は頭に入っていたのであるが、あらためて修行経験の深い師から教授されると、まるで別物であるかのように、新鮮で驚愕的な深い味わいがあり、空海は全身に沁み込ませるように吸収しつくした。あるいは、月輪《がちりん》の中に梵字の「阿《あ》」字を観想する行や、大金剛輪・水輪・火輪・風輪・空輪の五輪をわが身と化す五輪法界塔婆《ごりんほっかいとうば》の観行、さらには護摩法、供養法など、師は全身をもって教授してくれる。大悲胎蔵生曼荼羅については、師は、「諸仏を発生する曼荼羅であるから胎蔵生といい、無辺の衆生界を哀愍《あいびん》するがゆえに、大悲というのじゃ」と言われ、曼荼羅の諸尊について、『大日経』から一々引いて教授する一方で、二百四十五種の真言を集めた『梵字毘盧遮那胎蔵儀軌』二巻や、二百五十八尊の梵名を集めた『梵字胎蔵曼荼羅諸尊梵名』一巻を常に携え、紐解き、丁寧に解説してくれる。師の身・口・意から注ぎこまれるものは、一滴も洩らさず空海の中に移し注がれていった。

金剛界灌頂と修学

こうして、胎蔵学法の日々は、あっという間に過ぎ、七月の初旬に入ったとき、恵果阿闍梨は、「三日後に金剛界学法灌頂を執り行なう、香華を仕度して入壇の準備をするように」と空海に告げられた。空海はその夜から、大弁正広智不空三蔵が訳された『金剛頂瑜伽真実大教王経』三巻の精細な研究に入った。「大弁正広智」とは、不空三蔵が入滅されたとき、代宗皇帝から賜わった諡号である。不空三蔵は、玄宗、粛宗、代宗の三代にわたり灌頂の国師となられた方である。

この『金剛頂経』には、金剛界大曼荼羅の儀軌の細則が記されていた。

いよいよ当日となった。恵果阿闍梨は、灌頂道場の金剛界大曼荼羅に向かって金剛杵をふるわれて仏を招請され、金剛鉤《こう》の印契を結ばれ、何度も指を弾いて音を出し、すべての仏を招集された。この瞬間、すべての仏は金剛薩埵とともに、曼荼羅上のすべての円壇に満ち満ち、集まり会されたことになる。師は、空海を促し、すべての如来に礼拝するようにと言う。空海は、五体投地して金剛合掌した手をさし伸ばし、「オーン、一切の如来に供養し侍座するために、わが身を奉献し奉る。一切の如来よ、金剛薩埵よ、われに加護を垂れたまえ」と唱える。次に膝まずいたまま、上体を立て、金剛合掌を胸にあてて、額を床につけ、真言を唱え、金剛宝菩薩に灌頂を授けたまえと祈る。こうしてさらに、金剛法菩薩に鼓舞激励を願い、金剛業菩薩に導きを願い、かくして四種の礼拝を終えた。

すると、師の阿闍梨は空海の顔を赤い布で覆い、金剛縛の印契を結ばせて、「汝は仏と平等である」と唱え、二本の指で華鬘《けまん》（香花）を空海の頸にかけて入壇させ、次のように言われた、「いま、汝は一切の如来の一族の者の中に入った。余は汝に金剛の智慧を生じせしめよう。汝は一切の如来の得た悉地《しっち》（勝れて絶妙な境地）を得るであろう。汝は大曼荼羅を見ない者にこれを説いてはならぬ。汝の請願のくじけることなかれ」と。そして、金剛縛の印契を空海の面前に結び、次に頭上に置いて「汝がもし誰かに語れば、この三昧耶の金剛杵《こんごうしょ》は汝の頭を打ち砕くであろう」と言い、浄水を汲み「金剛薩埵がいまや汝の心の中に安住された」と唱えながら、その水を空海に含ませた。空海は己れの中に新しい智慧が生じるのを感じながら、「金剛杵よ立ちあがれ、永劫にわが側にあれ、一切の悉地をわれに与えよ、フーン、ハ、ハ、ハ、ハ、ホッホ」と真言を唱え、印契を解き、頸にかかった華鬘をはずし、大曼荼羅の上に投げた「金剛杵よ、受けよ、ホッホ」……その一瞬、空海の耳に、

「不可思議、不可思議なり」と再三讃嘆される師の声が聞こえた。

華鬘は金剛界大曼荼羅の中央、大日如来の上に落ちたのである。投華得仏、金剛界大日如来こそ、空海が縁を結ぶべき御本尊となったのである。

師は空海の覆面を解き、大曼荼羅を順次眺めるようにと促した。

空海は、まず、心の中に月輪《がちりん》を観じ、その月輪の中に五鈷金剛杵《ごここんごうしょ》を観じ、その金剛杵と一体化して「オーン、わたしは一切如来たちそのものである」と真言を唱え、金剛界大日如来となって獅子座に坐す。次に、阿閦《あしゅく》如来、宝生《ほうしょう》如来、阿弥陀如来、不空成就如来と、獅子座の四方四仏と一体化して坐す。さらに四方四仏のそれぞれの仏の四方の、まず金剛薩埵《さった》に向かい「金剛薩埵よ」と唱えて一体化して阿閦如来の前に坐し、金剛王菩薩となってその右方に坐し、金剛愛菩薩となってその左方に坐し、金剛喜菩薩となってその後方に坐す……と、こうして金剛界十六大菩薩となって曼荼羅の中に居を定め、さらに四仏それぞれの三昧から、金剛波羅蜜女《はらみっにょ》菩薩、宝波羅

蜜女菩薩、法波羅蜜女菩薩、羯磨《かつま》波羅蜜女菩薩の四金剛女菩薩を出生し、さらに供養四菩薩等の諸眷族《けんぞく》と化して……金剛界大曼荼羅と化しつづける。恵果阿闍梨は、この空海のすさまじいが静寂な曼荼羅との一体化にただ惘然《ぼうぜん》とし、空海は諸尊が帝釈天《たいしゃくてん》の珠網《しゅもう》のようにわが身と化す瞬間を体験しつつあった。

やがて、師は、金剛によって加護された瓶の香水を空海の頭頂にそそぎながら、「金剛杵よ灌《そそ》げ」と唱える。こうして、あらためて、空海は金剛界大日如来の真言と印契を授けられ、本尊の身密・口密・意密と空海の身・口・意とが一体化する三密加持を伝授され、灌頂の儀は終った。

次の日から連日、金剛界学法の日々が続いた。『金剛頂瑜伽《ゆが》真実大教王経』三巻、『金剛頂瑜伽十八会指帰』一巻、『梵字十六大菩薩真言』一巻、『梵字峯《ぶ》楼閣真言並びに一百八名讃』一巻および『金剛頂毘盧遮那《びるしゃな》一百八尊法身契印』一巻などとともに、師の全身全霊をこめた伝授と、その一切を吸収しつくそうとする空海の受法の日々がつづいた。

このように、空海が金剛界学法に没頭しているころ、唐の宮廷では、順宗の病が重くなり、皇太子の李淳が監国（皇帝代理）となった。その日、恵果阿闍梨は、国師として宮廷に上り、承明殿にある道場において、息災護摩の修法を行った。その日だけは、空海は終日、西明寺の本院に籠り、修学に励んだ。八月四日、順宗は位を皇太子に譲った。憲宗の即位である。憲宗は二十七歳、少壮の気鋭で諸政刷新を志し、まず武元衡を用いて御史中丞とし、陰謀に類する朝政を牛耳っていた王叔文一派を貶《おと》した。王叔文は渝《ゆ》州司戸に流され、やがて死を賜う。九月には、柳宗元が召州刺史に、劉禹錫が連州刺史にそれぞれ流され、その翌年には、柳は永州司馬に、劉は朗州司馬に流され、二人ともその後十年は貶地《へんち》から還されない羽目に陥るのである。

伝法灌頂

八月に入り、青龍寺では、伝法灌頂の準備が、恵果阿闍梨の指揮下に着々と進められていた。空海が伝法灌頂を受けることがはっきりすると、弟子たちの間に大きな動揺が走った。弟子となってわずか数ヵ月にすぎない異国の僧が、伝法灌頂を受けるというのだ。特に長年修行を続けてきた高弟たちの間の動揺は激しかった。

恵果阿闍梨は、一日、衆僧を集めて語った。「空海は偉大なる法器である」と。そして、密蔵の東伝は、代々の祖が抱いていた使命であること、その上、この地には、宮廷に内供奉《ないぐぶ》として仕える義明《ぎみょう》がおり、青龍寺のあるじとなることを暗に示唆して、衆僧の動揺を鎮めたのであった。恵果の弟子にあって、胎蔵・金剛界両部の大法を授けられたのは、義明と空海の二人だけであったのだ。

八月十日、空海は青龍寺東塔院灌頂道場の伝法灌頂壇上にあった。恵果阿闍梨はすでに一切諸仏の勧請・供養をすませ、いよいよ伝法灌頂の時がくる。衆僧の梵唄が止み、静寂があたりに行き渡る。この儀には、大興善寺などの供養大徳なども参列し、般若三蔵や牟尼室利《むにしり》三蔵たちの姿もあり、長安中から境内に集まった善男善女の中に、友人の朱千乗、書の師の皇甫閲《こうほえつ》などもまじっており、かの筆工の姿もあった。また、貶地に流される予感に怯える柳宗元や劉禹錫《りゅううしゃく》の顔も見えていた。

恵果阿闍梨は、如意宝珠の印を空海の頭上に結び、真言を唱え、一切如来の大悲金剛に加護された香水を空海の頭に灌いだ。その一瞬、伝法の祖師たちの血が頭頂から血流となって全身に沁みわたるのを感じた。阿闍梨は三昧耶杵をふるって呪詛の真言を唱えると、威厳に満ちた声で言った。「胎蔵灌頂における法号、大悲遍照から遍照をとり、金剛界灌頂における法号、金剛遍照から金剛をとり、ここに胎蔵・金剛界両大法の大阿闍梨たる遍照金剛という法号を空海に授ける」と。「次に、伝法の印信《いんじん》を遍照金剛に転賜《てんし》する」と言って、印信の一つ一つを空海に向かって告げた。すなわち、

仏舎利八十粒（この中に金色の舎利一粒）
白檀を刻した仏・菩薩。金剛等の像一龕《がん》
白緤《はくせつ》大曼荼羅尊四百四十七尊
白緤金剛界三昧耶曼荼羅尊一百二十尊

五宝三昧耶金剛　一口
金銅鉢子《はっす》一具　二口
牙床子　一口
白螺貝　一口

これらについて、阿闍梨は、低い声で空海に告げた。「これらは、第五祖金剛智阿闍梨が天竺国より持ち来たって、第六祖大広智阿闍梨（不空三蔵）に転付、さらにわれに転与されたものである。これらを遍照金剛阿闍梨に転賜する。伝法の印信、万生の帰依するものである」と。ここに、伝法大阿闍梨遍照金剛空海が誕生したのである。空海は、五体投地ののち、それらを受けると、あらためて、左右にある金剛界大曼荼羅と大悲胎蔵生曼荼羅を観入り、大日如来から金剛薩埵、龍猛菩薩、龍智菩薩、金剛智三蔵、不空三蔵、そして恵果阿闍梨へ連綿と伝えられてきた法燈の重みを感じざるを得なかった。

そしてさらに、恵果阿闍梨は、「わしからそなたへ付するものがある」と言って、五種の品々の名を告げた。すなわち、

健陀穀子袈裟《けんだこくしのけさ》　一領

碧瑠璃《へきるり》供養鋺　二口
琥珀《こはく》供養鋺　一口
白瑠璃供養鋺　一口
紺瑠璃箸　一具

やがて、恵果阿闍梨は灌頂の儀を終える供養をし終えると、空海を伴って灌頂壇から下り、居並ぶ衆僧に向かって次のように告げた。

「遍照金剛大阿闍梨である」と。

オーッと感動の波が広がり、「遍照金剛大阿闍梨」の声が次から次へと伝わり、境内に参集した善男善女の間にも伝わった。衆僧は空海を讃迎する梵唄《ぼんばい》を唱和して称えた。その中にあって、般若三蔵は、涙を流して喜びながら、「南無遍照金剛大阿闍梨」と唱えながら、「このような大法器に逢えたのは生涯の幸せじゃ」と呟いていた。西明寺の志明法師も感涙しながら、「わずか二ヵ月で学法灌頂から伝法灌頂に登りつめるとは、何という大天才か」とただ、ただ舌を捲くだけであった。

かくして衆僧五百人にお斎《とき》（昼食）を設けて供養し、さらに在家の人々にもあまねく供養して伝法灌頂の儀を終えたのであった。その間、恵果阿闍梨は空海に、「新たな両部曼荼羅、新たな法具をそなたのために造らねばならぬ」と言われた。

伝法灌頂を終えたその日の夜、空海は西明寺の本院で経机の前に端座して考えた。恵果阿闍梨の法恩に報いなければならぬと……。それに、わがために、新たに曼荼羅や法具を造るにはいかほどの費用がかかるものかとも……。これまで、灌頂の儀に必要な三衣《さんえ》（僧の衣服）などさまざまに必要なものは、ことごとく準備してくださった。この身一つででかければよかったのだ。あらためて、身の回りを見渡して貧相な有様に驚いた。めぼしいものといっても、粗末な袈裟と雑宝をちりばめた柄香炉《えごうろ》だけではないか。しかし、真心をつくさねば……と、筆を取り上げた。

弟子空海は、稽首和南《けいしゅわなん》す。空海、生縁《しょうえん》（出生の因縁）は海外、時は是《こ》れ仏後《ぶつご》（仏滅後）なり。常に歎《なげ》くらくは、迷霧氛氳《めいむふんうん》として慧日《えにち》（仏の智慧の光）見難きことを。遂にすなわち影《えい》（この身）を蒼嶺《そうれい》に遁《のが》れて飾《かざり》を緇林《しりん》に落す（出家した）。篋《はこ》を鼓《つづみ》うちて津《つ》を問い（師に教えを求め）、屩《わらぐつ》を躡《は》いて筏《いかだ》を尋ぬ（法を求めた）。頗《すこぶ》る旗鼓《きこ》を挙げて是非を諍《あらそ》い（学匠は法の是非を争い）、浮嚢《ふのう》を惜しんで以《もっ》て持犯《じぼん》を護《まも》ること（戒律を守ること）は、往々在ること有り。三密《さんみつ》を一法《いっぽう》に朗《ほが》らかんじ（三密を一心に明らかにし）、十地《じゅうち》（菩薩の全修行）を一生に究《きわ》むるが若《ごと》きに至っては、空しく英響《えいきょう》（名声）を聞いて未だ其の人を観ず。

伏して惟《おもんみ》れば和尚《くわしょう》（恵果）、三明《さんみょう》（仏の三つの智慧）円《まど》かんじて万行《まんぎょう》（全修行）足《た》れり。法船牢《かた》くして人具《とも》に瞻《み》る（密教の法備わり人が仰ぎ見る）。秋月を懐いて巨夜《こや》に懸け（明徳をもって暗夜を照らし）、旭日《きょくじつ》を孕《はら》んで迷衢《めいく》に臨《のぞ》めり（仏智をもって迷いの巷に臨まれた）。謂《い》いつ可《べ》し、三身（法身《ほっしん》・報身《ほうじん》・応身《おうじん》）の一身、千仏の一仏なり。空海、幸《さいわい》に洒掃《さいそう》に厠《まじ》わって（弟子の末尾を汚し）甘露《かんろ》に沐《ぼく》することを得たり。悲喜、分に非《あら》ず、身を粉にしても何ぞ答えん。鴻沢《こうたく》（広大なご恩）に報ぜんと欲するに一の珍器無し。唯《ただ》、麤衲《そのう》（粗末）の袈裟《けさ》、雑宝の手鑪《しゅろ》（柄香炉）のみ有り。伏して願わくば、慈悲、領《れい》（ご嘉納）を垂れたまえ。日本国学法の弟子、苾蒭《ひっしゅ》（比丘）空海稽首《けいしゅ》和南《わなん》。

この書状をわが袈裟と柄香炉とともに、恵果阿闍梨にわが真心のしるしとして差し出し、さらに、さまざまな費用の足しにと、留学費の残りもすべて和尚に差し出す積りであった。

翌日、そのように申し出ると、和尚は、空海の袈裟と柄香炉は、「そなたの真心じゃ」と言われて受け取られたが、留学費の残りについては、「これからもさまざまな内外の経書類を求めるのに必要であろう」と納められなかった。そして、ひとしきり、前日のことについて述べられてから、これからは阿闍梨として多くの弟子を育て、人々に限りなく仏縁を結ばせねばなるまいと言われ、一尊法、すなわち、弟子なり在家の者が投華得仏して縁を結んだご本尊の法の精細を伝授し、かたわら、曼荼羅の図画や法具の作製の指導もせねばならぬ、そなたも図画や作製の現場に立ち合うようにと言われた。

阿闍梨たるもの、一尊法の対象たる仏・菩薩を通じて、多仏・多菩薩へと展開させる修法に通じておらねばならず、護摩法や供養法はもちろんさらに内外の経典はおろか、曼荼羅の図画法、法具の制作法の具体、仏像や寺院の建立法、医薬にまで精通していなければならず、また、衆僧を組織していく方法にも長けていなければならなかった。伝法灌頂の翌日から、空海は阿闍梨としての修行に没入していった。

22 恵果大阿闍梨九泉に卜す

師の遺誨と入滅

翌日、恵果和尚がすでに招請してあった、供奉丹青《ぐぶたんせい》すなわち宮廷絵師の李真と、供奉鋳物《いもの》博士の楊忠信とが東塔院にやってきた。李真は、密蔵画を専門に描く絵師であって、先年、崇義坊招福寺睿宗聖容院の庫院に鬼子母神像を描いたばかりの名人である。このころ、李真をはじめ、李雅、李昌、李生など李一族は仏画師として長安中に腕をふるっていたのだ。李真は十数名の弟子を率いて来た。

恵果和尚は、李真らに大悲胎蔵生大曼荼羅、大悲胎蔵生法曼荼羅、大悲胎蔵生三昧耶曼荼羅および、金剛界九会《きゅうえ》曼荼羅、金剛界八十一尊大曼荼羅に加えて、金剛智三蔵、善無畏三蔵、不空三蔵、一行《いちぎょう》禅師、さらには己れ自身の影《えい》（肖像画）を描くように命じた。楊忠信には、五鈷金剛《ごここんごう》杵《しょ》など十八種の法具を造るように命じた。それぞれ具体的な形や大きさなどを細かく指示した。

大曼荼羅は、各院の月輪《がちりん》の中に仏や菩薩などの姿を、法曼荼羅の場合は月輪の中に、仏・菩薩の種子《しゅじ》である梵字を、三昧耶曼荼羅の場合は月輪の中にそれぞれの仏・菩薩の三昧耶形《さんまやぎょう》（諸尊の所有物でその本誓を象徴）を描くのだ。和尚は、細かい指示を与えながら、空海に言った、「真言秘蔵は経や疏《しょ》（経論の註釈書）には隠密で（かくれていて）、図画をかりなければ相《あい》伝えることができないのだ」と。

李真たちは曼荼羅の最も外側の矩形の縦と横の比率を定めると、あとは規矩《きく》（コンパスと物差し）を用いるだけで月輪の位置と大きさを次々に描いていく。李真は、「この外枠の縦と横の比率が狂うと、中の月輪が定まらないのです」と教えてくれる。

そのほかに和尚は、二十人あまりの写経生を動員して、『金剛頂経』など最上の密蔵経論類を書写させ、また、空海に委ねる尊像などの指示もした。

合間をみて、和尚は、空海を促し、己れの庵室に導き、静かに対坐して次のように語りはじめた。

「もし本当に自心を知ることができれば、それこそ仏心を知ることである。仏心を如実に知ることができれば、衆生の本心を知ることになる。自心、仏心、衆生心の三心が平等一味なることを知れば、大覚と名づけることができる。この偉大な覚りを得ようと思うならば、まさに、諸仏自証の教えを学ぶべきである。自証の教えとは、いわゆる金剛頂十万頌の偈《じゅげ》および大毘盧遮那十万頌の偈の経典がそれである。この両部の大経は、大日如来が自らの眷属とともに法身《ほっしん》仏の宮殿たる法界《ほっかい》秘密心殿の中にあって常に説きたもう自受法楽の教えである。

ゆえに、『金剛頂経』には、『自受法楽なるがために、この理趣《ことわり》を説きたもうのであり、報応身仏の所説とは異なる』とあり、また龍猛《りゅうみょう》菩薩は『大日如来自証の境地は顕教のなかには記されていない』と言われる。真理はただこれら密蔵の経論のなかにのみ説かれており、密蔵以外の顕教の経論には一切説かれていないことになる。法身大日如来以来、不空三蔵に至るまで師々相伝して六代である。仏性の深妙《じんみょう》の奥義はただこの密蔵のなかにのみあり、この法こそ菩提を証する最高の妙法である。だから、そなたはまさに受学して自ら覚ったのであり、他人をも覚らしむべきである」と改めて述べられ、語を継ぎ、「そして今やそなたは伝法阿闍梨となった。まさに他人を覚らしむべきである」と再度強調された。

さらに続けて、第三祖龍猛菩薩について、次のように説かれた。

「龍猛菩薩は旧訳では龍樹とされているが、本《もと》を尋ぬれば妙雲如来であり、妙雲如来とは観自在菩薩の異名である。雲とはすべてのものを平等無尽に覆い護る意味であり、また雨を降らし、物を養育する。これは仏が生きとし生けるものを利益《りやく》しようという大悲の三昧《さんまい》（瞑想）にほかならない。妙とははかり難い深い意味のことで、いわば龍樹菩薩の自利利他の行願をさし、如来を除いては他に人間で較べるものはいないことをいう。また仮の姿を龍猛というのは、大龍にはもともと計らいはないが、雲雨は無辺であって、さまざまな雨をもたらす。あたかも『華厳経』に説く娑羯羅《シャガラ》龍王の喩《たと》えと同じである。龍猛菩薩の徳性は、今述べたように万物を生育する大龍の徳性と同じように、広大無辺である。

大悲によって生きとし生けるものを平等に救済する境界に住し、人々の宗教的素質に応じて大慈の雲を起こし、すべての人にあまねく平等一味の法雨をそそぎ、人々が本来有する浄らかな菩提心をめざめさせ、人々をさとりに導くがゆえに、名を龍というのである。猛というのは、仏道に勇猛精進して、ひるまず怠らないという意味である。いうならば、龍猛菩薩は、如来の甲冑《かっちゅう》をきて、大精進の馬に乗り、仏の大智と大悲の矢を放って、よく自身および生きとし生けるものの煩悩を打ち破り、堅固なること城のごとき浄らかな菩提心に安住するのである」と。

さらに、空海は師と対座して、『観自在菩薩最勝明王心経』や『金剛頂瑜伽文殊師利菩薩経』、『大孔雀明王経』、『大雲輪請雨経《しょううきょう》』、『宿曜経《すくようきょう》』、『不動尊使者秘密経』、『建立《こんりゅう》壇法』など、さまざまな経論類について学ぶ日々を過ごした。空海はそれらを次々に呑み込み、師を感嘆させた。

十八種の法具が仕上がり、曼荼羅類や諸祖師の影も仕上がろうとする頃、恵果和尚は、空海に次のように告げた。

「わたしは、昔、垂れ髪で歯のぬけかわるころ、初めて不空三蔵に見《まみ》えた。三蔵はわたしを一目見て、ひたすらわが子のように可愛がってくれた。実家に行くときも、寺に帰っても、影のようにわたしに離れなかった。ひそかにわたしに次のように言った、『おまえは密教の器だ、努力しなさい、努力しなさい』と。両部の大法と秘密の印契《いんげい》は、こうして学び得た。他の弟子、あるいは出家したもの、あるいは在俗のものも、一部の大法を学んだり、一尊一契を得たものはいたが、両部に兼ねつらぬいて得た者はいない。

師の恩は山よりも高く、海よりも深いのに、報いたいが、夏の空のように高く極まりがない。今、この世の縁も尽きようとしていて、久しく留まることはできない。よろしく、この両部の大曼荼羅と百余部の金剛乗の法と、不空三蔵から転じて付嘱された物と、供養の法具などを、本国に持ち帰って、教えを国中にひろめて欲しい。ただ、わずかにそなたが来たのを見て、寿命の足らないことを恐れていた。

しかし、今、ここに法を授けることができた。写経や造像の作業も終了したので、早く本国に帰って、この教えを国家に奉り、天下に流布して、人々の幸せを増すようにしなさい。そうすれば、四海平和で、万人の生きる喜びも深くなろう。これこそ、仏の恩に報い、師の徳に報いることであり、国のためには忠、家には孝となる。

義明供奉はこの国に教えを伝えよう。そなたはさあ帰ってこの教えを東国に伝えなさい。努めよ、努めよ」と。

これは師の遺誨《ゆいかい》であった。すべてを空海に注ぎ尽くした師は、枯れ果て、その日からどっと病にかかったかのように、榻《とう》（寝台）に横たわってしまった。延命の修法を行なうことも禁じられた。空海はひたすら師のそばに添いつづけた。三日目の夜、恵果和尚は空海を枕元へ呼びよせた。「海よ……」と師はかすかに口を開いた。何事かと耳を口元へ近づけると、「秘密の教えじゃ……」と、かすかに聞き取れるほどの声で語る。それは師の死後の遺骨の処置法についてであった。「この事は誰にも告げてはならぬ」と、最後の力をふりしぼって呟いた。呟き終ると、浄らかな眼差しで空海の眼をじっと見つめていたが、やがて、ゆっくりと瞼を閉じた。しばらく呼吸が続いていたが、やがて消えるように呼吸が止まった。師は遷化《せんげ》されたのだ。永貞元年（八〇五）十二月十五日五更（午前四時）、時に寿齢六十歳、出家して四十年であった。

蘭の花を浮かべた芳しい湯で垢を洗い清め、手に毘盧遮那の法印を結んで、右脇に体を横たえ、なくなられた。すべての処置は寺のしきたりにゆだね、役僧たちの手にゆだね、空海は道場に退いて禅定に入った。空海が和尚の冥福を祈っていると、恵果和尚がさながら眼前に立ち現われ、次のように告げられた、「われとそなたとは久しく契約があって、密蔵を弘めることを誓い合った。わたしは東国に生れ変って必ずそなたの弟子となろう」と。

恵果阿闍梨の弟子は千余人であったが、胎蔵・金剛界両大法を授けられ印可を受けたのは、空海と義明供奉の二人だけであった。胎蔵法の印可を受けたのは、訶陵国（ジャワ）の人弁弘と新羅の人恵日であり、金剛界大法の印可を受けたのは、惟上《いしょう》と義円の二人であった。また一尊法において三昧耶に入り瑜伽を学び、三密を持して観行を成し遂げたのは、義智、文燦《もんさん》、義玟《ぎびん》、義壱《ぎいつ》、義操、行堅《ぎょうけん》、円通たちであった。義明は宮中に供奉として恵果和尚に代わって宮廷の修法を担ってきたが、病がちであった。弁弘は汴州《べんしゅう》（河南省開府県）にあって密蔵の布教に精進していた。

師の遷化に、弟子たちは限りなく悲しみ、号泣した。恵果和上の遷化は、すぐさま義明供奉によって奏上された。憲宗皇帝は、深く哀悼せられ、私的な勅使を青龍寺に遣わせられ、僧徒を慰め、葬儀の費用として、絹・白粳米《うるち》・白麵《めん》・柴・油・炭、さらには香木を届けるよう、主倉官に下命された。

師のために碑文を草し葬儀にて読む

高弟たちの衆議の結果、葬儀の日は来年の一月十六日と定まり、山人逸士（在家の弟子）呉慇居《ごいんこ》士《じ》に恵果和尚の行状を書いてもらい、空海阿闍梨には碑文を撰し書してもらいたい旨が惟上《いしょう》法師によって伝えられた。その際、惟上は次のように耳打ちした、「日本国からの国使が長安に向かう途上にある由、義明和尚が伝えてくれとのことだ」と。つまり、義明和尚が師の遷化を上奏したとき、空海の伝法灌頂にも触れたところ、皇帝が興味を示されたため、それは密蔵東伝の使命のためであることを義明和尚が強調されたのだろうと惟上法師はささやいた。

惟上の耳打ちを裏付けるように、十二月の末、日本国からの遣唐使が長安城皇城の鴻臚寺に入ったという噂が聞こえてきた。その一行を率いるのが、判官高階《たかしなの》真《ま》人遠成《ひととおなり》であると知ったとき、空海は想わず「なんというめぐりあわせか……」と感動するとともに、このように計らってくれたに違いない仏恩に深く深く謝したのであった。

年があらたまって元和元年（八〇六）元旦、大明宮含元殿では、憲宗皇帝が朝賀の儀を行ない、日本の国使高階遠成らも列席したと思われた。上皇の順宗は病のため姿を現わさなかったであろう。空海は三十三歳となった。青龍寺は、恵果和上の喪に服しており、例年の元旦の儀式は極めて簡素なものであった。三日、呉慇《ごいん》居士は、仕上がった『大唐神都青龍寺東塔院灌頂之国師恵果阿闍梨之行状』を高僧たちに披露した。空海は、呉慇の文を参考にするとともに、高弟たちから聞いたことなどを勘案して、いよいよ恩師追慕の碑文を撰することに集中した。また、記す文字の書体についても細心の注意を払った。

一月十六日、葬儀は厳粛に執り行われた。皇帝は、内給事を遣わされ、香茶の奠《てん》（まつり）をもって故恵果和尚の霊をまつらしめ、宰相、宦官、神策軍の将軍たちや、各省の長官、京兆の尹《いん》（おさ）など各々奠祭を申述べ、僧尼、在家の弟子なども数え切れないほど群参した。

呉殷《ごいん》居士は恵果和上の行状文を読上げ、「嗚呼《ああ》、法眼《ほうげん》既に滅しぬ。嬰学《ようがく》（未熟なわれわれ）何ぞ悲しき。大曼荼羅にその教主を失えり。満空の聖衆容《かたち》惨然たり。仰いで教旨を思うに、誨《おしえ》を奉《うけたまわ》るに由なし。空しく悲恨《ひこん》を増して痛み自ら勝《た》えず。哀号哽咽《こうえつ》して、具《つぶさ》に題することを獲《え》ず……」という件《くだり》に来たとき、居並ぶ人々は号泣し悲しまずにはいられなかった。翌日、故恵果和上のご遺体は、城外で、皇帝から下賜された香木《こうぼく》とともに火葬に付され、その際、空海は、自ら撰した碑文を読み上げた。

すなわち、恵果和上は、仏法が崩れようとする時に、昭応《しょうおう》の馬氏に生誕されたこと、大広智不空三蔵の弟子となり、密蔵を教えられ、やがてさまざまな霊験を現わされたこと、三代の皇帝が国師として尊ばれ、灌頂を授けられたこと、財貨を蓄積されず、仏法の教授に力を尽くされたこと、多くの弟子を育てられたことを称えた上で、

遂に乃《すなわ》ち永貞元年歳乙酉《いついう》に在り、極寒の月満、住世六十、僧夏《そうげ》四十を以て、法印を結びて摂《しょう》念《ねん》し、人間《じんかん》に示すに薪《まき》の尽くるを以てす。嗚呼《ああ》哀しい哉《かな》。天歳星を返し、人慧日《えにち》を失う。筏《いかだ》は彼岸に帰る。溺子《できし》一に何ぞ悲しき哉《や》。医王迹を匿《おとかく》す。狂児誰に憑《よ》ってか毒を解かん。嗚呼痛ましき哉《かな》。日を建寅《けんいん》の十七に簡《えら》びて、塋《つか》を城卯《じょうう》の九泉《きゅうせん》に卜《ぼく》す。腸を断ちて玉を埋め、肝を爛《ただ》れさせて芝を焼く。泉扉《せんぴ》永く閉じ、天に愬《うった》うるも及ばず。荼蓼《とりょう》嗚咽《おえつ》し、火を呑んで滅《き》えず。

天雲黲黲《さんさん》として哀しみの声を含む。庭際の菉竹《りょくちく》は葉故《もと》の如く、隴頭《ろうとう》の松檟《しょうか》は根新たに移る。烏光激迴《うこうげきかい》して悢情《こんじょう》切に、蟾影斡転《せんえいあってん》して攀擗《はんぺき》新たなり。嗟呼《ああ》痛ましき哉《かな》。苦しみを奈何《いかん》せん。

弟子空海、桑梓《そうし》を顧みれば則ち東海の東、行李《こうり》を思えば則ち難中の難なり。波濤万万、雲山幾千ぞ。来ること我が力に非《あら》ず。帰ること我が志に非ず。我を招くに鉤《こう》を以てし、我を引くに索を以てす。船《ふね》を泛《うか》べるの朝《あした》には、数《しばしば》異相を示し、帆を帰すの夕《ゆうべ》には、縷《くわ》しく宿縁を説く。和尚掩色《えんしょく》の夜、境界の中に於て弟子に告げて曰《いわ》く、汝未だ吾と汝と宿契の深きことを知らず乎《か》。多生の中に、相《あい》共に誓願して、密蔵を弘演《ぐえん》す。彼此《ひし》代《こもごも》師資と為ること、只の一両度のみに非ざるなり。是の故に汝に遠渉《えんしょう》を勧めて、我が深法《じんほう》を授く。受法云《ここ》に畢《おわ》り、吾が願も足る。汝は西土にて我が足に接す。吾は東生して汝の室に入らん。吾前《さき》に在りて去らんと。竊《ひそか》に此の言を顧みるに、進退我が能に非ざるも、去留我が師に随う。孔宣《こうせん》は怪異の説に泥《なず》むと雖《いえど》も、而《しこう》して妙幢《みょうどう》は金鼓《きんく》の夢を説く。一隅を挙げて同門に示す所以《ゆえん》の者なり。詞《ことば》は骨髄に徹し、誨《おしえ》は心肝に切なり。一は喜び一は悲しみ、胸裂け腸断ち、罷《や》めんと欲すれども能《あた》わず。豈《あに》敢えて韞黙《うんもく》せんや。我が師の徳広きを憑《たの》むと雖《いえど》も、還《なお》斯《こ》の言地に墜《お》ちんことを恐る。彼の山海の変じ易きを歎きて、之《これ》を日月の不朽に懸く。乃《すなわ》ち銘を作りて曰《いわ》く、

生《しょう》は無辺なれば
行願《ぎょうがん》極《きわまり》莫《な》し

天に麗《つ》き水に臨み
影を分つこと万億
爰《ここ》に挺生《ていせい》有り
人形《にんぎょう》にして仏識あり
毘尼《びに》と密蔵と
呑并《どんぺい》して余力あり
修多《しゅた》と論と
胸臆《きょうおく》に牢籠《ろうこ》す
四分《しぶん》に法を秉《と》り
三密　加持《かじ》す
三代に国師たりて
万類之《これ》に依《よ》る
雨を下し雨を止むること
日ならずして即時なり
所化《しょけ》　縁尽き
怕焉《はくえん》として真に帰す

慧炬《えこ》 已《すで》に滅《き》え
法雷　何《いず》れの春ぞ
梁木　摧《くだ》けぬ
痛ましき哉《かな》　苦しい哉
松檟《しょうか》　封閉す
何《いず》れの劫《こう》にか更に開かん

火葬の火が尽きたとき、空海はご遺灰の中から、師の形見として数粒の舎利《しゃり》を拾い上げた。その様子を見ていた義明供奉もそれにならった。かくして、師の廟は、長安城の東、孟村竜原大師の側に定まった。

翌日の朝、義明供奉たちは、皇帝に感謝の上表文を奉呈した。それには、呉慇《ごいん》居士の行状文と空海の碑文が添えられてあった。他方で、空海は、義操和尚ら親しい者たちの指揮で、持ち帰るべき尊像、曼荼羅類、法具や書写された経論類の荷造りを手伝ってもらい、伝法の印信《いんじん》や師からの戴きものは自ら梱包し、荷車を雇って、ひとまず西明寺本院へと運び入れた。

すべての荷を納め終わった日の夜、空海は、鴻臚寺に宿す遣唐判官高階遠成に宛てて、共に帰国を願う書状をしたためた。

すなわち、幸運にも般若三蔵や恵果大阿闍梨にお遇《あ》いすることができ、大悲胎蔵・金剛界両大部の灌頂を授けられ、曼荼羅や特に新訳の経論二百巻を得たことを記し、

此《こ》の法は即ち、仏の心、国の鎮《しずめ》なり

と、わたしが修め得た密蔵は、とりもなおさず仏の心髄であって、国の鎮護であることを強調した。そして二十年かかる学業を一年で果たしたことを記し、今や、天皇の使者をお待ちしているとしたためた。

第Ⅲ部　帰朝

23　帰朝

憲宗皇帝に拝謁

空海が帰国を願う書状をしたためていると、久し振りに、橘逸勢《たちばなのはやなり》が姿を見せた。「海公、そなたは阿闍梨になられたそうじゃな。素晴らしい。しかし、わしは今だに言葉が通じぬため、学林に就学も出来ぬ。ようやく、琴と書は学んだが、いかんせん、生活費が尽き果ててしもうた。この国から支給される衣糧でなんとか命はつないでいるが、入門の謝礼や読書の用にはとても足りんのじゃ。二十年の留学にはどうにも堪えられそうもない。それに、日本から国使が来ているそうではないか。わしは国使とともに帰国したいと思う……どうか国使への嘆願文を書いてもらえぬか」と頼み込んできた。

「文案なら書きましょうが、勢公自身で書かれるべきです。ところで、勢公の学ばれた琴とは、どのようなものですか」と空海が訊ねると、「おお、大いに天を動かし、神を感じさせる力のあるものだ。琴だけは一意専心研究し、その功を得たぞ。学び得た妙音を日本に早く伝えたいと思うのだ」と言いながら、ふと眉をひそめて、ささやくように、「上皇の順宗が亡くなられたそうだ。宮廷では喪に服しておろう。われらが帰国の願いは勅許されるであろうか？……」と。

空海は微笑みながら、「大丈夫でしょう。憲宗皇帝がご健在なのですから」と安心させる。こうして、空海は、逸勢の言葉を生かして帰国の嘆願文の文案を書いてやった。二人の帰国嘆願の書状は、鴻臚寺に送られた。

西明寺の本院には、空海が先に書写しておいたものや朱千乗たちに贈られた詩集や詩論などがあった。それらもやはり荷造りしなければならなかった。かれこれしているうちに、一月二十七日、判官高階遠成からの使者があり、翌日、判官とともに大明宮宣政殿に同道するようにと、知らせてきた。どうやら、帰国嘆願書が判官の手を経て宮中に上げられ、憲宗皇帝は、空海に接見したいらしいとのことであった。

翌日、空海は、高階遠成や訳語《おさ》らに同道して、憲宗皇帝に拝謁を賜わった。遠成は中大夫試太子中允《ちゅうだいふしたいしちゅういん》という位を与えられた。憲宗は、空海に対しては直接引見し、「阿闍梨、故阿闍梨の碑文、帰国を願う啓、ともに見事な筆跡、これほどの書き手はおるまい。故阿闍梨の跡を継ぎ、朕《ちん》のために尽くしてくれぬか」とお言葉を賜わった。空海は、「畏れ入ります。故恵果阿闍梨からは、密蔵東伝の使命を与えられております。当国には後継者として義明供奉がおります」と申し上げると、憲宗は頷かれ、それではと、侍中の手を通じて、菩提樹の実でつくった数珠を下賜された。それには、憲宗の祖父である故徳宗の真跡が副えられてあった。

大明宮からの帰途、空海は遠成に、渡唐の際の辛苦を労《ねぎら》うように、「ずいぶんご苦労なされましたな」と声をかけると、遠成ははるか彼方に眼をさまよわせながら、「幾人失ったか……」と独り言のように呟いて、フーッと肩で息をして、「それにつけても二年も満たぬのに、大阿闍梨とは……」と、何か奇跡でも見ているかのような目付きで空海を凝視するのであった。

金光門から春明門に通じる広い街路は、蜀の節度使劉闢《りゅうへき》を討って凱旋した禁軍の兵士たちが、蹄の音を轟かせていた。憲宗は、即位するや、朝廷に服さぬ藩鎮（節度使）の討伐に踏み切っていたのであった。皇城の朱雀門の前で空海は遠成と別れた。

親しき人々との別れの挨拶

高階遠成と別れたその足で、醴泉寺に向かった。般若三蔵に梵学の教授を受けたお礼と別れの挨拶をするためであった。

般若三蔵は、「おお、南無遍照金剛大阿闍梨……」と唱えながら合掌して迎え入れた。空海はあくまで弟子の礼をとるのだが、三蔵は何か仰ぎ見るような物腰になっていた。庵室には、もう一人の僧が五体投地して迎えた。空海がその手をとって立ち上がらせ、顔を見ると、何と遣唐使と共に入唐した霊仙《りょうせん》ではないか。二人は再会を喜び合った。

霊仙は、空海が伝法灌頂を受けて阿闍梨位になったことを喜び羨望の眼差しで見ながら、般若三蔵に師事して梵学を学び、翻訳の仕事を手伝うつもりであると、己れの目標を語りながら、「拙僧は阿闍梨さまのような器でありませぬゆえ、時間をかけ、この国で仏道に励みたいと思います」と言いつつ、帰国を前にした空海のことを思うにつけ、望郷の念にかられ、熱いものがこみあげてくるのを抑えきれないようだった。

三人は、椅子に腰をかけ、時折、物思いに沈み、時折は語り合い、来し方、行末をお互いに思い語りながら時を過ごした。二人に別れを告げて、三蔵の庵を出て、思わず振り返ったとき、この霊仙という僧とは、もう二度と会えないな、という予感のようなものを感じていた。

霊仙は彼自身が述べたように、元和五年(八一〇)、般若三蔵が『大乗本生心地観経』八巻を翻訳するとき、筆受と訳語《おさ》の任にあたったのである。その功で、唐朝廷の内供奉《ないぐぶ》となり、元和十五年(八二〇)、五台山に上り、浴室院に止住した。のちに嵯峨帝はその功を聞き、百金を渤海僧貞素に託したところ、仏舎利一万粒を献じ、その後、淳和帝も百金を貞素に托したが、貞素が五台山に達したとき、霊仙は、すでに毒殺されていたのである。このように異国の地で頭角を現わす日本人は、妬みや反感によって、殺される場合もあったのである。特に、空海のように、一気に密蔵仏教界の最高位に駆け上がった存在は、その危険が大きかったといえよう。

空海は、西明寺の志明法師や青龍寺の惟上《いしょう》法師・義操和尚、さらには詩友の朱千乗、書家の皇甫閲たちの手を通じて、内外の経論、詩論、詩集、書跡などの収集にも忙しかった。

二月に入って、正式に帰国の勅許も下りて、その作業は慌しくなった。遣唐使の一行は、しばしの休日を楽しむかのように、長安城内を周遊していたが、望郷の念はいやが上にも募っていた。判官高階遠成は、出立の日を三月の牡丹の花が咲く頃と決めた旨を書き送ってきていた。

勅許が下ったことと、帰国の日が定まったことを踏まえて、空海は、あらためて、別れの挨拶のために、青龍寺を訪れた。衆僧に一々挨拶するとともに、恵果和尚の高弟たちと会して、一日、送別の詩と留別の詩を取り交わした。そのうち空海が特に義操和尚に贈った詩は次のようなものであった。

同法同門　喜遇深し
空に遊べば　白霧は忽《たちま》ち岑《みね》に帰る
一生一別　再び見《まみ》えること難し
夢に非《あら》ず　思中に数数《しばしば》尋ねん

西明寺でも空海と橘逸勢のために送別会が開かれた。この会には朱千乗も加わっており、彼は次のような送別の詩を作った。

古貌たる休公　真を談じて苦空を説く

去歳秦闕《しんけつ》に朝し　今春海東に赴く
威儀旧体を易《か》え　文字儒宗に冠たり
留学幽微の旨　玄関護法崇《たか》し
波を凌いで際限なく　錫を振って路何ぞ窮らん
水宿金磬《きんけい》を鳴らし　雲行玉意に侍す
恩を承って明主を見　偏《ひとえ》に沐す僧家の風

越州長官に内外の書を求む

三月早々、空海は都水監使者の好意によって、全ての荷を漕渠《そうきょ》（水路）によって舟で長安城から輸送し、汴州《べんしゅう》の開元寺まで先送りすることにした。その旨を汴州にいる同門の弁弘和尚に伝え、その管理を頼んだのであった。空海は遣唐使一行とともに汴州に下り、そこでわが荷と合流する予定であった。輸送舟は、朝廷の命を受けた参軍らによって指揮された。空海が阿闍梨であるということで絶大な効果が発揮されたのである。

西明寺に牡丹が盛りとなるころ、空海と橘逸勢は鴻臚寺で高階遠成一行に合流、多くの知己や人々に見送られながら、宦官の監送使らとともに、春明門を出て帰国の途についた。長楽坂では見送る者も見送られる者もお互いに涙を流して別れを惜しんだ。

汴州では、弁弘和尚の計らいで、空海の荷物と遣唐使一行の荷物を合流させ、舟を通済渠《つうさいきょ》に浮かべた。往路と違って下りとなるため、舟は速やかに走った。かくして一行は、三月下旬には揚州城に入ることができた。

淮南《わいなん》節度使兼揚州大都督長史の王鍔《おうがく》は、一行のために、一夕、宴を催してくれた。空海は揚州牒（旅行券）を発行してもらい、一行とは別行動をとった。揚州城の西南、間近にある大明寺を訪うた。この寺は、かつて鑑真和上が止住し、律学を講じたゆかりの大寺である。天平五年（七三三）、舎人《とねり》親王の要請で入唐した栄叡《ようえい》法師と普照法師らは、伝戒師の招請に走りまわり、ついにこの揚州大明寺で鑑真和上に出会い、日本への渡航を懇願したのである。しかし、鑑真の渡航はさまざまな困難や難破などで五回も失敗、栄叡は病没、第十二次遣唐使船の帰国に際し、副使大伴古麻呂の第二船でひそかに出国、天平勝宝五年（八五三）十二月に、薩摩国秋津屋浦に入港、その後、大仏殿西方に戒壇院を建立、授戒伝律の法を確立したのであった。このことを空海は如宝大徳から聞いて知っていた。さらに、鑑真和上に従って渡航した法進法師の止住した白塔寺や、開元寺にも足を向けた。さらに足を延ばして、長江北岸の瓜《か》州の正面、長江の島にある金山寺にも詣でた。東晋時代の創建である。楼閣が群立し、さまざまな洞窟、茶の水として有名な中冷泉などを経て、山頂に建っていた。空海は「金山寺に過《わた》る」と題して詩作した。

古色蒼然たる堂中は年経りて薄暗く
堂の外には花が散りしいて鳥の囀る声繁し
経を読み仏を礼すれば自が心感じたもう
寺にいる一、両人の僧の名は審らかでない

こうして空海は江南河に入る地点に到り、やってきた遣唐使一行に合流した。ここは長江の南岸である。江南河はここから蘇州などを経て杭州にいたる。一行が杭州を経て越州城の永寧駅に入ったのはすでに四月に入っていた。越州城の客舎に入ると、空海は、判官を通じて浙東観察使から越州牒を発行してもらった。同時に「内外の経書を求むる啓」をしたためて、さまざまな内外典を日本に流伝させてほしいと願った。まず、仏法の興りと東伝について綴り、日本への伝来の困難について述べてから、

……空海、葦苕《いちょう》（日本）に生まれて躅水《ちょくすい》（盆地）に長《ちょう》ぜり。器は則ち斗筲《とそう》（わずか）、学は則ち戴盆《たいぼん》（せまい）なり、然《しか》りと雖《いえど》も、市《いち》に哭《こく》するの悲《かなしみ》日に新《あらた》に、（善財童子が）城を歴《ふ》るの歎《なげき》弥《いよいよ》篤《あつ》し。大方《たいほう》の教海を決《さく》って東垂《とうすい》の亢旱《こうかん》に潅《そそ》がんと思欲《おも》う。遂に乃《すなわ》ち命《めい》を広海に棄てて真筌《しんせん》（経典）を訪《とぶら》い探る。今見《けん》に長安城の中に於て写し得る所の経論疏《しょ》等三百余軸、及び大悲胎蔵・

金剛界等の大曼荼羅の尊容、力を竭《つく》し財を涸《つく》して趁《もと》め逐《お》って、図画せり。然れども人は劣に教は広くして未だ一毫《いちごう》（こまかい）を抜かず。衣鉢《えはつ》竭き尽きて人を雇うこと能《あた》わず。……伏して惟《おもんみ》れば中丞大都督節下《ちゅうしょうだいととくせっか》、……儒《じゅ》、且《また》は吏《り》、道を綜《す》べ、釈《しゃく》を綜べたり。……観音の一身（のような方だ）……伏して願わくは……此《こ》の遠渉《えんしょう》を愍《あわれ》み、三教の中の経・律・論・疏・伝記、乃《ない》至《し》詩・賦・碑・銘・卜《ぼく》・医・五明所摂の教の、以《もっ》て蒙《もう》を発《ひら》き物を済《すく》う可《べ》き者多少《そこばく》、遠方に流《る》伝《でん》せしめよ。……

と書き記した。この啓に応じて、長官から贈られてきたものは、中唐の詩僧で、南朝宋の詩人謝霊雲十世の孫にあたる皎然《こうねん》法師の撰による『詩議』と題する詩論や、梁の武帝の草書評一巻、王右軍の蘭亭碑一巻、さらには、諸州刺史を経て北海太守となった李邕《りよう》の真跡の屏風一帖などであった。李邕の書は、骨気の鋭いすぐれた書風であり、空海は好んだ。

さらに空海は、さまざまな寺を訪れたが、開元寺では、曇一律師の碑銘の書を手に入れた。その草書が気に入ったのである。華厳寺の神秀和尚からは、『金獅子章《こんししししょう》』一巻などを入手した。

さらに足を延ばして、越州城の南方、蘭渚山《らんしょざん》のふもとにある蘭亭を訪れ、王右軍祠に参って、いにしえの王羲之を偲んだ。晋の永和九年（三五三）の三月三日、この蘭亭に、当時の名士四十一人が集まって、修禊の宴が催された。各人は詩作してそれらを集めた詩集を作ったが、その序を書いたのが王羲之であった。多少の酔いが入っていたが、その筆致は誠に風韻ある書であった。後世の書家たちは、この序を神品と称えたのであった。

また足を延ばして、台州の五台山に上った。仏隴寺《ぶつろうじ》では天台智顗《ちぎ》の霊に詣でて祈り、そこで出会った国清寺の行満和尚から、二年前、日本の国使とともに入唐した最澄法師に、天台教学やさまざまな経論を授けたことを教えられた。最澄法師のことについては、越州城でも、その噂を聞いていたが、その師たる行満和尚の口から聞くと生々しい事実として胸に迫ってきた。しかし、その事についてはあまり触れず、日本に流伝すべき経論を懇願すると、「先の最澄法師にも授けたのだが……」と言いながらも、『法華玄義』十巻、『法華文句疏』二十巻、『四教義』十二巻など、いずれも天台智顗の撰であるのに加えて、天台湛然《たんねん》の記した『法華記』十巻も授けてくれた。

とって返して越州城に戻った空海は、竜興寺を訪れて少なからぬ衝撃を受けた。竜興寺に止住する順暁《じゅんぎょう》和尚から、最澄法師が胎蔵部の灌頂を受けて日本に帰ったと教えられたからであった。順暁和尚は、善無畏の弟子新羅僧義林の弟子であって、善無畏から数えて第四の付属伝授とする「付法文」と白銅の三鈷の金剛杵一口を最澄法師に授けたと言う。密蔵の一部は、不完全と思えるものの、すでに日本に流伝してしまったのだ。密蔵宣布の在り方については、よく考えねばならぬと空海は心中で思った。

八月に入って、明州から使者がきて、遣唐使船の修理が完成し、あとは艤装《ぎそう》だけであるとの報せが判官の許に届いた。判官は越州を発して明州に向かうことを空海に告げた。一行は州城の長官に、滞在中、何かと心遣いをしてくれた礼状を上書して越州城を発った。

明州刺史鄭審則《ていしんそく》には、いよいよ唐土を離れる旨を上書し、判官一行は、鄮県《ぼうけん》望海鎮の近くの客舎に入り、遣唐使船の艤装と荷物の積み込みの終えるのを待った。その間、空海は、開元寺や阿育王寺《いくおうじ》に詣でた。阿育王寺は、鑑真和上が第十二次遣唐使船で日本に渡るために普照法師とともにしばらく住した寺である。舎利塔は、天竺の阿育王《アショカ》が建てたという伝説があった、

八月中旬、一行が乗り込んだ遣唐使船は、鎮将以下の兵士たちに見送られて、大海に出帆した。

24　大宰府観世音寺

帰朝し請来目録等を奉る

唐暦の元和元年（八〇六）は、日本では延暦二十五年であるが、この年の三月十七日、桓武帝が崩御され、五月十八日に安殿《あて》親王（皇太子）が即位され、平城帝となられた。それと同時に大同と改元されたため、五月十八日以降は大同元年となっていたのである。

大同元年十月の初旬、空海は遣唐使一行とともに大宰府に到着した。このころの大宰府の長官である大宰帥《そち》は中務卿《なかつかさきょう》の伊予親王が兼任され、その下の大宰大弐《だいに》は参議の菅野真道《すがののまみち》が兼任して

おり、いずれも員外であったから、実質的な実務は大宰少弐《しょうに》田中八月麻呂《たなかのはつきまろ》が執り仕切っていた。八月麻呂は、それ以前は右衛士佐《うえじのすけ》兼越後守であったのだが、五月九日に伊予親王が兼大宰帥に任ぜられたとき、大宰少弐に任ぜられていた。これは、崩御された桓武帝を山城国葛野郡の宇田野山陵に葬するとき、養役夫司《ようえきふし》を勤めた功によると自ら空海に語った。ところが、宇田野山陵は賀茂神社に近く、亀卜で不可と出たので、四月七日、山城国紀伊郡の柏原《かしわばら》山陵に改葬されたので、今も天下は喪に服しているとも語った。

先に帰朝された遣唐大使藤原葛野麻呂は、今は参議で、刑部卿兼式部卿であり、伊予親王の母吉子の兄藤原雄友は大納言となっていた。さらに僧綱《そうごう》関係では、如宝大徳と泰信和上が少僧都、唐土で親しくなった永忠《ようちゅう》法師や護命和尚が律師に任ぜられていた。八月麻呂は五月初旬まで都に居たわけだから、その筋の情報は豊かであった。

しかし特に空海が耳をそばだてたのは、延暦二十四年（八〇五）九月に、最澄法師が高雄山寺で、勤操《ごんぞう》和尚や修円和尚たち旧都の高僧たちに秘密の灌頂を行なったという情報である。それも桓武帝の勅命を受けて高雄山寺を氏寺とする和気広世《わけのひろよ》が世話をしたらしい、とのことであった。さらに同月には、殿上にて毘盧遮那《びるしゃな》法も修したともいう。最澄法師は着々とその立場を高め広げているな、というのが、空海の実感であった。

観世音寺は、大宰府政庁の東にある学校院の東隣にある。空海は比較的広い一院に身を寄せ、荷を納めた。まず早急にしなければならないことは、帰朝を知らせる書状を各方面に発することと、荷を整理して目録を作り朝廷に上表することであった。十月下旬には、判官高階遠成はここを出立して入京したいとのことであるから、それに間に合わせねばならなかった。

まず、伊予親王宛ての書状をしたためた。遣唐使に加わることをお許しになられた故桓武帝のご恩は山より高く海よりも深く、その故帝の崩御されたことに対する深い悲悼の意を表わし、親王のお力添えに感謝した。唐土では、偉大な師に出会い、胎蔵・金剛界両部の大法をさずけられ、伝法阿闍梨位となったこと、そして、二十年の留学の期を欠いて帰国した罪はあるものの、国家鎮護のための新しい密蔵の大法を請来し得たことを伝え、その上で、わが師である故恵果阿闍梨のために行なわねばならぬ修法のため、いましばらく鎮西観世音寺に止住する許可を願い上げたのであった。

さらに、藤原葛野麻呂、清村浄豊、泰信少僧都や永忠律師、伯父の阿刀大足《あとのおおたり》、讃岐の父、阿刀村の母、日雄光明などにも、帰朝のことを、こまごまと書き送った。泰信少僧都や永忠律師への書状は、もちろん、密蔵宣布の僧綱への布石も兼ねていたのであった。

『請来目録』は、十月二十二日に書き終えた。まず、「目録を上《たてまつ》る表」として、唐青龍寺の灌頂阿闍梨恵果和尚にめぐり会い、密蔵における学法灌頂と伝法灌頂を受けたことを記し、その法を両部曼荼羅や諸経論とともに大海を乗り切って無事に請来したこと、そして将来した新訳の経な

どの目録を、ここに高階真人遠成に付して奉ると記した、さらに、目録として、
新訳等の経すべて百四十二部二百四十七巻。

梵字真言讃等すべて四十二部四十四巻。

論疏章等すべて三十二部百七十巻。

仏・菩薩・金剛天等の像・法曼荼羅・三昧耶曼荼羅、ならびに伝法阿闍梨などの影、ともに十鋪。

道具九種。

阿闍梨の付属物十三種。


を列記し、特に新訳のものが不空三蔵の訳であり、不空三蔵の偉大な伝法の由来を語り、さらに、最近の訳で、まだわが国に伝えられていないもの、旧訳で名称は知られているものの、実際には欠けているものなども列記した。また、梵字真言讃などは本来は原語でなければならないことを強調し、最後に、恵果阿闍梨から空海への付法の経過を記し、般若三蔵からの付属の経類を挙げ、未だ知られていない密蔵の法に耳を傾けられることを願い、頌《じゅ》（詩）をもって結んだ。

この『請来目録』を託された判官高階遠成の一行は、橘逸勢も加わり、唐朝から下賜された荷に、空海から預かった荷とともに、大宰府を出立、十二月十三日、参内して帰朝報告を行ない、同時に、空海の『請来目録』等も朝廷に奉呈された。このとき、遠成は従五位上を授けられた。

父の周忌斎を営む

観世音寺は、かの玄昉僧正ゆかりの大寺である。金堂のご本尊は千手観音である。空海は、千手観音を拝して、故玄昉僧正の供養をした。僧正の弟子であった善意法師から『虚空蔵求聞持法』を授けられ、それによって密蔵の世界に眼を開かされ、唐土に渡って伝法阿闍梨となって帰国、今、この玄昉僧正がかつて止住した寺にいるという、不思議な因縁を深く噛みしめていた。すでに亡くなられたと思われる善意法師の供養もした。

寺の三綱《さんごう》（寺内を統領する三役僧）や衆僧は、空海の立居振舞に一種の威厳を感じつつも、穏やかでゆったりした雰囲気に尊敬の目を向けていた。しかも何か底知れぬ秘法を身につけている異僧にも見えたのであった。

十二月に入って早々、讃岐国から実慧《じちえ》が智泉《ちせん》を伴って駆け付けてきた。実慧は、空海と同族、佐伯氏の出身で、少年の頃、讃岐国の国学で儒学を学び、その後、大和国に出て、法相唯識学を大安寺の泰基和尚に学び、延暦二十三年（八〇四）に受戒していた。実慧の先祖は、讃岐国の倭《わ》胡連公《このむらじのきみ》の系統であり、その倭胡連公は大伴室屋大連公《おおとものむろやのおおむらじのきみ》の第一男の胤であったから、いうならば、大伴氏の系統の佐伯氏である。空海は紀氏大名草彦《おおなぐさひこ》の系統の佐伯氏であったのだが、この二つの系統の佐伯氏は、母系と父系の混在期を経ていたので、この時代は、まさに同族として意識されていたのである。実慧はこの年、二十一歳であった。

智泉は、讃岐国の菅原氏と婚姻した空海の父の異母娘で、いわば、空海にとっては父系上の姉に当たる女人を母として、延暦八年(七八九)、この世に生を受け、儒学を学んだのち、大和国に出て、大安寺の沙弥《しゃみ》になったばかりであった。二人は、国元から、空海が大法を携えて帰朝した旨を知らされ、大急ぎで大安寺を出立、いったん讃岐国多度津に寄り、その足で、海路、大宰府観世音寺へと赴いて来たのであった。

実慧たちは重大な報告をもたらした。それは空海の父田公《たぎみ》の死についてであった。二年前の早春の頃、亡くなったというのであった。空海が東大寺戒壇院で具足戒を受ける修行をしている頃であったのだ。入唐直前であったため、国元では知らせることをはばかったようであった。そして佐伯直一族の戸長は、空海の異母兄弟である道長が継ぎ、大領の役を拝しているとのことであった。さらに、その道長が中心となって、現在、佐伯氏全体の氏寺とすべき寺の新たな建立を始めており、その開基を空海に委ねたいという国元の願いも伝えてきたのであった。加えて、二人は、空海に弟子入りを願ったのであった。

空海は速断した。讃岐国多度津で父の周忌斎を営むことと氏寺の開基となることである。二人の結縁灌頂を終えるや、早速、その準備をするようにと、実慧《じちえ》を讃岐に発遣した。智泉は空海のそばにつき添い、さまざまな雑用や身の廻りの世話をしながら、密蔵の経論を書写しつつ空海に学ぶこととなった。

十二月の半ば過ぎ、空海は智泉を伴って博多津を船で発った。船や水夫《かこ》は大宰少弐が手配してくれた。長門国の豊浦《とよら》（下関）の海峡を抜け、瀬戸内の海に入り、かの懐かしい石鎚の峯を遥かに眺め、島々の間を通り過ぎ、多度津の白方《しらかた》の湊《みなと》に辿り着き、小舟に乗り換えて引田川をさかのぼり、亡き父の館に着いたのは、年も押し迫った頃であった。

先着していた実慧をはじめ、佐伯直道長ら多くの同族の者たちが賑やかに出迎えてくれた。ここかしこに父の匂いが残っている。空海はかつて居住した離れの一室をわが庵室とした。隣室には実慧と智泉が寝起きすることになった。

館の東側境内の一角には、仮の御堂が建てられ、本尊薬師如来がそこに移され、元の薬師堂は解体されて、今や金堂の建設が始まっていたが、正月を迎えるということで、工事はしばしの休みとなっていた。

道長の話によれば、父の故田公は、生前、佐伯一族の中心的氏寺として伽藍の建立を志していたのだが、それがかなわぬまま逝ってしまわれた。その志を引き継いで道長が音頭をとって、この建設をはじめたのだという。すでに、国司や国分寺の講師の裁可も得ているとのことであった。

大同二年（八〇七）の正月の三箇日を過ぎるころ、空海の噂は、近隣はおろか、国庁、国分寺にも、さらに隣国の人々の間にまで伝わっていた。大唐から秘法を携えて帰国した大阿闍梨であるという噂であった。讃岐守は左中弁の藤原継彦《つぐひこ》であったが、員外であったため、実際には讃岐介の紀国雄が国を仕切っていた。その讃岐介さえも、わざわざ空海を尋ねてきて拝するほどであった。

亡き父のための周忌斎は、空海が密蔵を踏まえた願文を唱え、儀軌に則して行なわれた。実慧と智泉を従え、近隣の寺々から多数に僧尼が、さらに国分寺の講師も参列、讃岐介ら国庁および郡家《ぐうけ》の官吏たちも列席し、仮御堂の薬師如来を拝して厳粛に行なわれ、最後に居並ぶ僧俗に斎食《さいじき》がふるまわれた。この周忌斎の場で、空海は、建築中の金堂のことに触れ、父の志を踏まえ、その法号善通をとり、この氏寺を「五岳山善通寺」と号することを宣言した。五岳山とは、館の背後の五つの山を指していた。

周忌斎を終えると、空海は、道長たちに、伽藍建立についての細かい指示を与えた上で、鎮西観世音寺にて修さねばならぬ大事があるゆえ、帰らねばならぬ、再来を約すといって、実慧と智泉を従え、白方の湊を一月下旬に船で発った。この度は、佐伯氏の船である。道長は、近士《ごんじ》（身近に仕える人）として二人ばかり付けてくれた。

恵果和尚のための修法

二月早々、空海たち一行は観世音寺に入った。すると、それを待っていたかのように、大宰少弐田中八月麻呂《はつきまろ》がやってきて、亡母の一周忌となるので、忌斎《きさい》を設けたいのだがと懇願してきた。八月麻呂は母の許で育ち、母の氏姓である田中氏を名乗っているわけだが、先年の二月に母を亡くし、その忌斎を、大唐から新たな大法を請来した空海に供養してもらいたかったのだ。

仲春の二月十一日、空海は千手千眼大悲菩薩および金剛鉤《こう》などの四摂菩薩、内外《ないげ》の四供養菩薩など十三の尊像を描き、密蔵系の尊像を配し、それに八月麻呂になじみのある『妙法蓮華経』一部八軸、『般若心経』二軸を写し、法事の席を設けて香や花を具えて供養した。

この田中氏の忌斎で尊像を描いた紙と筆は、裴紙《ひし》という良質の紙と筆であって、すべて八月麻呂が空海のために用意してくれたものであったが、空海は密蔵宣布のために、多量の書写用紙と筆が必要であった。そのことを八月麻呂に相談すると、彼は、それら生産地出身の郡の大領を紹介してくれた。かくして、筑紫の裴紙と筆は空海の許に布施として施入された。

四月になって、ようやく太政官符が大宰府に到着し、四月二十九日付の観世音寺止住の大宰府牒が、三綱の手を経て空海に届いた。伊予親王に宛てた空海の願いがかなったのである。この牒を手にするや、空海は五月に入って、かねて考えていた故恵果和尚のための修法に踏み切った。それは、恵果和尚が遷化直前に空海に囁いた秘密の修法であった。

空海は、田中氏を通じて、ひそかに修法に必要な材料と口の堅い真面目な細工人を雇い、師の舎利を手渡し、一定の手順を言い含め、その作業を屏風で囲い、自らは不動尊の真言と仏眼仏母《ぶつげんぶつも》の真言を唱え、実慧と智泉が交替でそれを続け、作業が終わると細工人を去らせた。できあがったのは、師の舎利を内部に納めた宝珠であった。それを宝台に安置して、円形の壇に納め、初夜、後夜、日中の三時に真言を誦《とな》えること百日におよんだのであった。

この修法は師から語られた法を簡略化したものであったが、これを大唐青龍寺では実行できなかった。義明供奉も師のご遺灰の中から舎利を拾い上げられたようであるが、その後、それをどのようにされたかはわからない。師は、ただ空海だけに伝えられたには違いないのだが……。いずれにせよ、この修法をやり遂げたことによって、空海は真の意味で伝法阿闍梨として、密蔵を宣布する第一歩を踏み出すことが可能となったのである。

25 伊予親王謀叛

密蔵宣布の第一歩

大同二年(八〇七)八月の中旬、空海は、実慧、智泉、近士らを率いて、海路、再び讃岐国へ向かった。この度は、善通寺の伽藍建設の進捗状況を見るとともに、この地域に布教するためであった。空海は、布教の第一歩を亡父の地に定めていたのであった。

伽藍の建設は進んでいるといっても、完成にはさらに五、六年はかかると思われた。工事現場をじっくり見分して、細部を見ながら指示を与えては、お経を唱えて数日過ごしたのち、境内の一角に護摩壇をしつらえ、息災の壇法を修した。そこへ近隣から集まった人々に、密蔵の法を説き、道長の館の一院に灌頂壇を設けて結縁灌頂を行なった。

この灌頂に加わった人々は、それぞれに目隠しをして曼荼羅に花を投げた。投げた花が落ちたところの仏・菩薩はその人の帰依すべきご本尊となり、それを対象として日々の生活の中で精進することになる。こうして多くの人々が在家の信者として帰依したのであった。

さらに、空海は、佐伯一族の氏寺の一つである世坂寺に赴き、密蔵の寺院としての改築を指導し、改めて寺名を曼荼羅寺とした。この寺でも息災の壇法を修し、密蔵の法を説き、写経を勧め、結縁灌頂を行なった。多くの僧尼や老若男女が空海に帰依した。彼らはこの新来の秘密の法に感涙し、空海を無上の師として慕った。信者たちは佐伯一族だけでなく、讃岐、伊予など一円に広がりつつあった。また、行基菩薩が開いたとされる弥谷《みこく》寺にも足を延ばし、密蔵の法を修した。このように多くの衆生を利することで、空海は、唐土で身につけたさまざまな修法を修することによって、一層深く体得しつつ、同時に実慧や智泉たちにも教え続けたのであった。

十一月の中旬、空海たちが善通寺の道長の館に戻ってきたとき、郡家《ぐうけ》の大領である道長は、国庁に届いた衝撃的な報告を空海にもたらした。「阿闍梨さま、大変なことが……伊予親王さまが謀叛をなされ、捕えられ、母公とともに川原《かわら》寺に幽閉されました!……」と。

空海は愕然として悲嘆にくれた。なんというおぞましいことだ。あの、わが恩人である方が謀叛とは……。政治の世界が陰謀渦巻く人間の欲望の世界であることは分ってはいるものの、あの方が謀叛とは……しかし、次の瞬間、嵌められたのだ、あの方は嵌められたのだと直感した。空海は親王のまわりに渦巻いている煩悩の嵐を察知していた。

伊予親王謀叛事件

伊予親王謀叛という大事件は、大体、次のような経過をたどっていた。十月二十八日、従五位下の藤原二起の長男宗成という人物が、伊予親王に秘かに謀叛の企てを勧めた。大納言の藤原雄友《おとも》はこの計画を耳にして右大臣藤原内麻呂に告げた。このような状況下に、親王は、急遽、宗成が自分に謀叛を勧めたとの状を奏上した。そこでただちに宗成は左近衛府に収監された。三十日、宗成を左衛士府に留置して、謀叛について取調べたところ、宗成は、「謀叛の首謀者は伊予親王です」と言った。そこで左近衛中将の安倍兄雄《あにお》と佐兵衛督巨勢野足《かみこせののたり》を遣わして兵士百四十を率い、親王の邸を包囲し、親王を捕捉すると同時にその母の故桓武帝夫人《ぶにん》藤原吉子《よしこ》をも拘束した。十一月二日、親王母子を川原寺の一室に幽閉して二人は飲食を絶った。ここまでの経過が、空海の耳に入った情報であった。

十一月十一日、平城帝は怒り狂い、宣示して謀叛人とその仲間とされる者たちを解任し、親王を廃号にし、そのことを柏原山陵（桓武帝）に報告した。この時、安倍兄雄は、伊予親王の無実を信じ、群臣が誰も諫言しなかった中で、ただ一人、言葉を尽くして諫争《かんそう》したのであるが、平城帝は聞き入れなかった。翌日、川原寺に幽閉されていた伊予親王母子は毒を仰いで死去してしまった。心ある人々は哀れなことと思った。

この事件にかかわった藤原宗成は周防国に配流され、連坐したとみなされた藤原雄友は伊予国に配流された。また、侍従の中臣王も連坐とされ、大杖で打たれて死んでしまった。さらに、この事件に無関係であった藤原乙叡《たかよし》も連坐とされ、中納言を免職となった。乙叡は、平城帝が皇太子のとき、宴席で近くに坐り、酒を吐いて不敬に及んだことがあり、平城帝はそのことを根にもっていたのであった。

この事件の黒幕が尚侍《ないしのかみ》藤原薬子《くすこ》とその兄の仲成であることは、大方の人々に知られていた。薬子は、平城帝が皇太子時代から寵愛した女性で、その娘を皇太子の室としていたにもかかわらず、その室の母たる薬子と皇太子は通じていたのだ。そのため桓武帝の怒りをかい、薬子は一時遠ざけられていたが、皇太子が平城帝として即位すると、尚侍として入れられ、兄の仲成とともに権勢をほしいままにしていたのだ。

当時、桓武帝の皇子たちの中で有力であったのは、藤原乙牟漏《おとむろ》皇后の子であった平城帝と神野親王、藤原旅子夫人の子の大伴親王、藤原吉子夫人の子伊予親王の四人であった。神野親王と大伴親王は、平城帝より十二歳も年下であったから、平城帝と薬子や仲成にとっては、それほど対抗意識もなかったが、伊予親王は歳も近く、その上政治的力量にもめぐまれ、管弦もよくし、桓武帝の信頼が最も篤かったから、危険な存在と思われていたのだ。平城帝は、もともと、癇癖《かんぺき》の持主で、神経質であり、気にくわないことがあると、根に持つ性格であった。これに対して、伊予親王は、おおらかで闊達であったから、親王に人気があるのは当然であった。そこに、薬子や仲成が策動する隙間があったのだ。

空海は、事件のことを聞くや、ただちに、大宰府と観世音寺に宛てて、和泉国槇尾山寺《まきおさん》に赴く旨をしたためた書状を送り、実慧、智泉、新たに加わった弟子や近士らを率い、佐伯氏の船を駆って、紀伊国海部郡の加太《かだ》の曲《わた》(港)に向かい、紀ノ川沿いにさかのぼり、槇尾山寺の故行空法師の居院に入った。旅装を解く間もなく、近士二人を発遣して、伊予親王母子が幽閉されているという川原寺の様子を探らせた。しかし、彼らがもたらした報告は、伊予親王母子はすでに毒を仰いで亡くなられたという悲しいものであった。さらに親友の真川の父雄友も連坐して配流されたという。

空海は暗然として、親王母子の無惨な死に落涙し、雄友や真川の行く末を思い案じた。ともかくも、親王母子終焉の川原寺で冥福を祈りたいという気持から、智泉を伴って槇尾山寺を発った。水越川をさかのぼり、水越峠を越えて飛鳥川原の地に入った。

川原寺の中門の前に立った。境内に踏み入った。正面に金堂、左手に西金堂、右手の塔の脇には李《すもも》の木が植わっており、冬だというのに、白い小さな花が二、三ずつかたまって咲いていた。寺域全体が喪に服するかのように森閑と静まりかえっていた。空海は金堂の前で五体投地して『般若心経』を誦え、次いで『理趣経』を誦えながら、心の中で、親王のお蔭で唐土に渡り、大悲胎蔵、金剛界両部の大法を請来することができたことを、深く謝し、成仏なされるよう、冥福を祈りつづけた。智泉もそれに和した。入唐の成果を親王にご報告をかねて、『大日経』をここで講讃したかったのであるが、この寺でははばかられるように感じ、後ろ髪を引かれるような思いで川原寺を後にした。

久米精舎で『大日経』を講讃

川原寺の西北、高取川の近く久米の地に久米精舎《くめのしょうじゃ》がある。空海は、この精舎で伊予親王母子のために『大日経』の講讃を行なうことにした。たまたま、久米精舎では、薬師悔過《やくしけか》の法要が営まれていた。三綱《さんごう》に申し出て、あえて法要の棹尾《とうび》に加わった。

空海は、『大日経』の冒頭「入真言門住心品《じゅうしんぼん》」について講じたのであった。人間のさまざまな心の相、わけても妬み人を陥れる心の相や恨む心の相について丁寧に説き、そのような心に住する者も、実の如く自心を知るならば、自ずから大悲の心が起こり、仏の大悲の加護を得て、この世の身でありながらも仏心を成就することができると説いたのであった。

空海の声には、伊予親王への思いがこもっていたから、まことに嫋嫋《じょうじょう》とした余韻を帯び、聴く者たちの胸を深く剳った。ただでさえ伊予親王母子の服毒死は、聴衆の頭に生々しく記憶されていたのだから、人々が受けた感銘は鮮烈なものがあった。

聴衆の中に、特に空海に心酔する二人の人物がいた。杲隣《ごうりん》という私度僧と紀朝臣御園《きのあそんみその》という若者であった。杲隣は、空海より七歳も年長であったが、長年さまざまな仏典や論書、特に法相の書を繙き、仏道に励んできたのであるが、煩瑣な戒律との葛藤や信心の揺らぎの中で行き詰っていたのだ。山林修行に赴く途中、たまたまこの久米精舎の薬師悔過の法要に参列していた。その法要の最後に現れた遍照金剛と称する不思議な人物の口から、「この世の身でありながら仏心を成就することができる」という言葉が発せられ、雷に撃たれたような衝撃を受けたのだ。何ということだ、己れは今まで何のために修行してきたのか……という思いに涙を抑えきれなかった。

礼盤《らいばん》（高座）を降り、本尊薬師如来に一礼して立ち去ろうとするその人の足許に駆け寄り、杲《ごう》隣《りん》は五体投地して弟子入りを乞い願った。空海は静かに杲隣の両手をとって立ちあがらせ、じっと両眼を見つめた。杲隣は、空海の海の深みのような静けさを湛えた両眼に吸い込まれ、包み込まれるような安堵感を覚えた。

空海が杲隣を従えて数歩、歩き出したとき、駈け寄って来て膝まずいた者がいる。「紀朝臣御《きのあそんみ》園《その》と申します……わが子を弟子にして戴きたいのです……」と、咳き込むように言って、合掌して、頭を垂れた。御園は、日頃通っていた女との間に男児を一人設けていたのだが、その女が病死してしまったために、養い育てる者がいなくなっていた。いずれに預けるか悩んでいたのであるが、空海の説法に感銘し、空海に預けて僧侶への道を歩ませる決心をしたのだった。もともと御園は信心深い男であったから、空海の説法に、何か新しい今までにない希望をもたらすような光を感じ、その人柄に信頼できる何かを直感したのである。「何歳におなりかな」と空海が訊ねると、御園は「六歳になります」と答える。すると、空海は「十歳になられたら拙僧の許へお連れしなさい。それまでは、学問を仕込まれるがよかろう」と諭した。

智泉と杲隣を伴って久米精舎を出た空海は、智泉に言った、「智泉よ、わたしは寄らねばならぬ所がある。杲隣を連れて先に槙尾山寺に帰っていなさい」と。二人の弟子は、深々と合掌して、水越峠に向けて去って行った。空海は、桧笠を上げて去り行く二人を見送ると、踵を返した。中つ道を辿り、懐かしい阿刀村に入って行った。

阿刀家では、母と魚主、笠女が迎えてくれた。久し振りに会う母の頭髪には白いものが目立ち、魚主は凛々しい大人びた少年に成長していた。しかし、ここでも空海は、衝撃的な知らせを母の口から聞かされねばならなかった。己れに学問を授けてくれた伯父の阿刀大足が亡くなったという。伊予親王の事件が起る少し前のことであったという。事件を知らずに亡くなったのはせめてもの幸いといえようか。それにあの事件によって、空海に唐語を教授してくれ、親王の侍講となっていた清村浄豊が事件に連坐したとされ、任を解かれ、いずこかに配流されたというのである。恩人たちが次々に不幸になっていく。空海は離れの御堂に籠って、伯父の冥福を祈り、浄豊の行末を按じた。

讃岐国からは、亡き父に代わって道長が、年に数回は、母の生活のために資を送りつづけてくれているし、伯父の兄の真足からも仕送りがあり、母たちの生活はひとまずは安泰ということで安堵した。伯父大足の周忌斎は、改めて営むことを約束し、空海は母たちに別れを告げて槙尾山寺に向かった。

26 槙尾山寺の日々

光明と山上ヶ岳

大同三年（八〇八）正月、空海は三十五歳の春を迎えた。弟子たちに密蔵経論の書写と学法に専念させる日々が続いた。平安京では疫病が流行り、死者が多数出て、路傍には死体が曝されているという噂が伝わってきた。朝廷からは、諸大寺や、この槙尾山寺にも、『大般若経』を読めという命が下されてきた。空海も弟子たちを率いて寺の『大般若経』転読に加わった。

二月に入ると、空海は、実慧を筆頭にして、各々のご本尊を対象とする一尊法の修行を自修することを命じ、智泉を伴って吉野山に向かった。日雄光明に会うことと、山上ヶ岳の金峯《かねのみたけ》大菩薩にお会いするためであった。智泉が背負った笈《おい》の中には新たに書写した『大日経』や『金剛頂経』や、持ち運びに便利な曼荼羅などが入っていた。

大淀川（吉野川）の六田《むつだ》の渡しをわたり、山腹を登り、尾根道を辿って金峯《かねのみたけ》堂の山門から遥かに遥拝、『般若心経』を唱え、山口神社を経て椿山寺《ちんせんじ》の山門をくぐった。

光明夫妻の住房の扉は開け放たれていた。「光明どのはご在宅かな」と声をかけると、奥から出て来た光明は、空海と智泉の姿を見て一瞬とまどい、目を大きく見開き棒立ちになった、「書状は届きましたか」とにこやかに空海が問いかけると、光明は、「おおーっ」と叫んで、素足のまま上框《あがりかまち》から飛び下り、駈け寄って空海の両手を握りしめた。「何とご立派になられたことか……」と言葉にならず、目に溢れる涙をぬぐおうともしない。「妻女はご健勝ですか」と問うと、光明は何度も頭を上下させ頷きながら、はたと気づいたように奥に向かって「足洗いの水を」と叫んだ。

一間に通されて光明夫妻と対座すると、空海は智泉を紹介した。智泉は深々と頭を下げて名乗り、挨拶した。

光明は感極まっていた。「真魚さまであられた頃から、ただ者ではないと感じておりましたが、いかなる修行をなされたのか……しかも大唐に渡られて伝法阿闍梨となられ、密蔵の大法を請来されるとは、想像もつきませんでした、いやァ、実にご立派になられた！」とただ感嘆するのであった。それからしばらくは、想い出話に花が咲いた。そのうち、光明は、密蔵の法について、大変な興味を示し始めてきた。

空海は、「この世の身のままで仏に成る法です」と言った。それを聴くと、光明は目を剝いて驚き、「わたしのような者でも？」と半信半疑で問うから、空海は、「もちろんです」と断言した。光明は、相対している人物が急に巨大な存在であるかのような感情に捉えられた。空海は智泉の笈から経論や曼荼羅を取り出させ、丁寧に説明しはじめた。光明は夢中になって聴き入っていたが、ふと、呟くように、「そういえば、内供奉《ないぐぶ》禅師の一人、最澄というお方が、やはり密蔵の法を伝えられ、殿上でその修法を行ったと小耳にはさんだのですか……」と言う。

空海は、「それは毘盧遮那《びるしゃな》法を修されたのでしょう。しかし、これは大法の一部に過ぎません。それに仏の秘密の言葉である真言は、天竺の梵音で誦《とな》えなければならないのです。そのためには梵字も学ばなければならない。修行はなかなか大変なのです」と静かに諭した。光明にとって、空海の話は新鮮であり、実に驚くべきことばかりであった。

翌日、空海は本堂で、光明夫妻のために結縁《けちえん》灌頂を行ない、光明夫妻は在家の弟子となった。光明は名を角明《かくみょう》と改めた。さらに空海は、梵字の「阿」字を月輪《がちりん》の中に描いて、それを対象として修行する阿字観という観法の儀軌を授け、『大日経』や『金剛頂経』などの写経を勧めたのであった。

あくる日の早朝、薄霧のたち籠める中を、空海と智泉、角明の三人は、山上ヶ岳に向かった。洞辻《どろのつじ》を過ぎる頃から、しだいに霧は晴れ渡り、天空に青い風がコーッと鳴り渡り、たたなわる山々の峰は雪を戴きまばゆいばかりに銀色に輝いていた。全山がオーン、オーンと聖音を発して仰ぎ称えているかのようであった。

山頂の金峯堂《かねのみたけ》に辿り着くと、堂前を掃き清め、結界して香・供物を捧げ、護摩壇をしつらえ、護摩を焚き、香や供物を投じた。智泉と角明がすべてを準備した。角明が堂扉を左右に開く。空海は燃え上がる炎の前に立ち、般若心経を唱え、印を結んで弥勒菩薩と大日如来の真言を誦え、智泉がそれに和す。風がそれに答えるようにウオーン、ウオーンと吹き渡り、堂内に吹き入ったとき、堂内の大菩薩は口を開いた、「南無遍照金剛薄伽梵《ばがぼん》……わたしは帰依いたします……この時を待っておりました……南無遍照金剛、南無遍照金剛」と。空海は、大菩薩とその変化《へんげ》たる弥勒菩薩の励ましによって、予言が実現されてきたことを深く感謝し、一切衆生救済に全身全霊を傾けることを固く誓った……しばらく静寂がゆきわたり、一陣の乳白色の霧が、護摩段の余燼《よじん》の上を過《よぎ》り去ると、空海は、最後の経を唱えて合掌し、金峯堂の扉を閉めさせた。

二通の官符

二月の下旬、槇尾山寺に戻った空海は、弟子の学法をより一層厳しく深めるようにと集中させた。実慧、智泉、杲隣《ごうりん》たちの学法もしだいに深まり、同時に梵語の学習も進められた。

空海自身は、密蔵における『大日経』系と『金剛頂経』系の法を、師から授かった大悲胎蔵生曼荼羅ならびに金剛界九会《きゅうえ》曼荼羅を踏まえて統一し、さらに一尊曼荼羅など、さまざまな曼荼羅を位置づける密蔵全体の体系化を目指すことに腐心していた。目的はわが修行経験に照らして「即身成仏」へと到達すべき、最も合理的な体系化にあった。また、この作業は、これからの密蔵宣布の上においても、欠くことのできないものであった。

確かに、空海は、伝法阿闍梨位灌頂までは、『大日経』と『金剛頂経』に即し、忠実に修行し、成就することに成功したのであり、それでよかったのだが、それらの修行を通じて、何か一貫した共通のものがあると確信を抱いていたのだ。もっと合理的な修行の在り方があると予感していた。戒の問題にしても、戒というものが外側にあって己れに課すものとする限り、成仏は永遠に先延ばしとなるではないか。戒そのものと化すことが成仏への道だという確信があった。そのためにも具足戒のように、二百五十戒もある煩瑣なものではなく、もっと簡明なものでなければならないと考えていた。

七月になって、鎮西観世音寺の上座から書状が届いた。それには空海の得度に関する太政官符と課役免除を示す官符の二通が添えられていた。書状によれば、空海は観世音寺に止住する僧となっているが、現在は和泉国槙尾山寺に止住している旨を、治部省《じぶしょう》に届けたことが書かれてあった。公の上では依然として空海は観世音寺の僧であったのだ。さらに、空海に下されるべき官符は、今後、和泉国の国司に下されるよう届けたともしたためてあった。

空海の得度に関する太政官符の文面は次のようなものであった。

太政官符　治部省
　留学僧　空海　俗名讃岐国多度郡弘田郷戸主正六位上佐伯直道長戸口同姓真魚
右去延暦廿三年四月七日出家入唐省
宜承知、仍例度之、符到奉行
従五位下守左少弁藤原朝臣貞嗣　左大史六位上武生宿禰真象
　延暦廿四年九月十一日

これによると、空海は入唐の年、延暦二十三年（八〇四）四月七日に出家したことになっている。そして、この度牒は、翌年の九月十一日、空海が唐青龍寺で伝法灌頂を受け終わったころに発行されたものであるらしく、度牒の受け手がないまま、据え置かれていたものであろう。空海が帰朝して『請来目録』や経論、曼荼羅等を朝廷に呈したことにより、改めて再発行されたものと考えられた。

また、課役免除を示す太政官符の文面は、

応免課役度者一人

留学僧　空海　年三十五歳（以下得度官符と同文、ただし「俗名」なし）

右得治部省解偁　被太政官去延暦廿四年九月十一日符偁　去廿三年四月

出家入唐　宣依得度之者　仍同年夏季応免課役申送者　省宜

承知符到奉行

大同三年六月十九日

すなわち、延暦二十三年の夏季から課役免除になっていることが分った。こうして、空海は、正式に官僧と認められ、課役を免除され、僧籍に入ったことになった。

空海はこれらの文面を見ながら考えた。朝廷が己れを正式に官僧と認定して、今頃になって官符を発行したということは、朝廷に奉呈した『請来目録』や経論類、曼荼羅等が、僧綱《そうごう》や大学頭《かみ》による検討審査に通ったことを意味していようと。おそらく、この入唐の成果ありという認定の断を下す上で、僧綱の如宝少僧都や泰信少僧都、永忠《ようちゅう》律師の力添えもあったであろうが、最も力あったのは、先に『大日経』系の密蔵を日本にもたらした最澄法師であったのではないかとも。

帰朝したての頃、観世音寺の上座が語っていたことが想い出された。その年、すなわち延暦二十五年（八〇六）の一月二十六日、朝廷は華厳・天台・律業に二人の年分度者を賜い、三論と法相業にはそれぞれ三人の年分度者を賜い、度料を定めた。そのとき、天台の最澄禅師は、二人の年分度者のうち、一人には学業として『摩訶止観』（天台の修行）を学ばせ、いま一人は遮那業《しゃなぎょう》として『大日経』を学ばせることに定めたということだった。「遮那」とは、大日如来のことである。おそらく最澄禅師は、玉泉寺系の天台を学んだ一行禅師の『大日経疏』を読まれ、天台と密蔵とは融通するものと考えておられるのではないか。

であればこそ、空海は、『請来目録』の中に、「一心の利刀を玩《もてあそ》ぶのは顕教《けんぎょう》なり。三密の金剛を揮うは密蔵なり。心を顕教に遊ばしむれば、三僧祇《さんそうぎ》眇《はる》かなり（長時間かかる）。身に密蔵を持すれば、十六生（十六大菩薩）甚だ促《すみ》やかなり。頓《とん》（あっという間）が中の頓は密蔵これに当れり」と記したのではなかったか。あらゆる世界はただ一心の現われとする理法を観じ、心の修行をするのが顕教すなわち天台・華厳等であって、成仏には無限の時間がかかる。しかし、身・口・意の三密の妙行を修すれば、すみやかにこの身のまま成仏すると空海は主張したのであった。たしかに、『大日経』は即心成仏を目指すものであるが、そこに出てくる「心」を顕教の立場における心として見たとき、それは、危いものとなると、空海は感じていた。

最澄禅師に刺を投ずる

空海は、弟子たちの学法を進め深めながら、自ら、両部大法の体系化に専念する一方で、朝廷からの沙汰を待ちつづけていた。しかし、かの伊予親王事件を考慮するならば、今上平城帝のみ心が融けるまではどうにもならぬか……とも思っていた。平城帝は、空海という人物を、新しい秘密の大法を請来した僧ではあるものの、伊予親王の人脈につながるものとみなされているに違いない。それに秘密の大法なるものも、すでに天台の最澄が伝えているではないか。最澄という僧は、父故桓武帝の親任が篤かった僧であり、内供奉《ないぐぶ》十禅師の一人でもあって、僧綱の錚々たる碩学たちに灌頂を授けたほどの大徳ではないか……とも考えておられる可能性さえあった。

これはぜひ最澄禅師に刺《し》を投じておかねばならぬ、それによって禅師はどういう動きをなされるか……。そう決意したのは、明けて大同四年（八〇九）の一月下旬であった。

かくして、空海は、次のような名書《めいしょ》を実慧に託して叡山の最澄禅師に刺を投じた。

奉上　　　　僧空海

大同四年己丑　二月三日

右　天台伝燈のために比叡大禅師に向かい奉って、謹んで名書を捧ぐ。敬って白《もう》す。

ここに「天台伝燈」という語をわざわざ入れたのは、密蔵の伝法者はわれ空海であることを暗に示すことを意図していた。天台の伝燈を継ぐ者は最澄禅師であるが、密蔵の伝燈を継ぐ者は空海自身であるという意志表示であった。

最澄が空海の名書を開き見たとき、その凛とした格調高き筆跡に圧倒された。これが一介の留学僧からわずか二年で伝法阿闍梨位へと駆け上がった人物の風貌か……と。容易ならぬ人物だ……一点一画、どこにも隙が無い……懐が深い……王右軍の書をも凌駕せんばかりである……。「天台伝燈」の文字が目に入った。そこには、密蔵は我にありとする空海の意志表示がありありと観て取れた……この者の処遇をどうすべきか……「空海」という署名の宛転自在な書体は人を恍惚とさせるではないか……。

たまたま、空海が朝廷に奉呈した『請来目録』が治部省から最澄の許へ移されていた。どのように評価するかを求めてきたのだった。すでに僧綱や大学頭の評価は終わり、いずれも留学の成果としては上々の評価を得ているという。最澄はただ評価するだけではおさまらなかった。それは、この叡山の法蔵を一切の経典・論書・疏等々で充実させる計画を実行しつつあったからだ。最澄は空海の『請来目録』を慎重に書写しはじめた。しかし、書写していくうちに、已れが大唐竜興寺の順暁和尚から付法した密蔵は、ほんの一部に過ぎないことを思い知らされた……何ということだ……と、最澄は深く溜息をついた。

27　高雄山寺入住

嵯峨帝の即位

大同四年（八〇九）二月二十六日、平城帝が御不例（病気）になられた。もともと御身体が弱く、天皇としての仕事には耐えられないと思われていた。それだけでなく、たえず風病《ふうびょう》（神経症）に苦しめられており、政務を怠るようになっていた。内裏に僧侶二十人を喚んで病気平癒祈願の読経を行なわせたりしたが、はかばかしくなく、四月一日には、宮中で読経を行ない、使いを平安京内の諸寺に遣わして誦経《ずきょう》を行なったのだが、その験《げん》はなく、ついに帝《みかど》は、皇太弟（神野親王）に位を譲ることを決心された。

四月十三日、神野親王は大極殿で即位された。嵯峨帝、当年二十四歳である。翌十四日、平城上皇の皇子高岳《たかおか》親王が皇太子となられた。

嵯峨帝の御代となったからには……と最澄は考えた。空海という人物を入京させることも可能であろう……どこに止住させるべきか……かつて延暦二十四年（八〇五）に勤操や修円といった高僧八人に灌頂を授けた京の西北の高雄山寺がよいか……あの寺は和気氏の氏寺であるために和気広世に世話になったが、広世ももうこの世の者ではない……しかもその縁で高雄山寺は己れの息のかかった寺になっている。それに僧綱のある西寺や旧都から遥かに遠く、そこに空海を移せば経論の借り出しにも都合がよく、わが遮那業の師としてわが手許に組み込むことも可能となるのではないか……と。

最澄は、空海の『請来目録』を朝廷に返却すると同時に、空海の入唐の成果は充分であることと、入京の許可を与え、高雄山寺に止住させるがよろしかろうとの文面をもって上表した。

嵯峨帝は、そのことを伝え聞かれ、空海という僧に興味を示された。というのは、帝《みかど》は、以前に、父故桓武帝や故伊予親王から、空海の異常な文才や書の能手であることなどを聞かされておられたからだった。それに帝は、伊予親王が謀叛を起こしたなどということは信じておられなかった。兄の平城上皇の個人的な対抗意識が利用されたものと考えておられた。それに空海という人物は、大唐から新しい文化の息吹を伝える人物のように思われた。帝は、幼少の折から読書を好まれ、成長するにつれて経典や史書を広く読まれ、文章に巧みで、書にも秀でておられたから、大唐の新鮮な文化知識を身につけて帰国した空海という僧にぜひ会ってみたいとも考えられていた。当然、入京させるべきであったのだ。

内侍宣《ないじせん》が正六位和気朝臣真綱《まつな》に下された。真綱は、弟の仲世とともに、亡き兄広世が大学南辺の私宅に置いた私的学問所である弘文院や高雄山寺の経営を引き継いでいた。内侍宣《ないじせん》は、空海を高雄山寺に移すべく世話をするようにとの内容であった。一方、七月十六日付の太政官符が和泉国国司に下された。空海の平安京入住が許可されたのであった。

槙尾山寺に入京許可の官符が届くや否や、空海の動きは速かった。讃岐国の道長らに入京の知らせを送ると同時に弟子たちを率いて京に向けて出立した。途中、河内国大県《おおあがた》郡の神願寺に寄った。思えば、この神願寺も京の高雄山寺も故和気清麻呂公が建立された寺である。神願寺の薬師如来に見守られているのだと感謝の念をもって、深く深く如来に祈った。

高雄山寺止住

空海一行が真綱の世話によって、高雄山寺に落ち着くのを待っていたかのように、朝廷に奉呈されていた経論類や曼荼羅などがすべて返還されてきた。かねて密蔵の教えを国中に伝授してよろしいとの宣旨も賜わった。こうした措置の背後に、最澄禅師の配慮が働いていることを空海は充分理解していた。早速、空海は密蔵宣布のため、弟子たちに手分けして書写をするように命じた。

八月に入って、讃岐の多度津から道長の使者が訪れた。さまざまな物資をもたらしたのであったが、一人の幼い子を伴っていた。父が最後に設けた男の子で、空海にとっては、いわば歳がはるかに離れた異母弟に当たる。目の澄んだ賢そうな子である。使者は、この子を預かって修行させて欲しいという母親の意向を告げた。空海は快く引きうけて真雅という法名を授けた。九歳の沙弥である。空海は、できる限り直接面倒を見るようにし、仏典だけでなく広く漢籍についても丁寧な指導をした。空海が忙しい折には、実慧らに指導するよう、組織立てた教育方針をとった。この方針は、他の弟子たちにも適用され、相互に年齢にわけへだてなく、お互いに切磋琢磨するように仕向けたのであった。

高雄山寺は、最澄禅師が拠る比叡山一乗止観院のほぼ真西にあり、北側から叡山と高雄山とによって、平安京を守護するような位置にある。最澄禅師は、この寺を創建した和気清麻呂公の推薦により桓武帝の知遇を受け、やがて深く信頼されるようになったのだ。清麻呂公の墓は高雄山寺の奥まった山上にあるが、この高雄山寺を最澄禅師の息のかかったものにされたのは桓武帝であった。

すなわち、延暦二十一年（八〇二）正月十九日、故清麻呂公の長男和気広世は、当時、大学頭兼式部少輔であったが、善議、修円など十四名の高僧を高雄山寺に招き、法華会《え》を催し、最澄禅師が天台の講義を行なったが、この講会《こうえ》は断続的に催され、八月にその模様が桓武帝のお耳に達し、二十九日、帝は勅使を広世の許に遣わし、講会の善い行ないを喜ぶとの口宣を賜わった。

延暦二十三年（八〇四）、最澄禅師は天台教学大成のため入唐、天台山で天台の宗旨を受けたが、たまたま越州竜興寺の順暁から、密蔵胎蔵部の灌頂を十日にも満たない短時日で受けて帰朝した。ところが、帝が注目されたのは天台教学ではなく、新来の密蔵であった。帝は、石川《いしかわ》の勤操《ごんぞう》と室《むろ》生《お》の修円に自分に代わってそれを受法するように命じられ、そのことを受けた和気広世が世話をやき、翌年九月一日、最澄禅師は、高雄山寺で勤操ら八人に胎蔵法灌頂を授けた。このとき、禅師は高雄山寺の北院を住持とされた。しかし、その翌年三月十七日、帝は崩御され、同じ頃、広世も没し、禅師は強力な支援者を失った。しかし、次の平城帝も、また広世の後を継いだ真綱も依然として禅師の支援者であることに変わりはなかった。とにかく、最澄禅師は、比叡山を天台止観業の拠点とし、高雄山を密蔵遮那業の拠点と考え、空海を遮那業の師として迎えようとされていたのだ。

高雄山寺は、高雄山中腹の高台にあり、東山麓から南山麓にかけて清瀧川が曲流している。道(周山街道)は東から西行して清瀧川を渡り、長い石段を上って山門に達する。石段の参道は、杉や楠などの古木・紅葉などの樹木に囲まれ延々と上りつづける。境内は木立に囲まれた金堂や西院、北院、東院、塔、鐘楼などが地形にしたがって建ち並んでいる。空海は西院を居院とし、弟子たちは東院に止住した。

この寺の管理を真綱からまかせられている義恵法師が、北院は最澄禅師の住持であると教えてくれた。

天台筆授の意義

大同四年（八〇九）八月の下旬、一人の僧が童子を伴って高雄山寺の山門をくぐった。最澄禅師の弟子の経珍《きょうちん》法師である。彼は禅師のはじめての弟子の一人で、禅師が経蔵に一切経を書写して納める計画にしたがって、一切経の書写と、それを通じての受持（覚えること）や読誦《どくじゅ》に昼夜を問わず励んできたのであった。時には旧都の七大寺に出かけて、叡山にはない経、論、章疏、記などの借覧に駆けまわることもあった。すべては師である禅師の指示によるのであった。

この度は、空海がもたらした新来の経巻を借覧すべく、禅師から空海宛ての書状を携えていた。経珍法師は、師の一切経書写事業について、経典などを書写して受持し読誦するという筆授の意義を、応対に出た近士《ごんじ》に書状を手渡しながら強調した。むしろ、筆授のためにこそ一切経書写の事業を師は興されたのだ……と。

経珍法師の口上を、近士の口から聴きながら、最澄禅師の書状を受け取った空海は、それを開いた。

謹んで啓《もう》す。借請法門の事

合して十二部

大日経略摂念誦随行法一巻
大毘盧遮那成仏神変加持経略示七支念誦随行法一巻
大日経供養儀式一巻
……………………

と、禅師が借り受けたい十二部の経巻名が連ねてあり、その中には悉曇《しったん》（梵字）関係のものや、空海が般若三蔵から授かった華厳経一部四十巻も挙げられており、最後に、「右の法門、伝法のための故に暫《しばら》く山室に借らん。敢えて損失せず。謹んで経珍仏子に付して、以て啓《もう》す。大同四年八月二十四日　下僧最澄状上」としたためてあった。禅師は、胎蔵部の印可を大唐で受けられたからであろう、まずは大日経系のものに注目されているようであった。「下僧最澄」とあるが、「下僧」とは、目下の者に対する謙遜である。

最澄禅師は、己れを高雄山寺に止住できるよう配慮してくれたに違いない。だから、禅師の一切経書写事業には、当然、協力せねばなるまい……と空海は考えた。それに、朝廷に奉呈した経論・疏類のほとんどは、梵本の一部を除いては、すでに弟子たちが書写してあったから、貸し出すことについては何の問題もない。むしろ貸し出すことによって、法門の拡充を図る上でも意義深いではないか。有り難いことだとさえ思った。

経珍法師と童子は、十二部の経巻を負うて山門を出て行った。それと入れ替わりに訪れて来たのは、さまざまな物資を侍者たちに担がせ、一人の童子の手を引く紀御園《きのみその》であった。先年、久米精舎での空海との約束通り、童子の入門を願って訪れたのであった。空海は、その子に真済《しんぜい》という法名を与えた。十歳の沙弥である。

空海は己れの居院である西院を、納涼房《どうりょうぼう》と呼んで、夏の暑さをしのぐ居住空間として楽しみもした。禅定や弟子たちの学法の合間に次のような五言の詩を作った。

納涼房に雲雷を望む

雲蒸《む》して谿《たに》浅きに似たり　雷《らい》渡って空地《そらち》の如し
颯颯《さつさつ》として風房《かぜぼう》に満ち　祁祁《きき》として雨飈《あめかぜ》を伴う
天光暗くして色無く　楼月《ろうげつ》待てども至り難《がた》し
魑魅媚《ちびこ》びて人を殺す　夜深《よふ》け寐《い》ぬること能《よ》くせず

納涼房から観る深い谷（錦雲渓）に、雲がたちこめて浅くなったかのようだ、雷と風、雨、日の光は暗く、月の光は届かず、物の怪が人を悩まし、夜がふけても寝ることができない……と。

大唐の青龍寺や西明寺の写経生たちが書写してくれた経論の整理、熟読はもちろん外典《げてん》（仏典以外の書）の類、なかでも詩集や詩論などについても、じっくりと読み味わいながら、整理しておく必要があった。幼い真雅や真済たちに外典の教育が必要であったから、大唐から請来したものも含めて系統的、合理的な形を整えておかねばならなかった。王昌齢《おうしょうれい》の詩論『詩格』一巻や皎然《こうねん》の『詩議』などは、これはと思われる部分を抜き書きして保存しておくことにした。もっとも、空海は、いかなる書巻についても必ず書写して保存しておくという用心深さをもっていたから、それは仏典に限らず外典についても注意深く行なわれていた。『請来目録』等を朝廷に奉呈したときも、それは経論などのいわば原本に相当するものを奉呈したのであって、それらはすべて書写してあったのだ。しかし、このことは、この時代の知識人にとっては必然的な習性であった。また、ただ書写するだけでなく、要点をまとめた縮約本を作っておくのも空海の癖であった。覚書のようなものではなく、それだけで独立した書巻のような性格のものであった。それらを空海は、驚くべき速さで仕上げていくのであった。

28　嵯峨帝・最澄禅師との交流

嵯峨帝に書を献上

大同四年（八〇九）十月三日、嵯峨帝の勅命を奉じて大舎人《おおどねり》山背豊継《やましろのとよつぐ》が訪ねてきた。一対の屏風に仕立てるべき二枚の美しい絹の布に、南宋の劉義慶《りゅうぎけい》が、後漢末から南宋初めにかけての名士たちの逸話など集めた『世説《せせつ》』(『世説新語』)十巻から、逸文を抜いて空海に書けとのご命令が下されたのだ。嵯峨帝は、遣唐大使であった藤原葛野麻呂《かどのまろ》から、空海の文筆が大唐では驚くべき効果を発揮したことをお聞きになり、まずは、空海の書をいたく望まれたのであった。

翌日、空海は、帝にふさわしいと思われる文を抜いて、草書で一気に書き上げた。それに添えるべき上表文には、自分は托鉢と禅定を修する一介の僧侶に過ぎず、かの初めて文字を造ったとされる黄帝の臣下蒼頡《そうけつ》や、草書の名人張芝《ちょうし》の才、字勢の雄たる王右軍の芸などあろうはずもなく、帝の命があればこそ、あえて美しい絹の布を汚《よご》しましたが、「還《かえ》って目を穢《けが》す死蛇《しじゃ》を繞《まと》えり……」と書き添えた。

豊継は、一夜篤く遇されたことを感謝しながら、長い石段を下って行った。

帝は……と空海は考える……まずは自ら理解可能なところからわたしに近づこうとされている……賢いお方だ……と。いずれは、試論や詩集、書など、新たに請来した外典類を差し上げねばならない時が来るであろう、それらの中に新来の仏教関係のものを差し挟むことなども考えながら、弟子たちの学法のわずかな合間に、外典類を書写し続けた。

そのうち、ふと、経珍法師の口上を想い出した。一切経書写……そして筆授……か、しかし、わが法門は筆授のみにては不可能なところがある。かつて大唐青龍寺で学法灌頂のとき、言うならば筆授によって受持していた経典の内容が、恵果和尚と対面して教えられたとき、衝撃的に新鮮であったことを想い出していた。わが法門は、師弟の間の面授でなければならぬ……最澄禅師はそのことを理解されているのだろうか……しかも真言は梵音でなければ真実ではありえない……梵本をどのように位置づけられているのか……と。しかし、最終的には器《うつわ》だ……密蔵の器というもの……師の恵果和尚もそのように申しておられたが……。

最澄禅師とのやりとり

密蔵の伝授は面授でなければならぬという思いから、空海は、密蔵の真髄を聴聞するためにお会いする気がないか、といった意味合いの書状を、弟子の真円に託して禅師の許へ送った。その文面の中で、「密蔵」という語の代わりに真言を強調するために「真言の法門」という語を用いた。わが真言の法門を開示するのは、単に経典を書写し受持して読誦するだけではなく、弟子となってわたし空海から直接面授するのでなければ、伝法は不可能だという主張が暗に含められていた。その上、正しい法を受けて保ち、常に念ずること、すなわち「持念」が肝要であることを強調しておいた。

おりかえし、十月二十六日付の禅師の書状が届いた。それによると、禅師は忙しくてお会いする暇がないという。いましばらく法華一乗の天台教学の確立を目指しており、それを遂げてから、

「定《さだ》んで法を聞かん」となっていた。差し出し名は「釈最澄」とあり、宛名は「高雄持念闍梨」となっていた。前の禅師の書状では、「下僧最澄」とあって、空海を目下に見る風があったが、このたびは「釈最澄」とあり、少なくとも空海を対等に見ようとする心持ちに変わってきているようだった。

帰山した真円は、この禅師の書状とともにもう一通、高雄山寺を以前から管理している神戒法師に宛てた書状も携えていた。それには、高雄山寺での空海一行の動向や寺の様子などを、叡山に上って報告するようにと記されてあった。神戒法師がこれを空海に申し上げたため、空海は、それならば、わが書状を禅師に届けてもらいたいと言って、禅師宛ての書状をしたためた。その文面で、空海は、禅師における天台枢要の『天台摩訶止観《まかしかん》』をお借りしたいとしたため、同時に、真言の法門では独特の師資相承の在り方があり、それを経てはじめて伝授が可能であるとあらためて書き添えた。差出人名として「遍照《へんじょう》状上」とした。胎蔵の灌頂号をもって署名したのだ。

叡山から戻った神戒法師がもたらした禅師の十一月二日付書状には、相変わらず忙しさのために、高雄の道場には参向できない旨が記され、『摩訶止観《まかしかん》』は、現在、最澄自ら校訂ならびに朱点の注記などに力を尽くしており、いましばらくお待ちくださいとあり、「師資の義は、遍照の知るところ」と軽くいなし、署名は「下資《げし》最澄」と、一応弟子の礼をとり、宛名は「遍照闍梨」となっていた。さらに、「十一面、千手法、妙澄仏子に付せよ」との追い書きがあった。つまり、十一面観音および千手観音の儀軌を借りたく、それを禅師の弟子の妙澄法師に付してもらいたいというのであった。

この妙澄という僧は、禅師の弟子であるが、先の遣唐使派遣の際、はじめ禅師は留学僧《るがくそう》と還学僧《げんがくそう》を一人ずつ大唐に派遣したいと上表したところ、留学僧二人が認められ、この妙澄と円基を予定していたのだが、桓武帝の意向によって、最澄禅師が還学僧として入唐することになり、そのかわり妙澄法師の入唐は取り止めになったという経緯があった。その妙澄法師を高雄山寺に差し向けるという文面であったのだ。しかし、彼はこの年、高雄山寺に姿を現わさなかった。

翌大同五年（八一〇）正月十五日、禅師は同日付の書状を届けてきた。同時に貸してあった経典類が新訳華厳経を除いて返却されてきた。書状には、

謹んで借用し奉る

十一面儀軌、千手菩薩儀軌

右、最澄、未だ渡海せざる時、像を造り奉りて未だ供養せず。来る三月を以て将《まさ》に供養せんとして、その儀軌を覓《もと》めんとす。

伏して乞う、その儀軌の中の義を教授せられよ。妙澄仏子一両日頃、誨示《かいじ》を垂れなば遣わしてこれが義を具受せしむ……

とあり、さらに華厳経は、「冬節雪寒く写し取ることを得ず。今三月以還《いかん》、写し畢《おわ》らば将《まさ》にその本を奉送せん……」とあった。

禅師は、去る延暦二十二年（八〇二）四月十六日に出帆した遣唐使船が、暴風雨で遭難した際、大宰府にとどまり、次の遣唐使船を待つ間、大宰府の北東にある宝満山の山麓にある竈《そう》門山寺において、渡海の無事を祈り、六尺余の薬師仏四体を造り、大乗経典を講説し願文を作ったのであるが、その薬師仏の供養のためにという口実で、十一面観音と千手観音の儀軌の義を教授せよと言ってきたのである。あるいは、これらの儀軌によって、いまだ知り得ぬ秘密の義を知ろうと望まれたのか。

数日後、妙澄法師が童子一人を連れて高雄山寺を訪れた。空海は、「儀軌の中の義」を教授するためには、まず、わが弟子とならねばならぬ、そのためには、三昧耶戒という真言門における特別な戒を受持し、さらに、灌頂を受けねばならないと懇切に説き、十一面と千手菩薩の儀軌をお貸しすることについてはやぶさかではないと告げた。

はたと当惑した妙澄法師は、空海に告げられたことについて書状として、師の禅師の指示を仰ぐため、連れ来った童子に託して叡山に向かわせた。その際、空海は、借覧を求められた『十一面観音儀軌道』上・中・下巻と『千手観音儀軌』をその童子に付し、また香も届けさせたのであった。同時に空海自身の書状に『摩訶止観』借覧の件について記し託した。

妙澄からの書状を受け取った禅師は、妙澄が空海の弟子にならねば云々という文面に少なからず動揺した。かたわら、『十一面観音儀軌』をざっと見た上で、ひとまず中巻を書写することに決めた。ところで、妙澄への指示をどうすべきか……と思案しつつ、もし、妙澄が空海の弟子になれば、わが許を去っていくのではないか、という不安に駆られた。ひとまず、妙澄を帰らせて相談すべきか……遮那業の確立のためにも、よく考えねばならぬと思った。

二月十七日、禅師は、妙澄宛てに、いったん帰山して相談すべき旨の書状と、空海宛ての書状に、「……大阿闍梨、法明道安穏にして道体康和ならん。最澄、恩を蒙る……不意の繋が興り、且《しばら》く法眼を隔《へだ》つ……貧道を忘れざれ……」、来月下旬までは華厳経の書写を終えること、十一面の中巻は写し終えたこと、残りの上・下巻は、もし妙澄が高雄山に上るならばそれに付してお返しすること、恵まれし名香を感謝し、さらに『摩訶止観』は自らの校訂を終えるにしたがって、一巻ずつお送りすることなどを記した。これら二通の書状を童子に託して高雄山に向かわせた。

妙澄法師は、指示された通り叡山に帰った。そして、今回はひとまず、空海への弟子入りをあきらめることに決めたのであった。

三月五日、空海は、『十一面観音儀軌』中巻とともに、次の書状を受け取った。もたらしたのは、妙澄法師ではなかった。

奉送す
十一面儀軌中巻一巻
右の経、恩を蒙り奉覧《ぶらん》すでに畢《おわ》る。恰《あたか》も観音に謁《まみ》え奉るに似たり。伏して乞う、大阿闍梨、有情《うじょう》の機を隔《へだ》つることなかれ。謹んで啓《もう》す。
三月五日　　下資最澄状上
遍照阿闍梨法前

29　平城上皇重祚を謀る

藤原薬子

平城上皇は、病のために天皇の位を神野親王に譲られてから、内裏のあちらこちらに居処を変えて治病に当たられておられたが、その帷房《いぼう》（寝室）には常に尚侍《ないしのかみ》藤原薬子《くすこ》の妖艶な姿があった。そもそも薬子という女性は、長岡京遷都のとき、中心人物であった藤原種継《たねつぐ》の娘である。長じて中納言藤原縄主《ただぬし》の妻となり、三男二女を設け、その長女を当時の皇太子安殿《あて》親王（後の平城帝）の後宮に入れ、それが機縁で東宮宣旨《せんじ》となり、皇太子の寝所に出入りし、通じるようになった。桓武帝は、薬子の振舞いが義に背くとして、宮中から追放されたのであったが、桓武帝が崩御され平城帝が即位されると、薬子は召されて典侍《ないしのすけ》に任ぜられた。薬子は巧みに帝の愛寵を求め、恩寵は盛んになり、彼女の言うことは何でも聞き入れられるようになった。彼女は帝より少なくとも七歳年長であった。

大同二年（八〇七）十二月十六日、平城帝は、内侍司《ないしのつかさ》について、尚侍《ないしのかみ》は従三位、典侍《ないしのすけ》は従四位、掌侍《ないしのじょう》は従五位に相当すると位階を定め、薬子の位階を上げて従三位として、後宮の長官たる尚侍とされたのであった。それにつれて、薬子の兄の藤原仲成も、帝の薬子への恩寵を頼み、右《う》兵衛督《ひょうえのかみ》従四位上まで昇進していた。仲成は、生まれつき凶暴で、酒の勢いで行動するところがあり、妹の薬子が朝廷で勝手に振舞うようになると、その威を借りてますますわがままに行動するようになった。自分の妻の叔母が美人であることを知ると、関心を寄せたが、なじまないので力ずくで自分の意を通そうとしたが、叔母が恋人佐味親王の邸に逃げ込むと、そこへあがりこみ、叔母を見つけて道理に背く行動に出るという有様であった。

平城帝は、即位したての頃は、政治に積極的に取り組まれた。平安造都や軍事ですっかり疲弊した民情を視察するために、観察使を設け、参議をこれに任じて地方へ派遣した。あげく、参議を廃して観察使のみを置くことにした。この観察使の地方派遣は、薬子にしてみれば、うるさい有力官人を遠ざける意図があった。さらに、帝は、緊縮財政の方針から、大規模な官司の統廃合をも行った。しかし、こうした政治姿勢は長続きしなかった。

大同四年(八〇九)二月二十六日、帝は病になられ、その二ヵ月後、嵯峨帝に譲位され、上皇となられた。上皇には常に尚侍薬子が侍していた。この尚侍という職掌は、天皇のそばに侍して、臣下の奏上(奏請)や天皇から臣下への宣旨の取り次ぎ(伝宣)をするもので、その尚侍が上皇にべったり侍しているわけだから、即位された嵯峨帝は、尚侍《ないしのかみ》の代わりに典侍《ないしのすけ》の小野石子《いわこ》を用いざるを得なかった。かくして、内裏には、上皇と尚侍薬子、天皇と典侍石子と、それぞれにつながる官人たちという、いわゆる「二所朝廷」の構図が成立していた。

上皇側に与する有力官人は、磯野王、菅野真《ま》道、秋篠安人らがつらなり、天皇側には、右大臣藤原内麻呂、藤原緒《お》嗣《つぐ》、坂上田村麻呂らに、気鋭の藤原冬嗣《ふゆつぐ》や良岑《よしみねの》安《やす》世《よ》などが与していた。

先の遣唐大使だった中納言藤原葛野麻呂は、天皇に与したかったのであるが、薬子に篭絡され、ついには情交におよび、上皇方に引き入れられてしまった。

もっとも、「二所朝廷」といっても、嵯峨帝は、上皇の病を案じられ、上皇が尊敬されている玄賓《げんぴん》法師を呼びよせようとされたり、小安殿《こあどの》で上皇のために七日間の薬師法を修したり、上皇の居処に自ら挨拶に伺ったりして、上皇に大変な気遣いをなされていた。

上皇、平城旧都へ遷御

七月十日、上皇は右兵衛府に遷御された。右兵衛府の長官は藤原仲成であったから、上皇は、薬子・仲成と密かに重祚《ちょうそ》の計画を立てられた。その第一段階として、平城旧都への遷御が企てられた。平城旧都に上皇の宮を造営し、そこへ居処を移して重祚の機会を窺うことにしたのだ。

重祚すなわち、いったん譲位した天皇が再度即位するのは、前例があった。かつて皇極女帝は重祚して斉明女帝となられたし、近くは孝謙女帝が重祚して称徳女帝となられた例があった。平城上皇はまだ三十六歳であったから、重祚して再度天下を知ろしめすには充分な若さがあり、薬子や仲成も、かつて暗殺された父種継の無念を晴らす意味において、心中に期するものがあったに違いない。

十一月十二日、平城宮造営のため、右兵衛督藤原仲成と左少弁田口息継《おきつぐ》らが平城旧都へ派遣された。十二月四日、平城上皇は待ちきれなかったのか、大内裏を出られ、水路木津川を下り、平城旧都へ行幸された。薬子や上皇方官人もしたがった。宮殿は完成していないから、仮に、故右大臣大中臣清麻呂の館にお入りになった。嵯峨帝は、平城宮造営を促進させるため、二十日に、摂津国や伊賀国など六カ国の米稲をその費用に充当するよう命ぜられた。さらに、二十七日、畿内諸国に命じて、技手と人夫二千五百人を雇って造営を急がせた。上皇を落ち着かせて病の治療に専念していただくためであった。

大同五年（八一〇）正月一日、嵯峨帝は朝賀をとり止められた。病にかかられたからである。そのことを最も早く知ったのは、薬子であった。薬子は内侍司の女官組織を通じて天皇方の情報を漏れ伝え聞いていたのだ。

このことに気づかれた嵯峨帝は、太政官に図り、三月十日、蔵人所《くろうど》を設置した。この役所は、天皇にかかわる一切の文書をあらかじめ内見することとし、それまで尚侍《ないしのかみ》の職掌であった奏請と伝宣の役を、長官たる蔵人頭《くろうどのとう》に移したのである。そして、この蔵人頭に藤原冬嗣と巨勢野足《こせのたり》を任じたのであった。冬嗣は、この頃、帝の絶大な信頼を得つつあり、右少弁兼侍従兼春宮亮従四位下であった。才能に優れ、穏やかでゆったりとしていて、見識と度量をそなえ、考え方が柔軟であった。藤原内麻呂の次男であったが、母の女孺は、桓武帝との間に良岑安世という異父兄も設けていた。つまり、安世と冬嗣とは同腹の兄弟というわけである。また、左近衛中将の野足の場合は、蔵人頭である冬嗣を補う意味で任ぜられたのであった。

平城宮に移られてから、上皇は精神的に安定されたようであった。六月二十八日、上皇は、「観察使をやめて、参議の号を復す」と詔りされた。しかし、この詔りの意図は、単純に観察使を参議に復すということだけではなかった。藤原仲成が北陸観察使でもあったことから、その仲成を参議として政治の中枢に送り込むことが意図されていた。

七月に入って、嵯峨帝はまたしても病になられた。川原寺や高畠陵（母乙牟漏の陵）へ使人を遣わして誦《ず》経や鎮祭を行なったのだが、はかばかしくない。清行の禅師を側に侍らせたりしたが一向に回復されない。

二十七日には、崇道《すどう》天皇（故早良親王）か伊予親王母子の祟りではないかと、百二十人を得度し、川原寺で『法華経』一部を書写させ、さらには、使人を伊勢大神宮に遣わして奉幣させた。八月に入ると、石上神宮に奉幣して、帝の快癒を祈願、次いで宮中に僧百五十人を招き、七日間、薬師法を行わせた。

この嵯峨帝不予という時こそ、絶好の重祚の機会だと上皇方は判断した。まず、副臣の藤原仲成が参議として平安京内裏に送り込まれた。天皇方は、あくまでも上皇のことを思いやるという立場をとり、九月一日には、大和国の田租《でんそ》と地子稲《じしとう》を今後永く平城宮の雑用料に充てる旨が勅された。

上皇の重祚潰える

九月六日、平城上皇は、ついに平城旧都への遷都を指示された。天皇方は上皇の指示に従うかのように見せかけ、坂上田村麻呂と藤原冬嗣、紀田上《きのたがみ》を平城宮造宮使に任じた。その一方で、九月十日、遷都のことで民心が動揺するとの名目で、使人を伊勢、近江、美濃に遣わし、国府と鈴鹿・逢坂・不破のかつての関を固めさせると同時に、藤原仲成を右兵衛府に拘留、帝は詔りして薬子の官位を解いて宮中から追放、仲成は佐渡国権守《ごんのかみ》として左遷する旨が蔵人頭から伝宣された。こうして、この日、宮中は厳戒態勢に入った。

九月十一日、上皇に従っていた藤原真夏《まなつ》や文室綿麻呂《ふんやのわたまろ》が平安京へ召し返され、また、上毛野《かみつけぬ》穎人《ひでひと》が急いで平城京からやって来て、上皇一行が「今朝早く川口道《かわぐちどう》をとって東国へ向かおうとしています。平城宮の諸司や宿衛の兵士はみな随従しています」と報告した。そこで大納言坂上田村麻呂は、武術に優れた文室綿麻呂と軽鋭の兵士をひき連れ、美濃道で迎撃のために出撃、宇治橋や山崎橋および与渡《よど》の市《いち》と津に機動力のある頓兵《とんぺい》を配した。夜には、左兵衛将監《しょうげん》紀清成《きのきよなり》と右近衛将曹《しょうそう》住吉豊継《すみのえとよつぐ》らに命じて、仲成を右兵衛府で射殺させた。

この日の早朝、上皇は、薬子とともに輿《こし》に乗り、東国に向けて発進した。東国で兵を募り再起を図るつもりであった。事を起こす直前、中納言藤原葛野麻呂と左馬頭藤原真雄《まかつ》が強く諫めたのであったが、きかなかった。上皇の一行が大和国添上郡《そうのかみぐん》越田村（奈良市北之庄町辺り）まで来ると、武装した兵士たちが前進を阻んでいると聞き進めなくなった。それに随従してきた者たちもパラパラ逃げてしまう者が多かった。上皇は、自らの勢いが挫けたことを知り、平城宮へ戻り、十二日、髪を剃って僧形となられた。藤原薬子は、多くの人々の憎しみが自分に由来することを知り、毒を仰いで自殺したのであった。

嵯峨帝は、このたびの事件について、上皇は薬子と仲成に乗せられたと考えておられ、またこの事件の首魁たる薬子と姻媾の仲にあった藤原葛野麻呂は、罪は重いものの、上皇の東国行きを諌めたということで処罰しないこととされた。藤原真雄も同様であった。

皇太子の高岳《たかおか》親王は、皇太子の位を大伴親王に譲られ、のちに出家されて東大寺に入られ、真如と号された。後に空海の門に入ることになる。

かくして、大同五年（八一〇）九月十九日、嵯峨帝は元号を改めて、弘仁元年とされた。弘仁の新体制は、右大臣藤原内麻呂を筆頭とし、大納言に藤原園人《そのんど》と坂上田村麻呂、中納言藤原葛《かど》野麻呂、左近衛中将兼中務大輔巨勢野足《こせののたり》、左近衛少将兼左少弁良岑安世《よしみねのやすよ》、右近衛督兼左大弁藤原緒嗣《おつぐ》、左衛士督兼蔵人頭兼式部大輔藤原冬嗣《ふゆつぐ》、式部少輔兼内蔵頭小野岑守《みねもり》、右近衛少将紀百継《きのももつぐ》……等々、次々に陣容を整えた。わけても、先の伊予親王謀叛事件で左遷されていた藤原雄友《おとも》は免罪となり、正三位に復帰、弾正尹《だんじょういん》に任ぜられた。また、空海の親友藤原真川《まかわ》も左衛士佐《すけ》に任ぜられた。さらに、僧綱関係では、空海の知己で近江梵釈寺に住する永忠《ようちゅう》法師が少僧都に、興福寺の修円法師と東大寺の修哲法師がそれぞれ律師に任ぜられた。

高雄山寺における夏安居

この大同五年（弘仁元年）という年は、平城上皇が重祚を企むという重大事件が起こった年であったが、空海にとっても極めて重要な年となった。四月十六日から三ヵ月間、夏安居《げあんご》に入る。この夏安居というのは、雨安居とも称し、本来、天竺では、雨期に外出すると、知らず知らずのうちに草木や小虫などを踏み殺す恐れがあるとして、洞窟や寺院に籠って修行に専念することであった。日本でも古来、雨期の間は遊行せず、一所にとどまって修行する習わしになっていた。空海は、この夏安居を期して真言法門の基礎を固めることを決意したのであった。

他の寺院も夏安居に入るはずであろうから、たとえば最澄禅師からの経典借覧の要請もなかろうし、一切の外的煩わしさもなく、法門の基礎を確立するにはもっとも好都合な時期であったのだ。しかし問題は、この三ヵ月間を持ちこたえるための物質的基盤を整えることにあった。さらに空海は、夏安居を終えたのち、もっとも学法の進んだ実慧の両部灌頂も視野に入れていた。

こうして八方へ手を尽くした結果、和気真綱・仲世兄弟や、紀御園を通じて紀百継を筆頭とする紀氏らからの布施や供養、あるいは中納言藤原葛野麻呂や高階遠成ら、さらに讃岐の佐伯直氏一族を中心とする讃岐や伊予にわたる空海の信者たちからの布施や供養の品々が陸続ともたらされた。

最低限度必要な食糧、それに法具類……三種の金剛杵《しょ》や鈴《れい》・盤、飲食《おんじき》や香食《こうじき》（仏）の道具類、道場の結界に用いる橛《けつ》（柱）や壇線（五色の糸）、五瓶《ごへい》、閼伽《あか》器（香水を入れる器）等々、弟子たちの法衣（三衣《さんぬ》）はおろか、香の類い（沈香《じんこう》、白檀《びゃくだん》、丁字《ちょうじ》など）といったものを造らせ、あるいは手に入れなければならなかったのだ。とはいえ、貴重な篤信者たちの布施や供養によって、かろうじて夏安居に入ることができたのであった。

弟子たちは心身を浄め、道場を結界《きっかい》して浄め、内外の魔障をとり除き、それぞれのご本尊をお招きして供養する……空海は、弟子たちに語った、「供養とは入我我入である」と。すなわち、ご本尊が我に入り、我がご本尊に入るのが供養である……と。あるいは現世の人々を利益《りやく》するために護摩の法を修行させた。何度も繰り返し修行させた。その合間には、空海は密蔵の経典を開いて、その深甚の意義を講義し、弟子たちの質問に丁寧に答えるのであった。

五月に入ると、長雨が続いた。高雄山寺は、乳白色の霧雨に埋まり、その霧雨の中に、弟子たちが唱える梵音の響きや、香の薫り、護摩の蒼白い煙が沁み込んでいく。高雄山寺一帯は法雨に満ち満ちた荘厳世界と化していた……。

一尊法から曼荼羅の諸尊への展開は、まさに一即多、多即一の体得にかかっているのだが、それも一尊法自体における供養、すなわち入我我入を基盤としていた。体得という観点から観れば、やはり弟子たちの器《うつわ》によって大きく左右される。密蔵の器というものは、すべての弟子に具わっているわけではない。弟子たちの中でも智泉と実慧はその器を具えていると思えるのだが、わけても智泉は、底しれぬ器量をもっていると観た。だから智泉は、もっとじっくり育て上げるべき弟子として嘱望していた。実慧は、ひとまず独立した真言僧たり得る器の持主と観たから、このたびは、両部灌頂を授けようと空海は考えていた。

七月十五日、夏安居を終えた。それから一週間もたたぬうちに、実慧への両部灌頂に踏みきった。

高雄山寺金堂に灌頂壇を設けた。まずは実慧に密蔵の戒である三昧耶戒を授けた。空海は、わけても、さとりを求めようとする菩提心を発すべしと教えると同時に、そのさとりを行住坐臥、身体そのものと化すべき大菩提心を発すべしと強調した。さとりは心の問題だけでなく、身体そのものの行住坐臥それ自体がさとりたるべきことを示したのであった。その上で、胎蔵法学法灌頂を授け、大悲胎蔵生曼荼羅の諸尊の真言、印契等の教授を一週間続けた。続いて、金剛界学法灌頂を授け、金剛界九会《きゅうえ》曼荼羅の諸尊の真言、印契等を授け、三密加持を伝授したのであった。

この胎蔵法から金剛界への流れを、空海は、己れが恵果和尚から授けられた学法灌頂の経験に照らして、特に、心から身体へと転ずるさとりの流れ、すなわち、即心成仏から即身成仏への転化を重要視していた。それはかつて、興福寺唐院で発見した『略出念誦経』にあった、心から身へと転ずる修法が、新たな形を形成しはじめていることを意味していた。実慧への両部灌頂授法は、恵果和尚の時の形を取りながら、それを超えた空海独自のものを創造しつつあったのである。

30　鎮護国家を修す

藤原真川来山す

十月に入って、安芸守《あきのかみ》に任命されたばかりの藤原真川《まかわ》が訪れてきた。何年ぶりの対面であったことか。真川は安芸国に向けて四、五日後には赴任する予定であった。二人とも懐かしさのあまり涙を流した。二人は、ともに亡き伊予親王母子の冥福を祈ったのち、納涼房の一室に対座して、来し方を語り合った。長岡京以来の夢のような再会であった。ひとしきり、上皇の重祚事件の話題が出て、髪を剃られた上皇はひっそりと平城宮に住まわれていると言う真川は、空海と共に唐語を学んだ清村浄豊《きよむらきよとよ》のことに言い及び、浄豊が嵯峨帝の御世になって恩赦を受け、入京参謁《さんえつ》を許されたことも語った。もちろん真川の父雄友も免罪となり、本位に復し、弾正尹《だんじょういん》に任ぜられたことも語ったのだが、「しかし、父は配流《はいる》先の無理がたたり、体がたいそう弱っているように見受けられるのです」と眼をしばたたかせた。

「あの乙訓《おとくに》寺の境内ではよく語り合いましたのう」と空海が想いを語ると、真川は、「本当に……しかし、あのころから較べると魚公《おぎみ》……いや、阿闍梨さまは……何と言いますか、風格を身に着けておられ……不思議な法力を感じ……何か、ふうわりと巨大な雲がわたしを包みこむような……それに、その眼でございます……海の底知れぬ深みはますます深く、深く……」と絶句した。

お斎《とき》（食事）を空海たちと共に戴いた真川は、別れ際に、「来月、帝は大嘗祭《だいじょうさい》を執り行なわれ、真の日嗣《ひつぎ》となられます。そのために、今月の二十七日に禊《みそぎ》をなされるでしょう」と言い残し、何度も振り返りながら、石段を下って行った。

大嘗祭は、即位された天皇が天皇の霊威を身に著けられ、皇統を嗣がれるという日嗣の神事である。大内裏の南中央にある朝堂院に悠紀殿《ゆきどの》と主基殿《すきどの》が設けられ、あらかじめ悠紀国と主基国に卜定《ぼくてい》された二国からこの年の新穀が神饌《しんせん》として奉られ、その神饌を天皇自ら天照大神とともに食され、真床追衾《まとこおうふすま》に覆われて日嗣となられるのである。このたびの悠紀国は参河《みかわ》国、主基国は美作《みまさか》国であった。同じ神事を悠紀殿と主基殿とで、続けて行なわれる。天皇は、即位しただけでは真の天皇ではなく、この大嘗祭を経て初めて真の天皇になられるのだ。この神事に先立って、天皇は禊をなされ、忌《い》み籠《こも》らねばならない。その禊が、十月二十七日に行なわれるというのであった。

鎮護国家の修法

嵯峨帝が禊をなされるということを知った空海は、ここに一大決意を固めた。嵯峨帝のために国家のために鎮護国家の修法を公の修法として行なうということである。しかもそれは、天下に真言法門の存在を示すだけでなく、真言法門の基礎固めの総仕上げとして、弟子たちに真言法門存在の意義を固めさせる絶好の機会ともなり得るのだ。

空海は、大唐から請来した三つの経典を選んだ。不空三蔵の新訳『大孔雀明王経《だいくじゃくみょうおうきょう》』三巻と、『仁王般若波羅蜜経《にんのうはんにゃはらみつきょう》』二巻、それに般若三蔵から託された『守護国界主陀羅尼経《だらに》』十巻である。いずれも、仏が国王のために説かれた経典である。先に奉呈した『請来目録』にもこれらの経典名が挙げてあった。

『守護国界主陀羅尼経』の第九巻「陀羅尼功徳儀品《くどくぎぼん》」には、金剛手が、なぜ国王だけを守護するのかと質問すると、如来は、母親が病気の幼児に薬を飲ませるのに、まず自分が飲み、それが母乳となって幼児の病気を癒すように、国王を守護することによって、太子、大臣、百姓、庫蔵、四兵、隣国と、次々に間接的に守護し、最終的にすべての民衆を安楽にすると説いている。

さらに大唐で般若三蔵に梵語を学んだとき、三蔵から、父母、衆生、国家、三宝（仏法僧）に対する四恩の説を教えられていた。一方で空海自身、現実の民衆の苦しみは、病のみならず、租税の取り立てや労働力の搾取、造都や絶え間ない戦争などを生み出す源は君主にあるという認識があった。君主にこそ修法を施さねばならないのだ。仏教によって君主を救わねば民衆が救われないと認識していた。それに、空海は、つね日頃、民衆は支配者の支配を意識せずに生活できるのでなければならないと考えていた。つまり、空海にとって、鎮護国家というのは、一切衆生鎮護でなければならなかった。

四恩についても、父母という場合、儒教的な父母の考え方だけでなく、過去・現在・未来にわたる一切父母であり、国家にしても、日本という特別な国だけではなく、三千大千世界に存する一切の境域にある国であった。衆生といっても、人間だけではなく、動植物など有情の一切であり、三宝といっても、仏法僧だけでなく、あらゆる宗教とその教主、その信者すべてを包含して考えていた。このことは、大唐でさまざまな宗教に接して到達した遍照金剛空海の結論であったのだ。そういう総てのものが縁によって重々帝網《たいもう》して（相互に照らし合って）、障りのない、あるがままの宇宙を形作っているのが密蔵の世界であったのだ。

弘仁元年十月二十七日、嵯峨帝が大嘗祭のために禊をなされる当日、空海は、国家のおんために修法をせんと請う次の一文を、実慧に託して上表した。


沙門《しゃもん》空海言《もう》す。空海、幸《さいわい》に先帝（桓武帝）の造雨に沐《もく》して遠く海西に遊ぶ。儻《たまたま》、灌頂に入りて一百余の金剛乗（密蔵）の法門を授けらるることを得たり。其《そ》の経は則《すなわ》ち仏（教）の心肝《しんかん》、国の霊宝なり。是《こ》の故に大唐開元《かいげん》より已来《このかた》、一人《いちにん》三公（玄宗皇帝・大尉・司空・司徒）親《まのあた》り灌頂を授けられ、誦持《じゅじ》し観念す。……宮中には則《すなわ》ち長生殿《ちょうせいでん》を捨てて内道場と為す。……城中城外に亦《また》鎮国念誦の道場を建つ。仏国（インド）の風範《ふうはん》も亦復《またまたかく》是の如《ごと》し。……将来（請来）する……経法の中に『仁王経』『守護国界主経』『仏母《ぶつも》（大孔雀）明王経』の念誦の法門有り。仏《ほとけ》、国王の為に特に此《こ》の経を説きたもう。七難（天変地異や賊の出現）を摧滅《さいめつ》し四時《しいじ》（春夏秋冬）を調和し、国を護《まも》り家を護り、己《おのれ》を安んじ他を安んず。此《こ》の道（仏道）の秘妙《ひみょう》の典なり。

空海、師の授《さずけ》を得たりと雖《いえど》も未《いま》だ練行《れんぎょう》すること能《あた》わず。伏して望むらくは国家の奉為《おんため》に、諸《もろもろ》の弟子等を率いて、高雄の山門に於て来月一日《ひとひ》より起首《きしゅ》して法力の成就に至るまで、且《か》つは教え且つは修《しゅ》せん。……

すなわち、国家のために、弟子たちを率い、高雄山寺で十一月一日からはじめて、法力が成就する日まで、法を教え、かつ修法することを請い願い上げたのであった。

松崎川で禊を終えられた嵯峨帝は、蔵人頭藤原冬嗣を通じてこの上表文を読まれ、許可の口宣《くぜん》を下され、修法のためにと衣料・炭・食料などを供養されたのであった。

十一月一日、空海は弟子たちを率いて三つの経典の講義を始めた。まず講義すべき経文を全員で読誦し、その経文についてこまかく丁寧に講義した。一日の晨朝《じんちょう》（午前六時～十時）に始まり、日中（午前十時～午前十二時）、日没時、初夜（午後六時～八時）、中夜（午後九時～午前一時）に及び、それを十日間続けた。三経のうち、特に『仏母《ぶつも》大孔雀明王経』は、嵯峨帝ご自身のために、悪人を遠ざけ、病魔を屈する大孔雀明王の呪文の意義について講義した。一日おいて、十二日目からは、金堂において息災・増益《ぞうやく》の護摩を焚き、一方で三経を念誦しつつ、鎮護国家ひいては一切衆生鎮護を祈りつづけた。祈り続けて七日目の十一月十八日、修法の験《げん》が現われ、天空にそれを告げる雷鳴が轟いた。修法は成就したのであった。この日まで東院の一室に侍していた和気真綱は、修法成就を報せるために、山を下り、大内裏に向かった。

初夜、その報せを冬嗣公から聞かれた嵯峨帝は、黙されたまま深く頷かれた。帝も確かに雷鳴をお耳にされていたのであった。翌十九日、大内裏朝堂院において、大嘗祭が厳かに執り行われた。ここに、皇統を嗣ぐ真の天皇が誕生されたのであった。

大足の周忌斎を営む

十二月に入って、空海は、伯父の故阿刀大足の周忌斎を行なった。このたびは、杲隣、実慧、智泉を伴って高雄山を下り、嵯峨野の大足が住んでいた邸（現・阿刀神社）に赴いた。無論、母は阿刀村からはるばるやってきていたし、真足《またり》、長人《ながひと》、笠主《かさぬし》、さらには現在、後宮に出仕している吉子《よしこ》、笛でもって雅楽寮に勤める安道《やすみち》など、阿刀一族が集まっていた。

空海は、大悲胎蔵生曼荼羅と金剛界曼荼羅 成身会《じょうしんね》（九会《きゅうえ》曼荼羅の中心部）を描き、『大日経』と『金剛頂経』を書写し、法事の席を設け、香や花を供えて供養した。その席で、空海は、今は亡き伯父に向かって語りかけた。「従五位下二千石、故伊予親王の文学（侍講）阿刀宿禰大足公よ、あなたはわが伯父であり、学問の師であった。そのご恩は泰山を凌ぎ、北海を越え、報い難い。この広大なご恩に報いるには、正しい法を示す経典に依らなければ、いかんともし難い」と。そして仏の霊妙なご加護の力について語り、それを書写した二種の経典の意義と、それらが遠い大唐からもたらされた由来を語り、その法を伝える素地をつくってくれた亡き伯父のご恩に限りない感謝の思いを訴えた。「つらつら思うに、亡き伯父公は、北海の湛智《たんち》（後漢の鄭玄《じょうげん》）にも勝るとも劣らぬ偉大な学者であった。わがために心血を注いで学問を教えてくれた……」。万感迫る思いに落涙を禁じ得なかった。「ああ、ところが、思いもかけず油《あぶら》尽き燈明が消え、薪《たきぎ》尽き火が消えるように、月日は移り、水は流れを留めぬように、伯父公もこの世を去られた……残されたわれらはこの悲しみを天に訴えるも及ばず、地を叩いてほとんど命も絶えるばかりである……」。聞き入る母たち一族の者たちは、滂沱《ぼうだ》の涙を流し、泣き崩れるばかりであった。やがて空海は、経に説かれた教えを説き、弟子たちとともに『理趣経』を唱えたのであった。

読経の声は、屋敷の庭の松籟《しょうらい》に和し、いつの間にか白い雪が舞っていた。

31　旧都への周遊

最澄禅師の書状

年が明けて弘仁二年（八一一）となった。空海が鎮護国家の修法を行ったという噂は比叡山にも伝わった。しかも修法結願《けちがん》の日、その験《げん》を示す雷鳴が轟いたと聞いては、最澄禅師も、空海という存在の大きさにようやく気づかざるを得なかった。しだいに焦燥に駆られはじめた禅師は、二月十四日、空海に宛てて次のような書状を送った。

最澄、稽首和南《けいしゅわなん》す。最澄、今月十四日を以て、都下《とか》に参向す。卑僧《ひそう》の心の裏《うち》、常に阿闍梨《あじゃり》の加被《かひ》を蒙《こうむ》り、秘密宗を習学せんことを思う。但し穏便得がたく、久しく歳月を過ごすのみ。この度《たび》、かの御院に向かいて、遍照《へんじょう》一尊の灌頂《かんじょう》を受け、七箇日許《ばか》り、仏子等の後に侍して法門を習学せん。和尚、もし無限の慈を垂れなば、即日必ず参奉《さんぶ》せん。伏して乞う、指南を垂れ進止せよ。日晩捴々《そうそう》にして具《つぶさ》に状《しる》せず。弟子最澄稽首和南。

すなわち、禅師は、大日如来一尊の灌頂を受けて七日間の習学をしたいというのであった。空海は、はて、と思った。禅師は何を考えておられるのか……かの大唐越州竜興寺で受けられた灌頂とは何であられたのか。その時の投花得仏でいかなる尊に花は落ちたのであろうか……大日如来一尊と申されるが、大日如来と他の諸仏諸菩薩との関係をどのように体得されているのか……。

禅師の性急な習学の思いはわかるのだが、それにはどれだけの準備が必要か、お分りなのだろうか……と思いつつ、これは一度面談してみる必要があると考え、早速、返書をしたため、灌頂にせよ、習学にせよ、「一期《いちご》の後《のち》」すなわち一度お会いしてからにしましょう、と書き送った。折り返し、翌二月十五日、禅師から、一疋《いっぴき》の絹とともに、次のような書状が届いた。

> 書を承《う》けて旨《むね》を悟る。一《ひと》たびは欣《よろこ》び一たびは懼《おそ》る。三障《さんしょう》未だ浄《きよ》からざれば、聖鏡《せいきょう》披《ひら》くを望みがたし。一期《いちご》の後《のち》、深く恩の厚きを悟る。下資《げし》後期を待って必ず将《まさ》に参謁《さんえつ》せん。且《しば》し絹一疋を奉り、以て信緒《しんじょ》を表す。伏して乞う、願わくは冥衷《めいちゅう》を加持《かじ》したまえ。弟子最澄稽首和南。

どうやら、禅師は、性急な願いをおさめて、後日、お会いするという気持ちになられたようであった。

青丘の上人

三月中旬、筑前国の国司大中臣《おおなかとみのたいとり》鯛取から、空海の許に書状が届いた。それによると、新羅国の僧たちが、博多津に上陸し、観世音寺に入ったという。そのうちの一人の上人は、青丘（韓国太丘市）の太賢和尚から唯識学を学んだのだが、たまたま青丘で、遣唐新羅大使が帰国後にもたらした噂が僧侶たちの間に広まっていたのを聞いた。それは、日本の空海という優れた僧が、密蔵法門の伝法阿闍梨位となり、時の大唐皇帝憲宗に拝謁後、日本に帰国したという噂であった。唐青龍寺で胎蔵法の印可を受けた恵日和尚からの報告もあり、僧たちの間では、空海という人物は大日如来の再来かと囁かれているようで、ぜひ、一度拝したいと、日本での唯識の研鑽も兼ねて渡来したというのであった。空海の噂は新羅国まで広まっていたのだ。

空海は、新羅の上人の渡来を壮として、彼のために法衣を一そろえ作って送らせることとし、十九日付で書状に一篇の詩を添えて送った。その詩は次のようなものであった。

青丘の道者　機を忘るるの人
法を護《まも》り縁に随《したが》いて物を利する賓《ひん》なり
海際に盃《はい》（船）を浮かべて日域（日本）に過《わた》る
嚢《のう》（頭陀袋）を持し錫を飛ばして梁津《りょうしん》（済度）を愛す

風光　月色　辺寺（観世音寺）を照らし
鶯囀《おうてん》　楊華《ようか》　暮春に発す
何の日　何の時か魏闕《ぎけつ》（朝廷）に朝《ちょう》（参内）し
言を忘れ蓋《がい》を傾けて煙塵を褰《かか》げん

いつの日か朝廷でおあいし、心ゆくまで語りあいましょう、というのが結びであった。

この頃、空海の噂は平安京の民衆の間にもひろがりつつあった。大唐で不思議な法術を身に着けて帰国した名僧が、高雄山寺に居られるというのであった。なかには、高雄山寺に足を向ける人々もいた。長い石段を登りつめ、金堂を拝して護摩木にさまざまな願い事を書いてもらい、それを護摩で焚いてもらうのであった。

実慧ら弟子たちが修行を兼ねて人々のために、交代で護摩を焚き、読経して祈り、写経を勧めるのであった。時には、集まった人々のために、空海自ら『大日経』について、やさしく説き聴かせ、説法をするのであった。希望する者たちには、結縁灌頂をも行なった。そういう人たちは、縁を結んだご本尊に帰依して信心に目覚めたことを感謝し、随喜の涙を流しながら帰っていった。

なかには、胎蔵曼荼羅の最外院に居る鳩槃荼《くばんだ》という馬の頭をした一尊を本尊とする者もいて、怪訝な顔をする者もいたが、このご本尊も大日如来の化身であると諭され、半ば納得しながら帰って行く者もいた。人々にとって、真言の法門は、一筋縄ではいかない、今までにない、不思議で神秘的な世界に直面した思いを抱かせたのであった。

帝のために劉希夷の詩を書す

四月六日、神泉苑《しんせんえん》に行幸《みゆき》された嵯峨帝は、学者で詩人でもある滋野貞主《しげののさだぬし》に洩らされるには、能書の僧が止住する高雄山寺はいかにも遠すぎる、もう少し楽に使人をやれる寺に移せまいかと言われるのであった。すると、そばに侍していた藤原冬嗣が、今は寺々が夏安居《げあんご》に入ろうとする時節であり、それが終えてから移住させてはいかが、と言上した。帝は頷かれ、話はそれっきりになったのだが、周囲に侍していた官人たちの耳と口を通じて、空海移住の噂はあっという間に比叡山に伝わってしまった。

それを聞いた最澄禅師は、天台系の論や『貞元目録』の借覧願いとともに、「移動されるとの噂を耳にしましたが、いかがなのですか」と、空海宛て四月十三日付の書状を、絹一疋、上紙五十張、用紙百張を添えて、高雄山寺に送り届けた。

空海は、その噂についてては実際のところ、何の沙汰もないことと、夏安居に入る旨を返書したところ、十八日になって、徳念という僧が最澄禅師の紹介状をもって訪れた。徳念法師は、かつて禅師が灌頂を行なったとき入壇した広円禅師の弟子であったが、しばらくの間、叡山で天台の法門を学んでいたものの、真言の法門を学びたいという志が厚く、最澄禅師の許しを得て空海の門を叩いたのであった。空海は快く受け入れ、高雄山寺の夏安居に弟子として加わることになった。しかし、徳念法師は長続きせず、やがて比叡山に戻って行った。

四月二十三日、藤原雄友が亡くなった。同月五日に宮内卿となったばかりであった。先年、真川が父雄友の体が弱っていると不安がっていたが、配流地での無理がたたったのであろう。穏やかな性格でめったに喜怒することがなく、容姿振舞に見るべきものがあり、話し方は明瞭であった。伊予親王事件で連坐して伊予国に配流されたが、先年、罪を免ぜられ、正三位に復していた。行年五十九。嵯峨帝は詔りして、大納言を追贈された。しかし、空海が雄友の死を知ったのは、夏安居も半ば過ぎのことであった。

すなわち、空海が請来した大唐の最新文化の香りに接したいとの思いに駆られておられた嵯峨帝は、夏安居の終わるのを待ちきれず、六月の中旬、中務省少内記（文書官）の大伴氏を使者として、大唐から請来した外典《げてん》を筆写して進上せよとの勅命を、良質の紙とともにもたらしたのであった。その折、大伴氏から宮廷の様子が語られ、はじめて雄友の死を空海は知ったのであった。

雄友の冥福を祈ったのち、改めて勅命について考えたとき、かの大唐西明寺の芳しい牡丹の咲く頃に交された朱千乗との抒情的な会話を想い出していた。朱千乗がしなやかに詠じた劉希夷《りゅうきい》の白頭吟《はくとうぎん》が鮮やかに蘇ったのである。「今年《こんねん》花落ちて顔色改《あらた》まり……か」と、空海は頷いた。朱千乗からは、高宗期の詩人劉希夷の詩集四巻をもらっていた。のみならず、近代の才子が愛する王昌齢の詩論『詩格』一巻ももらっていたのだ。

空海は、拝領した良紙に、劉希夷の詩集四巻を書写した。これに王昌齢の『詩格』一巻を副え、さらに徳宗貞元時代の英傑たちの詩を一行六字の六言詩三巻に分けて書体を大ぶりにし、王羲之《おうぎし》の書体を褚遂良《ちょすいりょう》の筆法で書いた。その上で、皇甫閲《こうほえつ》に与えられた飛白体の書も珍しかろうと書して献納することにした。これらに上表文を添えて実慧にもたせて朝廷に向かわせたのであった。

しかし数日たって、皇甫閲の「書を鑑《かん》するものは臨書をせず、臨書をするものは鑑しない」という言葉を想い出すとともに、帝《みかど》は空海自身の手をお望みなのだと気づき、あらためて劉希夷の詩集四巻と貞元の英傑たちの詩を、自分流に書き直し、近士《ごんじ》の三上部信満《みかみべののぶみつ》に託して進上したのであった。添える上表文には、皇甫閲の言葉を引いて、筆法の規矩はやや悟ったのであるが、本当に願うのは禅定であって書法を自由に駆使することではないと記しておいた。

修円律師からの書状

七月、夏安居《げあんご》が明けて早々に、興福寺の修円律師からの書状が舞い込んだ。北嶺止観座主《ざす》（最澄）が、しきりに空海に伝法を求めているとの噂や、巷間に伝わる空海の令名を聞くにつけ、一度ぜひお会いしたいということであった。修円律師は、去年の九月十九日、僧綱の一員である律師に任ぜられたばかりの法相唯識学の俊秀である。その滔々たる弁舌は平城旧都仏教界では抜きん出た人物として認められていた。それに官大寺興福寺は、藤原氏北家の氏寺でもあったから、帝の信頼篤い藤原冬嗣公の援助もあって、今や法相宗は隆盛に向かいつつあった。

僧綱《そうごう》というのは、僧尼の名籍や寺院資財の管理、僧尼の統轄、教学の振興など、仏教界を統制する組織であって、僧正、大僧都、少僧都、律師などによって構成されており、修円律師は今やその一角を占めているのだ。

修円律師は、かつて延暦二十四年（八〇五）九月一日、桓武帝の命により、三論宗の雄たる勤《ごん》操《ぞう》大徳らと共に、高雄山寺で最澄禅師から毘盧遮那《びるしゃな》会《え》の灌頂を受けたことがあった。それは、最澄禅師が大唐からもたらした新来の秘密法の受法であったのだが、その時の阿闍梨であった最澄禅師が、今は空海に伝法を求めているというのだ。それに、空海という人物は、大学に学んだ後に仏教界に入ったという珍しい経歴の持主であるらしい。その空海なる人物が、既存の仏教界に対してどのように対処しようとしているのか、それを修円律師は見極めてみたいと思ったのである。それは僧綱全体の意向でもあった。もちろん、空海の真言法とはいかなるものであるかにも興味はあったのだが……。

修円律師の誘いを受けて、空海は、この機会に平城旧都仏教界の主だった人物に挨拶しておくのも、真言法門宣布に役立つだろうと考え、後事は実慧らに託して、智泉を伴って高雄山寺を下った。

僧綱所で永忠少僧都との再会

京師《けいし》に入り、朱雀大路《すざくおおじ》を南下して、西寺《さいじ》に立ち寄った。西寺には僧綱所があるからであった。ところが、僧綱所では思いがけない再会があった。なんと、かの大唐西明寺で知己となり、お互いに兄弟と思うほどに親しくなった永忠《ようちゅう》法師がそこに居たのである。法師は、今では近江大津の梵釈寺の住持であり、しかも僧綱の少僧都という仏教界の重鎮となっているのだ。

「お懐かしうございます」と涙ながらに空海が両手を差し出すと、永忠少僧都も目に涙をためて、その両手を握りしめ、「おう、おう、海公、海公……一別以来じゃ……噂は耳にしておった……お会いしたいと常日頃思っておった……真言門の阿闍梨とのう……よくぞそこまで昇りつめられた……いや、海公なればこそと思っておった……」と声をふるわせる。二人はしばらくの間、来し方を振り返り語り合った。

「ところで、なにゆえ海公が僧綱所に……何か困ったことがおありかの？」と訊ねられ、空海は、修円律師からお会いしたいとの書状を戴いたため、ひょっとして僧綱所に居られるかと思い立ち寄った旨を語ると、少僧都は、「おう、円律師なら、興福寺に居られよう。拙僧は、雑務のために、ここに居残っていたのじゃ……」と言い、想い出したかのように、「そうじゃ、命《みょう》律師も居残っている、紹介いたそう」と、およそ六十になんなんとする僧を連れ来って空海に紹介した。

命律師とは、護命《ごみょう》律師のことである。元興寺の僧で法相唯識学の法将であるという。若い頃、吉野の比蘇寺で虚空蔵求聞持法《こくうぞうぐもんじほう》を修行したことがあるという。護命律師は、空海を一目見るなり、「おうっ」と嘆息して深々と礼し合掌した。

別れ際に永忠少僧都は、「拙僧らは老境に入ろうとしておる。円律師ならば海公と年も近い、よい話相手になろう……また、困ったことがあれば、拙僧に相談されるがよかろう」と温かい声をかけてくれた。

修円律師と対面す

西寺を後にした空海と智泉は、九条坊門小路を東にとり、鴨川の韓橋《からばし》を渡りきると大和に向けて南下した。宇治川にかかった宇治橋を渡るとき、巨椋池《おぐらのいけ》を指して智泉に言った、「わたしが正月の御斎会《みさいえ》に列するために、泰信和上に連れられて京に向かう途中、あの池を見ながら唐土への思いに胸をふくらませたものだった」と。智泉は、桧笠を上げてじっと眺め入った。やがて木津川の泉橋を渡り、奈良山の谷沿いの道を登った。ナラ坂を越える頃、はるか南前方に平城旧都の街並が、緑の木々や寺々の甍《いらか》、興福寺の五重塔、左手前に東大寺の大仏殿と塔が見えてきた。右手前方はるかに、建立したばかりの唐招提寺の塔や、薬師寺の塔もすっきりとしたたたずまいを見せていた。二人とも、一息つき、汗をぬぐった。

道は東三坊大路に入った。右手は法華寺である。その向こうに平城宮がある。先に重祚《ちょうそ》を謀られた平城上皇が、無念の涙をのまれ、僧形となって、住まわれている。空海は、ふと、子部《こべ》の尼のことを想い出していた。今頃はどうしているのか……尼のうっとりした顔の頤《おとがい》の辺りが浮かんでくる……そのようなこともあったか……と呟くと、智泉が「はっ?」と怪訝な顔で見上げる。「いや、何でもない」と言って空海はカラカラと笑った。

旧都は昔日の面影はなく、すっかり荒れ果てており、ところどころに破れ土塀が姿を現わし、雑草が一面に生い茂っていたが、南の方には早くも耕作地が広がり、その中に林に囲まれた寺々が蟬の声に鎮まっていた。このまま真っ直ぐに行けば大安寺の前に出るのだが、三条大路と交叉する地点で大路を東に向けて歩を進めた。この道はかつてよく通った道なのだ。行く手に興福寺が濃い緑の木立に包まれて見える。五重塔が威容を誇っていた。

興福寺の鐘楼に面した一室で、空海は智泉とともに修円律師に対座した。律師は空海がわざわざ足を運んできたことに大変恐縮しながらも、満面笑みを浮かべて、丁重に迎えた。「阿闍梨さまにつきましては、かねがね、永忠少僧都からお伺いいたしておりました」、まるで年来の知己であるかのように、親しげに挨拶した。律師は空海より五歳ばかり年上なのだが、むしろ年長者に対するかのようで、空海の全身から放射してくる包み込むような威力にじっと耐えていた。空海自身は何の構えもなくゆったりとした心持ちなのだが、律師は、眼を合わせると、空海の瞳の深い奥底に吸い込まれるような思いに何度も襲われていた。

話は、北嶺の最澄禅師のことや、僧綱の面々の動向、朝廷の仏教界に対する態度、さらには、律宗、三論、法相など諸宗の論争が絶えない現状などに及び、律師はそれを嘆くとともに、やがて、「このような現状を阿闍梨さまはどのように観られるのでしょうか」と、律師自身の本題に入ってきた。

空海は微笑みながら静かに語り出した。まずは、それぞれの宗派についての観方を簡単に述べた上で、「これらの諸宗は、どれも法王（真理の王）における多くの宮殿の一つであり、真理の世界に到る法門の一つである。どれも衆生の妙薬となり、あらゆる衆生を彼岸に渡す舟であり、橋なのです。これら一つ一つの真理に到る門には、仏の秘密の名称がつけられているのです。貧道が大唐から請来した経の一つに、次のように書かれています。

すなわち、文殊菩薩が仏に質問され、世尊（仏）にはどれだけの名号（名称）をもってこの世に現われたもうたのかと。仏は答えて言われました。わたしのことを空《くう》と名づけ、有《う》と名づけ、真如と名づけ、法性《ほうしょう》と名づけ、常《じょう》と名づけ、無常と名づけ、天と名づけ、鬼と名づけ、真言と名づけ、大真言と名づける。このような幾千億の名前でもって、いずれも生ける者たちに利益《りやく》を与えているのである云々と。もしこの意味を理解するならば、もろもろの宗派がどうして優劣を競って争うことがありましょうか……」と説いた。これを聴いていた修円律師は、わが法相、あるいは三論、天台などとは次元の違う発想だなと思った。と同時に、この空海という人物から発する威力の根源と同じようなものを、その主張の中に感じていた。

さらに、空海は、結論づけるように続けた、「わが秘密の法は、『大日経』と『金剛頂経』に説かれる仏の秘密の種子《しゅじ》すなわち、梵字を、円輪に廻《めぐ》らし、それら種子が重々交映して円融する境地に立てば、すべての経典を解釈できるのです」と。

その自信に満ちた言葉に、律師は、茫然としたが、ただ一つ判明したことが心のどこかに確信として固まった。それは、この人物の秘密の法がいかなるものであるにせよ、わが法相を論敵とはしないばかりでなく、既成の仏教を否定しているわけでもないことが判然としたのである。「されば、阿闍梨さま、共に法幢を立てて進まれる……」と言いかけると、空海は、「さよう、諸宗が相争っていては、どうして衆生を利益《りやく》できましょうか」と答えたのであった。

かくして両者の間には、親密な了解が成立したのであるが、この時、空海は心の中で、修円律師という人物は、僧綱の一員でもあるし、まだ若く仏教界の俊秀でもあろうから、この人物と、北嶺の最澄禅師と手を組んで、仏教界を刷新することも可能ではないかと考えていた。一方、律師は、己れは法相の法幢を立てて進むが、この阿闍梨の秘密の法というのも興味深い。これは一つ、室生山寺の弟弟子の堅恵《けんけい》に習学を勧めてみてもよいではないか、と考えていた。修円自身、若い頃、室生山寺を創建した賢璟《けんけい》法師に法相唯識を学び修行したのだった。だから、彼は室生の修円と呼ばれているのだ。

泰信和上と如宝大徳に再会す

興福寺に一泊した空海と智泉は、その日、南に隣接する元興寺に立ち寄った。空海の戒和上である泰信少僧都にお会いするためであった。和上は、かなりのご高齢であったが、体は丈夫そうで、思いがけない人物の来訪に喜び、にこやかに迎え入れてくれた。空海は師資の礼を取り、あの慌しかった授戒に到る日々の、一連の指導を深く感謝した。

さらに西に足を延ばし、唐招提寺の山門をくぐった。去年の五月に竣工したばかりの五重塔が相輪を碧空にすっくりと突き立て、金堂や鐘楼など、唐招提寺の整備に営々と努力を傾けてきた如宝大徳の意志を象徴していた。

緑眼紫髯《ぜん》の如宝大徳は、空海に相対したとき、空海が何者であるか想い出せないようであった。空海が合掌しながら一礼して、「お忘れでしょうか、一介の修行僧でありました貧道を……」と唐語で語りかけると、大徳は、遠い記憶の底から一筋の光明を見出したかのように、「おう……あの折の……」と絶句して空海をまじまじと眺めた。

空海は、大徳の庵室で対座すると、一別以来のことを語り、入唐求法の経過や、青龍寺恵果和尚の許で密蔵の悉地成就を遂げて帰国、今は都の西北、高雄山寺に止住していることを語った。そして、請来した経典類の中から自ら書写した不空三蔵訳の『仁王経』二巻に香を添えて贈った。その対話の中で、空海が、景浄という景教を奉ずる人物に会ったことや、鑑真大和上の足跡に触れたことを話したとき、大徳は、しばし眼に涙を浮かべ、深い懐古の念に沈むのであった。

如宝大徳は少僧都の地位にあり、僧綱の一員であったから、空海が朝廷に奉呈した『請来目録』には目を通していたのであり、空海なる人物が、密蔵法門の伝法阿闍梨位となって帰国したことは知っていた。しかし、その空海なる人物が、まさか、かつて唐招提寺を訪れ、唐語で話しかけてきた私度の修行僧だとは思いもしなかったのであった。夜に入っても話は尽きず、智泉は影のように寄り添って、静かに聞き入るのであった。

翌朝、空海と智泉は、帰山のために錫を執った。

32　山城国・乙訓寺止住

藤原冬嗣公の意向

八月に入って早々、嵯峨帝の勅命が高雄山寺にもたらされた。大唐から請来した書蹟類を進上せよとのことであった。空海は、憲宗皇帝から拝領した憲宗の祖父徳宗の真跡一巻、初唐の書家で虞世南《ぐせいなん》や褚遂良《ちょすいりょう》と並び称せられた欧陽詢《おうようじゅん》の真跡一巻、王羲之《おうぎし》の諸舎帖《しょしゃちょう》一巻、不空三蔵の碑一巻、道岸和尚の碑一鋪、徐侍郎《じょじろう》（徐浩）が健康府の宝林寺で詠んだ詩一巻、さらに、八分《はっぷん》の書や鳥獣の形をした飛白体《ひはくたい》の書などを進上したのであった。徳宗の書は、気宇《きう》壮大で徳宗の強敏な性格をそのまま反映するものであった。

九月上旬、久し振りに最澄禅師からの書状が届き、それとともに、以前から空海が借覧を要請していた『天台摩訶止観』も届けられた。それには、禅師による校訂が丁寧に施されていた。校訂の朱は、禅師の学者肌を彷彿とさせる、細かくきっちりとした文字で施されていた。空海は、早速次のような返書をしたためた。

風信雲書《ふうしんうんしょ》、天より翔臨《しょうりん》す。これを披《ひら》き閲《けみ》するに、雲霧《うんむ》を掲《かか》ぐるがごとし。兼《か》ねて止観《しかん》の妙門《みょうもん》を恵まる。頂戴供養《ちょうだいくよう》し、厝《お》く攸《ところ》を知らず。すでに冷やかなり。伏して惟《おもん》みれば法体如何に。空海、推常《うつりつね》なり。命に随い、かの嶺に躋攀《せいはん》せんと擬《はか》るも、限るに少願を以てし、東西することと能《あた》わず。今、我が金蘭《きんらん》と室山《しっさん》と一処に集会し、仏法の大事因縁を商量し、共に法幢《ほうとう》を建てて、仏の恩徳に報《むく》いんと思う。望むらくは、煩労《はんろう》を憚《はば》からず、暫《しばら》くこの院に降赴《こうふ》せられんことを。これ望むところ、望むところ。怱々不具。

釈空海状上。

九月十一日

東嶺金蘭法前　謹空

すなわち、『天台摩訶止観』を貸して下さったことを謝し、先々月、室生の修円律師と対面した折に考えた、最澄禅師と修円律師、そして空海の三人が会して、仏教界の改革の相談をしようではないかということを、もちかけたのであった。もし禅師にその気があるなら、高雄山寺に修円律師も呼んで相談したらどうか、というのが空海の考えであったのだ。もっともそれを示唆しただけであったが。

ところが翌々日、前日の暴風雨で京中の建物が倒壊した騒ぎの中、禅師からの書状がもたらされた、それには、左衛士督《さえじのかみ》藤原冬嗣公の禅師宛て書状が伴っていた。禅師の書状には、修円律師はともかく、まずは空海と二人で話し合いたい、それに冬嗣公のお尋ねもあることだし、そのことについてもご相談したいとのことであった。一方、冬嗣公の書状には、嵯峨帝の意向として、現在、空海が住む高雄山寺は余りにも遠く、不便であるから、空海を交通の便のよい寺に移住させたいと考えられておられ、禅師はどのように考えられるかといった意味合いの内容であった。冬嗣公は、どうやら最澄禅師が空海をどのように遇したいかご存じのようで、そのためにわざわざ禅師の許へ書状を発せられたもののようであった。禅師が空海を遮那業《しゃなぎょう》の師に迎えたいという意向を知っておられたのだ。そこで、空海は、すぐさま、次のような返書をしたためた。

忽《たちま》ちに枉書《おうしょ》を披《ひら》いて、陶爾《うれい》を銷《け》したり。御香両裹《りょうか》および左衛士督の尊書状、ならびに謹んで領し訖《おわ》んぬ。迫《せま》る法縁を以てし、暫《しば》らく談披《だんぴ》を闕《か》く。この法期を過ぐれば披雲《ひうん》せん。還信によってこれを奉《ぶ》す。不具。釈遍照状上

九月十三日

すなわち、二包みの香と、左衛士督藤原冬嗣公の書状を拝受した旨を記し、しかし、今、修法の時期がきており、それが終えたならお会いできましょうとしたためたのであった。実際、空海は、毎年九月には、己れの修禅に入る定めにしていたのであった。

冬嗣公の書状には、また、空海の移住先について一つの案が示されていた。それは、いまだに嵯峨帝に不安を与え続けている故早良親王の怨霊の威力を封じるために、京と淡路国にある親王の墓との中間に位置する寺で、しかも、親王が謀叛の罪で最初に幽閉された旧長岡京の乙訓寺《おとくにでら》であった。空海の法力をもって怨霊を封じ込めるには最適の寺であり、京からの交通の便も良いというのであった。最澄禅師に反対する理由があろうはずもなかった。

乙訓寺入住

かくして、十月二十七日、空海は、山城国乙訓寺の別当に補せられた。空海は、高雄山寺を実慧らに託し、智泉ら数人の弟子と近士たちを率いて乙訓寺に引き移った。寺主《てらし》の願演法師ら三綱《さんごう》が温かく迎え入れた。この寺の境内は、かつて藤原真川《まかわ》とさまざまなことを語り合った場所であった。願演法師は、「本堂の修理もままならず、土塀の破れ目もそのままで、親王さまの怨霊が籠った不吉な寺だと恐れられ、見捨てられたままでございます」と愚痴をこぼした。法師は寺の再興を空海に期待していたのである。事実、乙訓寺の別当に補することを命じた右大臣藤原内麻呂公の宣《せん》には、別当として寺の修造を預《あず》からしむと命じてあった。

乙訓寺は、聖徳太子が開創された古刹であるが、空海と真川が逍遥した頃も荒れていたが、長岡京が打ち捨てられて以来、ますます破れ果て、堂舎は雨漏りのため尊像が汚湿《おしつ》し、塀は倒れて人や動物がほしいままに出入する有様であった。空海は、寺の三綱や僧たちを動員して、本堂や僧房に応急処置を施し、ひとまず法事を行なえる態勢を整えた、その上で、寺の修繕に必要な費用を計算してみると、およそ一百貫の料銭を要することがわかった。そこで、各方面に書状を発して相応の喜捨を求めた。

また、願演法師によれば、朝廷が諸寺を修理する施として、料銭を西寺の僧綱《そうごう》所に預けてあり、諸寺は伽藍の修理費用を僧綱所に願い出ることになっているのだが、今まで何度も願い出たがかなえられなかったと言う。そこで、空海は、年が明けた弘仁三年（八一二）二月、僧綱に宛てて、修繕費用一百貫を願う書状をしたため、願演法師を遣わして奉状させた。僧綱には、永忠少僧都、如宝大徳、泰信和上、修円律師など空海の知己がそろっていたから、好都合であったのだ。

それに先立つ一月の中旬、藤原真川がひょっこりと乙訓寺に顔を出した。彼は八日の任官で甲斐守となり、甲斐国に赴くことになったと報告に来たのだった。さらに宮廷内の人事について、紀百継《きのももつぐ》が右近衛中将に任ぜられ、式部少輔《ふ》兼内蔵頭《くらのかみ》の小野岑守《みねもり》が兼美濃守となったことなどを語り、陸奥では、去年の十一月に蝦夷が全滅したこと、あるいは対馬に新羅の海賊が現われたが打ち破ったという大宰府の報告など、さまざまな噂話をして帰って行った。

柑橘を献上する

乙訓寺の境内には、数株の柑橘《かんきつ》の樹がある。冬になると、黄金の輝きを放つ玉のような実がなり、毎年、帝に献ずる慣わしとなっていた。それを見越されて嵯峨帝は、空海に詩を作るように仰せ来たった。柑橘の実を摘らせてみると、千個ばかり採れた。小ぶりのものを六つの小櫃《こひつ》に、大ぶりのものを四つの小櫃に納めて願演法師に奉進させた。それに添えた上表文に、空海は次のような詩をしたためた。

桃李珍《とうりちん》なりと雖《いえど》も寒《かん》に耐えず
星《ほし》の如く玉の如し黄金《こうきん》の質なり
太《はなは》だ奇《き》なる珍妙《ちんびょう》何《いづこ》よりか将《も》ち来《きた》る
千年一聖《いっせい》の会《かい》を表《ひょう》すべし
豈柑橘《あにかんきつ》の霜に遇《あ》って美なるには如《し》かんや
香味《きょうみ》は簞篋《ふき》に実《み》つるに堪《た》えたるべし
定《さだ》めて是《こ》れ天上の王母《おうぼ》が里ならん
攀《よ》じ摘《つ》んで持《も》て我が天子に献ず

簞篋《ふき》とは供物を容れる籠のことである。このような珍味はどこから来たかといえば、それは恐らく、かの天上から降りた西王母《せいおうぼ》が棲む崑崙山《こんろんさん》がその里であろう。千個摘《と》れたことから、千年に一度聖人が世に出ることの表われとして、嵯峨帝を誉め称えたのであった。

狸毛の筆

ところで、去年の六月、嵯峨帝の勅命をもたらした大伴氏は、少内記《しょうないき》であって、宮廷の記録を司る官吏であったが、なかなかの能筆のようで、嵯峨帝が空海の書跡に大変な興味を示されていることから、話は筆そのもののことに及び、兎毫《とごう》（兎の毛の筆）では、阿闍梨さまのような字はとうてい書けないと嘆いたため、空海は、唐から持ち来って用いている狸毛《たたげ》の筆を見せて、「このような筆を用いておるが、そろそろ本数も尽きようとしておりましてな……」と呟くと、「わたしどもは、このような筆は見たことがありません……」と溜息をついた。「この狸毛の筆の造り方は大唐で口授されておるが……」と水を向けると、大伴氏は、「わかりました。図書寮《ずしょ》の筆生《ひっしょう》（筆工）の誰かをさし向けますから、その造り方を伝授してください」と言った。

そんなやりとりがあった数日後、筆生の坂名井清川《さかないのきよかわ》が尋ねてきた。空海から造筆法を口授されたあと、見本にと、真書（楷書）用、行書用、草書用、写経用など、狸毛《たたげ》の筆をそれぞれ一管ずつ借りて帰って行った。帰り際に、清川は、「やはり、秋毛《あきげ》がよろしかろうと存じますが、いろいろ試してみます」と言い残したのだった。

それ以来、空海は新たに仕上がった筆を心待ちにしていたのだが、年が明けた三月の下旬、坂名井清川が同僚の筆生槻本小泉《つきもとのこいずみ》を伴って乙訓寺に姿を現わした。彼が造った狸毛《たたげ》の筆は、なかなか上々の仕上がりだった。清川は小泉にもこの筆の造り方を伝授し、共に造り、用途にしたがってそれぞれ十数管持ち来たったのであった。

四月十五日、空海は乙訓寺の僧や弟子たちを率いて、夏安居《げあんご》に入った。『金光明最勝王経』の講義を行なったのだが、乙訓寺の僧たちにとって、真言法門による解釈は、驚愕すべきものであった。

空海が図書寮《ずしょ》の筆生に新しい造筆法を伝授したという噂は、嵯峨帝のお耳にも達した。六月六日、その新しい筆を進上するようにと空海に仰せ下されたのであった。翌日、空海は、坂名井清川に、狸毛の筆を用途別に一管ずつ造り、帝に献上するようにと書状を発し、それに帝への上表文を付して託した。その上表文の中で、清川の造った筆は、唐人の造った筆に劣らないことを強調しておいた。

狸毛《たたげ》の筆には、春宮《とうぐう》（大伴皇太子）もいたく興味を示されたようで、早くも十五日に、令旨《りょうじ》を下され、狸毛の筆を献上するようにと仰せ来たった。そこで、空海は、筆生の槻本《つきもとの》小泉《こいずみ》に造らせて、それに春宮への上奏文を添え、近士の村国益満《むらくにのますみつ》に託して奉った。その上奏文においては、能書の者は、必ず好筆を用いるものであり、しかも筆は、書く字の書体に応じて替わり、書法や字の大小によっても筆は替えるものであるとしたためたのであった。

33　神泉苑での宴

比叡山に上ろうとする

乙訓寺修繕のための喜捨は、さまざまな方面から少しずつ集まってきたが、七月中旬、僧綱所から一百貫の料銭が下されることになり、いよいよ、寺の修造が始まった。空海は、それらの指揮は、願演法師ら三綱にまかせ、自らは助言するだけに止めた。

七月十三日の夕刻、唐招提寺の如宝大徳からの使者が来寺した。この日、唐招提寺には朝廷から封戸《ふこ》五十戸が恩施されたのだ、その御礼の上表文を空海に代筆して欲しいという大徳の願いが伝えられたのだ。封戸に当てられた戸では、租の半分と調庸の全てが唐招提寺に納められることになったのだ。誠実で精力的に造寺に励んできた大徳の労に報いるためであったろう。空海は喜んで引き受け、大徳の感謝の思いを簡潔に代筆したのであった。

二十八日、嵯峨帝から、こんどは唐から請来した書巻類を進上せよとの仰せがあった。空海は、高雄山寺に置いてきたものもあったので、早速使いを発して取りに行かせるとともに、手許にあったものを含めて、王昌齢の詩集一巻や、朱千乗の詩集一巻など、十種の書巻をとりまとめ、上表文を添えて届けさせた。それらの中に『急就章《きゅうじゅうしょう》』という字書が含まれていたが、「急就」とは速成を意味し、前漢時代元帝のとき、黄門令であった河東の史遊《しゆう》が編んだもので、漢代以降、児童用の教科書として広く用いられてきたものである。空海自身、臨書してあり、弟子たちの勉学の資料としていたものであった。『急就章』は、さまざまな書家によって繰り返し書かれ継がれてきたが、空海が手に入れたものは、晋代の索靖《さくせい》の手になるものと唐人は言っていた。だが、真本かどうかは疑わしかった。

八月に入って、空海は、最澄禅師に書状を送り、伝法の旨を告げ、その前にぜひ一度お会いしたいと伝えた。もっとも、禅師は五月の初旬以来、病に臥していて、ようやく癒えたばかりであった。十九日付の禅師の返信には、「伝法の旨を告」げられ。「歓《よろこ》ばしい哉《かな》」と、空海の意向を喜びながらも、相変わらず「遮那《しゃな》宗（真言法門）と天台とは与《とも》に融通し」とあり、天台法華一乗と真言法門一乗とに差別はないという禅師の考え方が示されていた。

禅師の返信をもたらした使者は、九月の中旬に、禅師が、かつて唐への渡海の折、無事に帰朝できたならと願をかけてあったことを果たすために、叡山を降りる予定であり、それ以前ならお会いできるとの伝言を伝えた。

数日後、空海は思いがけない書状を手にした。それは大安寺の勤操《ごんぞう》法師からのものであった。それによると、山城（西寺僧綱所）で、修円律師から空海のことを聞き、折を見てお会いしたいとのことであった。北嶺すなわち最澄禅師や修円律師ともじっくり話し合う機会を持ってみたいともあり、空海に対して甚だ好意的な文面であった。空海は、早速、返書をしたため、法師の申し出に賛意を表した上で、勤操法師の奉ずる三論宗の宗祖、龍樹菩薩は、わが密蔵（真言法門）の第三祖龍猛《りゅうみょう》菩薩その人であり、言うならば、三論宗とわが法門とは同じ宗祖をもつ兄弟のような関係にあるとも記した。

勤操《ごんぞう》法師は、十二歳のとき、大安寺の信霊《しんりょう》法師の弟子となり、その後、興福寺で得度、十六歳のとき、高野《たかの》の地に入って修行、二十歳で具足戒を受け、大安寺の三論の学匠善議大法師の弟子となって修行を積んできた俊秀であった。空海はかつて、高野の地で丹生祝《にうのはふり》から勤操法師の若き日の修行の様子を聞いたことを想い出していた。しかし、法師の書状と前後して、八月二十三日、法師の師である伝灯大法師善議が入寂されたという噂が伝わってきて、法師の申し出のことは、沙汰止みとなってしまった。
九月に入って、最澄禅師から書状がもたらされ、九月には渡海の際の願を遂げねばならぬゆえ、それ以前に、できるならば、叡山にお越し頂きたいという文面に加え、不空三蔵訳『仁王経』などの借覧を願う追伸があり、三日には、香などが届けられた。空海は、次のような返信をしためた。

忽《たちま》ちに書札《しょさつ》（手紙）を恵《めぐ》まれ、深く以《もっ》て情《こころ》を慰《やす》む。香等は三日を以て来《きた》れり。三日より起首《はじめ》て、九日に至りて（修禅）一期終るべし。十日の払晨《ふっしん》（明けがた）に参入（お伺い）せんとす。願わくは留意して相待《あいま》たれんことを。これ望むところなり。山城、石川の両大徳、深く渇仰《かつごう》して、意を申《の》ぶることを望むなり。仁王経等は備《び》講師が将《も》ち去《ゆ》きて未だ還《かえ》さず。後日、親《みずか》ら将《も》ち去《ゆ》きて奉呈せん。責むることなかれ、責むることなかれ。還人（帰りの使者）による。不具。沙門遍照状上。

九月五日

止観座主法前　謹空

すなわち、空海は、九月十日の明け方、比叡山に上り最澄禅師を訪れる予定であった。文中の

「石川」は勤操法師、「山城」は、西寺ないし東寺を意味するが、僧綱《そうごう》所のある西寺を指す場合が多く、したがって「山城の大徳」は僧綱の面々を意味しておろうが、ここでは修円律師のことである。また、「備講師」は、吉備国分寺の講師のことであろう。

ついでではあるが、この禅師宛の書状はまことに流麗自在な筆致であって、先の「風信雲書」の書状や「忽披枉書《こつひおうしょ》」の書状とともに、日本書道史の頂点をなすもので、大唐で学んだ書法を踏まえた最も充実した名筆である。

内供奉十禅師となる

さて、こうして空海は、九月十日の明け方、比叡山に登る予定であったのだが、突然、この予定が狂ってしまった。それは、九月八日にもたらされた嵯峨帝の勅命によってであった。その勅命の内容は、空海を内供奉《ないぐぶ》十禅師の一人に任ずる、その内供奉禅師たる空海に、九月九日の神泉苑での宴に出席するようにというものであった。内供奉禅師を任ずる太政官符が添えられてあった。

内供奉というのは、宮中の内道場（仏教道場）に奉仕し、夜間に祈禱のために、帝のお傍に詰めたり、御斎会《みさいえ》の時には読師《とうし》（経題を読上げる役僧）となったりする知徳兼備の僧のことで、十名の禅師が兼職した。

嵯峨帝は、空海と対面するために、神泉苑の宴という場を考えられたのだが、それには何らかの資格が必要であった。藤原冬嗣公が提言されるには、大唐では、内供奉《ないぐぶ》という資格は僧侶や道士のみならず、丹青（画家）など一芸に秀でた者に与えられるもので、空海という人物は法力に優れた僧侶であるばかりでなく、書芸にも抜きん出たものがあり、内供奉十禅師という資格を与えれば、神泉苑の宴に呼び出すことも可能であり、それに、去年の六月、大僧都勝悟《しょうご》が入寂して、ちょうど欠員にもなっていると申し上げたのであった。かくして、太政官符が発せられ、帝の勅書とともに空海にもたらされたのであった。

空海は、三日からはじめた自らの修禅を中断され、その期日をさらに引き延ばさざるを得なかった。そこで、最澄禅師宛に、修法延引のため十日の叡山登攀を中止せざるを得ず、後日、お会いしたい旨を書き送った。

神泉苑の宴

九月九日は重陽《ちょうよう》（陽数九が重なる）の節句である。盃に菊の花びらを浮かべて酒を酌み交わす菊花の宴《うたげ》が神泉苑で行なわれた。

神泉苑は、大内裏の東脇を南に向かう東大宮大路に西側から接し、大内裏と二条大路を隔てて南側にある、東西二町、南北四町という広大な苑地で、周囲に築地《ついじ》をめぐらせ、六つの門を開いている。平安京造営が始まると同時に造営に着手、延暦十九年(八〇〇)に完成した。桓武帝は度々行幸《みゆき》され、延暦二十一年二月には四度も行幸されたほどである。その翌年の二月二十九日には、遣唐大使藤原葛野麻呂らが内宴に招かれ、当時の安殿皇太子《あて》は伊予親王や神野親王らを率いて舞いを舞ったのであった。

苑内は、北東部に豊かな湧泉があり、それを滝状の流れとして中央の大池《おおいけ》に導き、大池には中島《なかじま》がある。池に南面して乾臨閣《けんりんかく》という正殿があり、屋根には鴟尾《しび》が上がっている。正殿には北の対《たい》があり、また左右には渡廊《わたろう》でつながる西の対の閣《たかどの》と東の対の閣があって、それらの閣からさらに渡廊でつながった釣台《ちょうだい》が大池の東西に対置している。

正殿の前庭は白砂が敷かれ、競馬や相撲、射術、舞楽などの行事が行なわれた。それら建物群や大池の周囲には、無数の樹木が植えられ、野鳥や鹿などが放たれていた。延暦二十三年(八〇四)八月十日の暴風雨で東西の閣《たかどの》が倒れたが、そのころ空海たちの乗った遣唐使第一船は大唐の福州長渓県六印港に辿り着いていたのだ。

嵯峨帝の代には東西の閣は復旧されていた。湧泉からの流れには小橋が架けられ、滝殿が設けられ、前庭の白砂の隅には馬埒殿《ばれつでん》(馬をつなぐ所)があった。正殿が「乾臨閣」というのは、「乾」が帝位を表しており、帝が臨む閣という意味である。ここには、帝の玉座がしつらえてあった。玉座の間から、庇《ひさし》の間、広庇《ひろびさし》の間と細長い部屋がつづき、正殿の広庇の軒は長く、二本の角柱で支えられ、夏は涼しく冬は暖かいから、嵯峨帝は、事あるごとに行幸されるのであった。

　この弘仁三年（八一二）九月九日、嵯峨帝は、侍従（五位）以上の者たちと遊宴を催されたのであった。正殿の庇、広庇には、右大臣藤原内麻呂を筆頭に、大納言藤原園人《そのひと》、中納言藤原葛野麻呂《かどのまろ》・巨勢野足《こせののたり》、兵部卿藤原縄主《ただぬし》、左衛門督藤原冬嗣《ふゆつぐ》、右近衛中将紀百継《きのももつぐ》、右衛門督藤原緒嗣《おつぐ》、式部少輔小野岑守《みねもり》、左少弁良岑安世《よしみねのやすよ》、宮内少輔藤原文山《ふみやま》らが、きら星のごとく居並び、また東宮学士滋野貞主《しげののさだぬし》、式部卿葛原《かずらはら》親王、また、東宮、平城上皇も隣席され、帝は玉座に坐《ま》された。

　大池の中島には舞台がしつらえられ、東西の釣台から楽人を乗せた龍頭《りょうとう》の舟と鷁首《げきしゅ》の舟が、雅楽を奏でながら水上に浮かぶと、中島の舞台では、内教坊（妓女教習所）の妓女たちが、霓裳《げいしょう》羽《う》衣《い》の曲を舞い始めるのであった。この曲は、唐の玄宗皇帝が夢に月の宮殿で天女の舞う姿を見て作ったといわれる女楽《おんながく》である。虹色に輝く裳に、袖は風にひるがえる雪のようで、さながら天女の舞いそのものであった。

　空海は、この日、師の恵果和尚から拝領した健陀穀子《けんだこくし》の袈裟《けさ》を身に着けて正装し、東の閣《たかどの》、広庇の間に端坐していた。天空をゆく鶴の声に耳を傾け、龍頭鷁首の舟の管弦を聴き、水面に浮かぶ鵠《くぐい》や妓女の舞いに見入り、樹林を吹きぬける風の音に身を委ねていた。

　女楽が終るころ、案内されて渡廊《わたろう》を通り、正殿の玉座を正面とする庇の間に至って平伏し、「遍照金剛空海にござります」と名乗り、招宴に対する感謝の言葉を申し上げた。すでに酒宴がはじまっているのか、あたりには酒の薫りが漂っている。促されて顔をあげると、嵯峨帝はゆったりとくつろいでおられた。帝は、空海より十二歳年下であるが、すがすがしい賢王の風格を湛えておられた。

「海公の眼は三世(過去・現在・未来)を見通している眼であるな」。これが帝の最初のお言葉であった。「おそれいります」と言上しながら、空海は、帝が華厳の世界に造詣があることを知った。そこで、過去について、「寂仙《じゃくせん》法師のお姿が観えます」と申し上げると、帝は、「おお、朕は神野《かみの》であったからのう」と微笑まれた。帝は、伊予国石鎚山前神寺《まえがみじ》で修行した寂仙法師の生れ変りとひそかに称されていたのだ。このやりとりがあって、帝と空海はすっかり打ち解けて会話ができるようになった。また周囲の群臣の間にもなごやかな雰囲気が漂いはじめた。嵯峨帝は皇太子のときまでは、伊予国神野郡の名を取って神野親王であったのだ。即位された大同四年(八〇九)九月二日、帝の諱《いみな》に触れるとされ、神野郡は新居《にいい》郡と改められたのであった。

話題は、当然、空海が見聞した唐朝の詩の傾向や書法など文化的潮流が中心となった。東宮、重臣たちも加わって、座は、一段と盛り上がり、なごやかな興奮に包まれた。中でも、紀百継《きのももつぐ》や小野岑守《みねもり》、良岑安世《よしみねのやすよ》たちは、空海が密蔵における伝法阿闍梨位に至った経過に強く興味を示したのであったが、空海は、できるだけ帝の関心に添うて語るように心がけた。

しばらくして、帝は、侍従に何か命ぜられた。侍従は、北の対《たい》から文箱《ふばこ》を持ち来たって、空海の前に置いた。「何であると思うか」と帝は仰せられる。紐を解いて開けてみると、表装された巻物が入っている。それをひろげてみて、空海は驚いた。なんと、それは、かつて己れが書いた『聾瞽指帰《ろうこしいき》』一巻ではないか。今は亡き伊予親王の手を経て、嵯峨帝の御許に帰していたのだ。「驚くべき文才と筆力ですな」と滋野貞主《しげののさだぬし》が呟いた。「今ならどう思う」と帝は仰せられる。「流れる汗がいや増すばかりでありますぬ……この序はどうにもなりませぬ」と申し上げると、「しばらく海公に預けておこう」と帝は仰せられた。新たに序を書けとのご暗示であった。その上で、帝は、海西には多くの詩論があるが、この日本国にはまとまった論がないと嘆かれ、それを書かぬかと空海に示唆されたのであった。また周囲の官人たちもそれを望んだ。

これを機に、帝は文人たちに詩を作るように命ぜられた。人々は、三々五々、苑内を散策しながら、めいめい詩作に耽ったのであった。空海は、滋野貞主と連れ立って、苑の樹林の中を逍遥した。空海は、「秋日　神泉苑を観る」と題して次のような詩を詠じた。

神泉に彳亍《てきちょく》（散策）して物候《ぶっこう》（季節の有様）を観れば
心神　恍惚《こうこつ》として帰る能《あた》わず
高台は神のごとく構《かま》えて　人力に非《あら》ず
池鏡は泓澄《おうちょう》として　日暉《にっき》（日光）を含む

鶴響《かくきょう》（鶴の声）　天に聞こえて　御苑《ぎょえん》に馴《な》れ
鵠翅《こくし》（白鳥の翼）且《しばら》く戢《おさ》めて幾《ほと》んど将《まさ》に飛ばんとす
游魚《ゆうぎょ》　藻《も》に戯《たわむ》れて　数《しば》しば鉤《はり》を呑《の》み
鹿は深草に鳴いて　露《つゆ》　衣《ころも》を霑《うるお》す
一翔一往《いっしょういちおう》（生きとし生けるもの）　君が徳に感じ
秋月秋風　空しく扉《とびら》に入る
草を銜《ふく》み粱《あわ》を啄《ついば》んで　何《いず》くにか在らざらん
蹌蹌《そうそう》（ゆったり）として率舞《そつぶ》して　玄機《げんき》に在り

すなわち、高い台閣は神が作られたようで人間の作ったものとは思えない。鶴の鳴き声や、翼を休め飛び立とうとする白鳥、池に遊ぶ魚、草の深みに鳴く鹿、この苑にいる生きとし生けるものたちが、嵯峨帝の徳に感じ、秋の月光や風、さらには馬や鳥たち、全てがゆったりと連れ立って舞い、不可思議な自然のたくみの中にあると詠んだ。「蹌蹌たる率舞」には、妓女たちの舞いが踏まえられ、全体として、帝の徳を感じた生き物たちが、ゆったりと自然のたくみの中にあることを表わしたのであった。

この詩に和して、滋野貞主《しげののさだぬし》は、「海和尚の『秋日　神泉苑を観る』の作に和す」と題して次のような詩を作った。

闍梨《じゃり》　下るに南山の幽自《よ》りし
勅許もて上苑の秋を看《み》せしむ
御路　蕭疎《しょうそ》（さびしくまばら）たり　柳楊の影
遵《したが》い行けば直《ただ》ちに白砂洲に到る
廻り瞻《み》れば蕭殺《しょうさつ》（ものさびしい）として　紛濁《ふんだく》（みだれよごれ）無く
眼に沸《わ》く　清泉の一細流
小嶺に登攀《とうはん》すれば頻《しき》りに鷲《わし》を見
暗林に沸入《ふつにゅう》（わけ入る）して　鳩を驚かさんと欲す
三明《さんみょう》　濕《うるお》いは照らす　龍池の閣
二道　薫《かおり》は迎う　秋恵《しゅうけい》の楼
法侶《ほうりょ》　相い随う　嘉樹の下
昔　大比丘《びく》と殊《こと》ならず

「南山の幽」とは乙訓寺を指している。ここで貞主が意図したのは、「小嶺」に「鷲」を見ることに霊鷲山《りょうじゅせん》を重ねあわせることであった。次句の「鳩」も『左伝』に出てくる「鳩民」すなわち民を集めることを踏まえて、全体として釈迦の説法を暗示させたのである。「三明」は、未来と過去の苦を明らかにして、正観をなして煩悩を断つことで、正殿を空海に重ね合わせ、「二道」すなわち世間道（書芸・文才）と出世間道（仏道）という空海の両手の働きを東西の対《たい》の閣《たかどの》に重ね会わせ、美しい樹の下にいる空海を、釈迦の樹下大悟にたとえ、「大比丘と殊ならず」としたのであった。

神泉苑から帰山した空海は、翌日から、わずかな暇を用いて、詩論に関する海西の諸家の文を集めては、それをまとめ始めた。

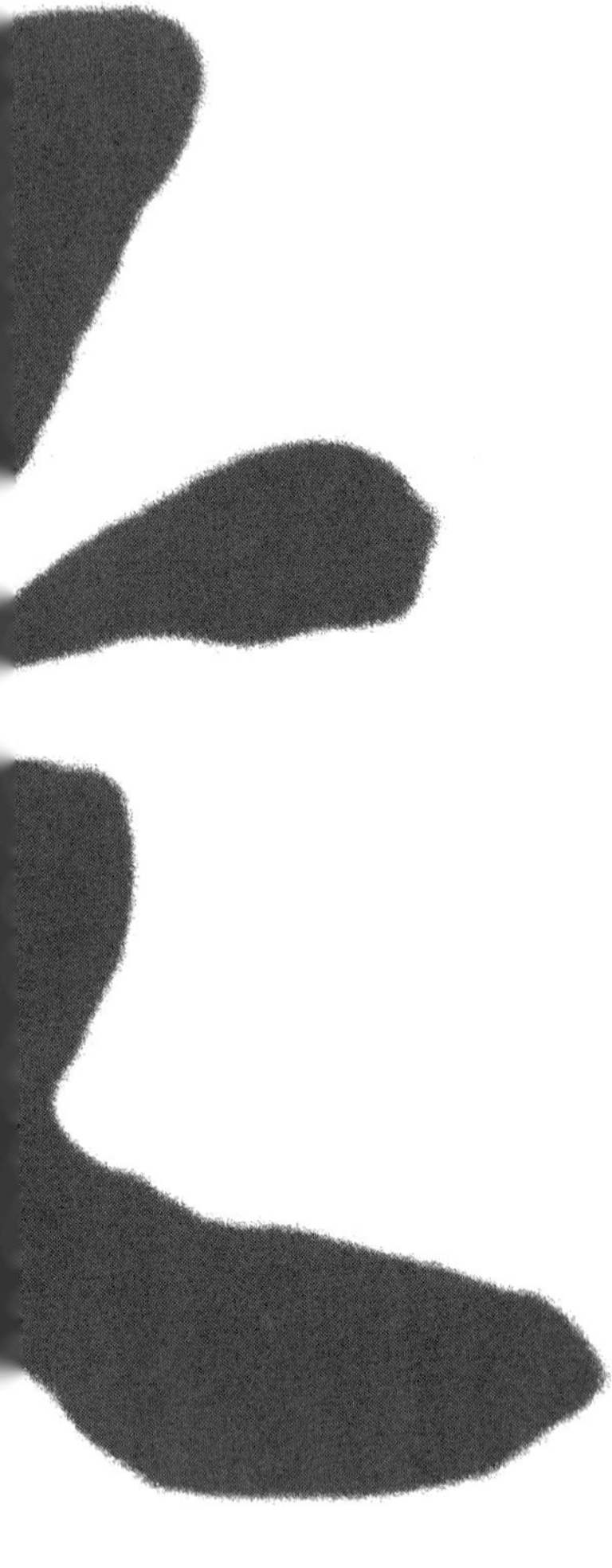

第Ⅳ部　最澄との関わり

34　最澄禅師との対面

最澄禅師における二つの気がかり

最澄禅師は、九月、先年、渡海の折にかけた願を果たすために、弟子の光定《こうじょう》法師を伴って比叡山を降り、住吉大神に詣でた。さらにまた、禅師は聖徳太子を仰がれ、太子が、霊鷲山《りょうじゅせん》で釈尊から、法華経の講説を、天台智顗《ちぎ》とともに聴かれた南岳慧思《なんがくえし》の生れ変りと信じておられたから、四天王寺にも寄られた。その後、興福寺で十月十日から七日間催された維摩会《ゆいまえ》に参じたのであった。

維摩会の結願《けちがん》の日、禅師は、同じく参列していた西大寺の泰演《たいえん》法師と懇意になった。お斎《とき》（昼食）を終えた直後、泰演法師は、ぜひ西大寺にお寄りくださるようと言い残して去って行った。禅師と光定法師は、しばらく興福寺に滞在していたが、この頃、禅師にとって気がかりなことが二つあった。

一つは、弟子の泰範《たいはん》法師のことであった。泰範法師は、延暦二十一年（八〇二）、二十五歳のとき、元興寺で出家得度し、その後、泰信和尚を戒和上として受戒、三十五歳のとき比叡山に入山した。なかなか優秀な弟子であったから、禅師は特別に目をかけてきた。この年の五月、禅師が病を得たとき、遺言をしたため、その中で、泰範を惣別当に任じ、山内の管理運営と文書の整理を委ねるとまで書いていたのである。

ところが、古くから禅師の弟子であった者たちとの間に反目が生じ、叡山を去って故郷の近江高島に身を潜めてしまったのだ。禅師は、泰範に帰山を求める書状を発したのであるが、泰範からの返書は、「己れが破戒の悪行をかさねたため、いたずらに浄行の徒衆に迷惑を及ぼしてしまいました……謹んでおいとまを請《こ》います」というものであった。禅師は、さらに慰留の書状を発したが、泰範は帰山しなかった。

ところで、禅師は、年来、天台法華一乗のもとにその修行を目指す止観業《しかんごう》と、密蔵の研究を目指す遮那業《しゃなごう》を置き、密蔵の教えを取り込む形を取ってきたのであるが、最近は遮那業を修行する弟子たちがめっきり減ってしまった。それが第二の気がかりであった。

禅師自身、その原因はよくわかっていた。密蔵の天台における位置付けは、唐においてもそうであったが、確固たる教理はないのであった。禅師は、密蔵に対して、何かが欠けていると感じていた。そういう曖昧な禅師の姿勢が遮那業の弟子たちに影響を及ぼしていたことは、争えない事実であった。

空海阿闍梨との書状のやり取りを想い起こしてみると、結果として、『大日経』系の経論類はかなり手許にそろっているのだが、どうも『金剛頂経』系の経論が欠けているのだ。今まで、唐竜興寺順暁和尚から学んだ密蔵の方向に沿って経論借覧を求めてきたのであるが……海阿闍梨の『請来目録』新訳の項冒頭に、まさに『金剛頂経』系の中心的経典と思われる『金剛頂真実大教王経』一部三巻と書いてあったではないか。何という迂闊なことか……！

十月二十五日、禅師たちは泰演法師の招きに応じて西大寺を訪れ、一泊した。翌朝、西大寺の僧房で、禅師は、乙訓寺の空海に宛てて、次のような書状を発した。

弟子最澄和南

本経を請い奉る事

金剛頂真実大教王経一部三巻

右、本経の奉請《ぶじょう》をなすこと件の如し。来年四月以前に写し奉り畢《おわ》って、即ち奉上《ぶじょう》せん。敢て損失せず。謹んで和南す。

この書状を発したのであるが、西大寺のお斎《とき》に列しているうちに、これはどうしても海阿闍梨に会わねばならないという思いが募ってきた。叡山の現状を思えばこそ、どうしても会わねばならない。その上で、授法を果たさねばならぬ……と決心したのであった。

対面

十月二十七日、最澄禅師たちは、長岡旧都に入り、乙訓寺の山門をくぐった。境内には番匠《ばんじょう》（大工）が入り、伽藍の修理の真最中で、境内の一角には建材が積まれていた。応対の僧に案内されて、奥まった北側の広い庵室に導かれた。

空海は、禅師からの書状を披いて返書をしたためるつもりであったが、一種の予感のようなものを感じていた……禅師は、叡山への帰途、ここに立ち寄られるのではないかと。その予感はまさに的中して、ここに初めて両者は対面することになった。

最澄禅師と光定法師が庵室に足を踏み入れたとき、西側の金剛界大日如来坐像と東側の胎蔵生大日如来坐像をうしろにして、その中央に空海が端座していたが、立ち上がり、にこやかに迎えた。かたわらには、智泉がひかえている。双方は合掌して深々と初対面の挨拶をすると、お互いに対座した。

「真言法受法のお願いに上りました」と、七歳年長の禅師は頭を下げた。大きく頷いた空海は、やおら左右うしろのご本尊を指し示しながら、東側におられるのが『大日経』に説かれるご本尊であると説明し、智泉に、東の壁に大悲胎蔵生大曼荼羅を架けるように命じた。これが『大日経』を典拠として描かれた曼荼羅であると言い、『大日経』すなわち、大毘盧遮那《だいびるしゃな》成仏神変加持経《じょうぶつしんぺんかじきょう》は、梵本によれば、マカビルシャナボダシチジ　ビキリニタジシタ　シュタラン　インダラアランジャと申す……」と説明し始めた。さらに西側のご本尊を指して『金剛頂経』に説かれる金剛界のご本尊であると言い、『金剛頂経』とは金剛頂瑜伽一切如来真実摂大乗現証大教王経《こんごうちょうゆがいっさいにょらいしんじつしょうだいじょうげんしょうだいきょうおうきょう》のことであり、梵本によれば、バザラ　ウシュニシャ　サラバ　タターギャタ　マハーヤンダ　ビサンボウジ　マハーアカン　ラジャ　ソタランと申す……」と続けた。禅師は、梵字の素養があまりなかったから、ただ茫然として聞き入るだけであった。

空海は、二つの経典や曼荼羅について、さまざまなことを語るのであったが、梵語が混じりあっていて、禅師にはなかなか了解しかねる点が多かった。しかし、真言法受法の思いはますます募ると同時に、吸い込まれていきそうな空海の眼の深みに耐えねばならなかった。やがて、空海は、「真言の法門は、写経や読誦だけではなく、行を重んずる。行を深め重ねることによってはじめて成仏への道が開かれるのです」と言って、一息つき、じっと禅師を見つめた。「しかもその行も師資相承によってはじめて正しい行に入ることができるのです」とつけ加え、しばらく沈黙が続いた。禅師の顔は紅潮していた。

空海は話題を一転させた。「乙訓寺は修築中であって、心を集中できません。不便ではありますが、高雄山寺で灌頂を執り行ないましょう。乙訓寺別当としての役目は一段落しましたから……」と言うと、禅師は、「まことにそれがよろしかろうと存じます」と頷く。続けて空海は、「空海、生年四十に垂んとし、期命も尽きようとしています。仏を念ずるために高雄山寺に住しそこから動くことを欲しません。所持する真言の法は最澄阿闍梨に付嘱《ふしょく》しましょう。おもうに、早速今年のうちに付法を受取されたい」と言う。禅師の顔がぱっと輝いた。空海は続けて、「二十九日には高雄山寺に向かい、準備をいたします。来たる十二月十日を授法の日と定めようと思います」と。「諸仏の加《よみ》するところでありましょう。海阿闍梨の高雄山寺止住については、お上に、その理由とともに上奏しておきましょう」と禅師が答えると、空海も、「こちらからも上奏しておきます」と言った。かくして、高雄山寺灌頂の約束が結ばれたのであった。言うならば、高雄山寺止住を条件に、真言法付嘱を禅師にもちかけたようなものであったが、禅師はあえて逆らわなかったのだ。

乙訓寺に一泊した禅師たちは、翌早朝、辞して行った。それを見送りながら、空海は、禅師という人物について、「智泉よ、どう感じたか」とたずねた。「はい、重厚で聡明な方であると思いますが、少し頑固なお方のようにも……お弟子は師に傾倒していらっしゃるように見受けられました」と智泉が答える。空海は頷き、「急いで帰山の支度を」と促し、「実慧に帰山の旨を伝えておくれ」とも言った。そして、灌頂における投花によって、いかなる仏・菩薩と禅師が縁を結ばれるか、とも考えていた。

十月二十八日、空海たちは、乙訓寺に別れを告げて、高雄山寺に向かったのであった。

35　高雄山寺灌頂

さまざまな準備

弘仁三年（八一二）十一月五日、最澄禅師は、近江高島にいる泰範法師に書状を送った。乙訓寺での空海との面談の内容を詳しく記し、灌頂は十二月十日と定まったゆえに、早く叡山に帰山し、調度を整えて十一月二十七日には、高雄山寺に向かうようにと呼びかけ、くわしいことは、この書状を持参する光仁に聞けと書き、追伸として、灌頂に入壇したい者がいたら、各々糧《ろう》を持って上って来なさい、灌頂の料物は各自の力によらなければならないからだとも記した。さらに七日には、再度、書状を送り、今月の十三日ごろには高雄山寺に参向し、儀式の下稽古をする予定であるから、早く来て、共に受法の庭に進もうではないかと誘ったのであった。もちろん、十三日ごろに下稽古のために高雄山寺に赴くことを空海にも書き送ったのであった。

その十三日、最澄禅師は、高雄山寺の智泉の許へ次のような書状を寄せた。

しばし進上す

山芋一籠　　　三宝に供する料

むかご二籠　一籠は三宝に供する料、一籠は阿闍梨に供する料
海草一包　阿闍梨に供する料
糖二小瓶　一瓶は三宝に供する料、一瓶は阿闍梨に供する料
右の物、しばらく奉上す。最澄、今、進むる種々の物等取り集めて参向す。
来月十日を以て阿闍梨の大慈悲を蒙り、大悲胎蔵ならびに金剛界の壇場に参入して、員外の御弟子の列とならんと欲す。伏して乞う、法兄、よろしく大阿闍梨に聞せしめよ。仏法を住持せんと欲す。頂謁《ちょうえつ》（お目にかかる時）遠からざれば、状を修《つく》ろうこと多くせず。不具。謹んで状《しる》す。
十一月十三日　最状上
智泉法兄　座下

この書状の中で、禅師が「員外の御弟子」と記したのは、注目に値する。正式に空海の弟子となるのではないことを示しているからである。禅師は、あくまでも天台法華一乗の総師として自覚されていたからである。禅師にとって、叡山の遮那業《しゃなぎょう》に欠けているものを補えばそれでよかったのだ。天台法華と真言の法門とは、その根本において同一であるというのが、禅師の強烈な信念だったからだ。

翌十四日、禅師は近士の化検を伴って叡山を下り、大学近くの和気《わけ》氏の私宅に寄った。この日、高雄山寺を氏寺とする和気真綱・仲世兄弟を伴うことを約束してあったからだ。化検は、禅師が智泉宛て書状に書いた料物を背負っていた。和気兄弟は、従者の美濃種人《みののたねひと》を伴っていた。

禅師の一行が高雄山寺に到着したとき、禅師は、空海の言葉にわが耳を疑った。空海は、「灌頂壇の支度は遺漏なく整っています。明日、金剛界学法灌頂の壇上に入られるがよろしかろう」と言われたのだ。儀式の下稽古のために参上したつもりなのにと禅師は驚愕し狼狽した。空海の言葉には、灌頂というものに下稽古などということはない、一生一代、仏・菩薩との縁を結ぶ重大な儀式であって、それは形式ではなく、全身全霊をこめて相対すべきものである、との厳しい言外の意味がこめられていたのだ。

空海は、最澄禅師が大唐竜興寺の順暁和尚から大悲胎蔵部の灌頂を受けていることを知っていたから、真言門は胎蔵部と金剛界との両部から成ることを強調するために、金剛界授法の灌頂を先行させることを考えていた。また、禅師はいかなる仏・菩薩と縁をむすばれるのか、すなわち、学法はいかなる地点から出発すべきか、それが課題であったのだ。縁を結んだ仏・菩薩との一尊法から始まり、それを徐々に多尊法への行へと展開させていかねばならなかった。それに、まさに真言門にとって緊要な梵語の修行も、禅師はどこまででき上がっているか見定めねばならなかった。

禅師の依るところの天台止観業も、『摩訶止観』を検討してみたところ、仏・菩薩をありありと眼前に観ずるに止まっているかに思われた。それに、天台の三諦円融《さんたいえんゆう》の理《ことわり》、すなわち空《くう》・仮《げ》・中《ちゅう》三諦円融をどれだけ体得されており、それがどこまで真言門に通ずるかも知りたかった。理として認識されているだけか、体得されているのか……体得されているのならば、おそらく真言門に通ずるところがあろう……それならば、伝法も可能となろう……つまりは、師資相承であろうが、員外の弟子であろうが、それは仏道にとって、真言門の宣布にとっても、どうでもよいことではないか……とも臍《ほぞ》を固めていた。他方で、乙訓寺での対面で、空海は、禅師が、密蔵の器ではないような予感がつきまとっていたのも争えなかった。空海は、ふと、大唐青龍寺恵果大阿闍梨の許で縁を結んだ大日如来との一体化の白熱化した経過を想い起こしていた。それは、一尊法であると同時に、即、多尊法であり、同時に、仏と我と衆生が一体となる瞬間でもあった。「自心の源底を覚知し自身の数量を証悟する……」と空海は呟いていた。

金剛界灌頂

弘仁三年（八一二）十一月十五日、空海の弟子たちを梵唄衆《ぼんばいしゅ》として、最澄禅師、播磨大掾《はりまのだいじょう》和気真綱、大学大允《だいがくのだいじょう》和気仲世、美濃種人《みののたねひと》がそれぞれ、金剛界灌頂に入壇した。このとき、それぞれが目隠しして、前面に敷かれた金剛界曼荼羅に向かって投じた花は、禅師の花は金剛因菩薩の上に、真綱の場合は金剛宝菩薩の上に、仲世の場合は金剛喜菩薩、種人の花は金剛宝菩薩の上に落ちた。いずれも金剛界十六大菩薩の中の一菩薩であった。

金剛界曼荼羅の中心部は、中心の獅子座に金剛界大日如来が坐し、その東・南・西・北に阿《あ》閦《しゅく》仏・宝生《ほうしょう》仏・阿弥陀《あみだ》仏・不空成就《ふくうじょうじゅ》仏が坐し、それぞれの仏は、その前・右・左・後に四菩薩を従えている。最澄禅師が投じた花は、阿弥陀仏の左側に従える金剛因菩薩の上に落ちたのだ。この菩薩は、仏法を説くための智慧を成就させることを誓った菩薩で、それを象徴する法輪を持っている。仏法における言説の智慧にかかわる役割を担っている。これは筆授を重んずる禅師にとっては、まことに縁の深い菩薩であった。

空海は、四人のそれぞれ、目隠しを解いて、大曼荼羅を順次眺めるように促し、その上で、瓶の香水を頭頂に注ぎ、それぞれの本尊の真言と印契を授け、身・口・意の三密加持の法を授け、灌頂の儀を終えた。そして、禅師だけは、次の日から金剛因菩薩を本尊とする一尊法の学法《がっぽう》と行が始められた。他の三人は、結縁灌頂であった。

学法の過程で、禅師は梵語の知識があまりないことに気づいた。経文などに対する論理的考察の面は優れているのだが、言語、わけても梵語に対する感性が乏しい。漢語にせよ、梵語にせよ、しなやかな感性が感じられない。一尊法の行にしても、本尊を前にして心で観じようとしてはいるようだが、本尊とわが身は隔てられたままであった。密蔵の器ではないという予感が的中したのである。それは梵語の真言が身に着いていないせいかも知れなかった。仮に伝法まで行くとしても、どれだけの時間がかかるやら、と、空海は少し失望の念を持たざるを得なかった。

禅師の近士《ごんじ》化検《かけん》が、この灌頂に入壇できなかったのは、この十五日早朝、禅師の使者として泰範法師の許に向かったからであった。というのは、禅師一行が高雄山寺に来てみると、食料が極めて不足していたから、その調達を泰範や他の者たちに求めざるを得なかったのだ。ましてや、次の胎蔵部灌頂入壇のために、叡山から多数の弟子たちがやって来た場合、食料事情は、絶望的であったのだ。何はともあれ、緊急に米を送れ、あるいはよそから借りてでもよいから、五石ばかりを送ってくれと、泰範たちに書き送ったのであった。食料事情だけではなかった。多数の灌頂入壇ともなれば、灌頂に必要な資具さえ不足することになる。そこで、十一月十九日、禅師は、朝廷の藤原冬嗣公に援助を求めた。

……最澄、海外に進むといえども、然《しか》れども真言道を闕《か》く。留学生《るがくしょう》海阿闍梨、幸に長安に達して具《つぶさ》に此《こ》の道を得たり。今、無常を告げて高雄に隠居す。最澄等、この道のためにかの室に向かい、来月十三日を以て灌頂を受くべし。貧道その具備《ぐそな》えがたし。謹んで受法の状を録し、伏して聞こす、恩助せられよ……

と。この頃、冬嗣公は宮中におられなかった。というのは、先月の六日、父君の右大臣藤原内麻呂公が五十七歳をもって死去され、その喪に服すため、職を解かれていたからだ。しかし、今月の二十八日には本官に復帰され、灌頂に必要な資具のみならず、雅楽寮《うた》の音声人《おんじょうびと》二十名ばかりを送り込んでくれたのであった。もちろん、食料、香、炭なども伴っていた。

胎蔵法灌頂

禅師の弟子たち、円澄法師や光定《こうじょう》法師たちが、料物を沙弥や近士、童たちに負わせて続々と高雄山寺に登ってきた。その中には泰範法師もいた。彼は近江国高島から福勝という沙弥を伴っていた。また、美濃国の高野山寺院主賢栄も五人の沙弥を連れてやってきた。すべて禅師と法縁のある人々であった、

さらに、かつて唐からの帰途、空海と苦楽を共にした民部少輔《ふ》高階遠成も在家の弟子となるため登ってきた。親友の大神広野《おおみわのひろの》を伴っていた。遠成は、和気真綱から高雄灌頂のことを聞いて思い立ったのである。

泰範法師は、空海に挨拶したとき、「おなつかしうございます。覚えておられるでしょうか」と尋ねた。空海はじっと泰範の眼を見つめて、「おう、あの折の……」と目を細めた。空海が入唐以前に元興寺で泰信和上の許で修行していたとき、泰信和上によって出家得度したばかりの泰

範と知り合ったことを想い出した。あの頃、泰範は、仏道に溢れんばかりの情熱を注ぐ空海を尊敬していたのだ。それが今では、遍照金剛空海大阿闍梨となって眼前に坐している。泰範は、胸に熱いものがこみ上げてくるのをおさえ切れなかった。しかし、事実上の師である禅師の手前、その思いを吐き出すわけにはいかなかった。空海もそれと察して、ただニコリと微笑し、頷くだけだった。泰範は、この方こそ、真のわが師とすべきだと心中深く思った。

十二月十四日、大悲胎蔵の灌頂が行なわれた。灌頂の儀式に先立って、灌頂壇の前に設けられた舞台で、舞楽「迦陵頻《かりょうびん》」が奉納された。この舞楽は、天竺の祇園精舎で釈迦牟尼を供養した日、人頭鳥身の迦陵頻伽《かりょうびんが》が飛来して美しく歌い舞う様子を、妙音天女（弁才天）が舞曲にしたと伝えられる。天平八年（七三六）に天竺僧菩提僊那《ぼだいせんな》らと共に来朝した林邑《りんゆう》（シャム）の僧仏哲《ぶってつ》がわが国に伝えた林邑八楽の一つである。

舞人の童子たちは、それぞれ、大日如来に供花《くげ》を捧げおわると、笛が、太鼓や鉦鼓《しょうこ》とともに、乱声《らんじょう》を吹き出すと、舞いが始まった。笛の吹き手は阿刀《あと》氏の一族につながる阿刀安道《やすみち》であった。舞人は天冠を著け、両手に銅拍子《どうびょうし》（打楽器）をもって打ち合わせながら舞う。銅拍子が打ち鳴らす音色は迦陵頻伽の鳴き声を模したものであるという。

舞楽が終ると、静かに梵唄《ぼんばい》がわき起こり、しばらく続き、やがて空海が三昧耶戒壇《さんまやかい》上に上り、灌頂を受ける人々に三昧耶戒を授けるのであった。そして、不越《ふおつ》三昧耶、すなわち法を伝えるべき正当な資格のない者に、真言の法門を教えてはならないと、厳しく戒めたのであった。

次に空海は、灌頂壇に上り、大悲胎蔵生曼荼羅の諸尊を供養して勧請し加護を願い、次から次へと人々を灌頂壇に導いた。この日、灌頂を受けた人々は、最澄禅師ら太僧（僧侶）二十二人、沙弥は飛騨国出身の善信ら四十人、近士（出家得度していない人）は高階遠成ら四十二人、童子七十一人、音声人二十人であった。

曼荼羅への投花の結果、最澄禅師が縁を結んだのは宝幢《ほうとう》如来であり、三番目に投花した泰範法師の場合は、般若菩薩の上に花が落ちた。

宝幢仏は、曼荼羅の中央、中台八葉院《ちゅうだいはちよういん》の中心大日如来の後方東側に坐す、四方四仏の一仏であり、菩提心を表している。泰範が縁を結んだ般若菩薩は、中台八葉院の下（西側）、持明院《じみょういん》の中央に位置する菩薩であり、般若によって、一切を空とする妙慧によって己れの身・口・意の三業を堅実にし、煩悩の魔に犯されないよう自心の本性を護るため、身に甲冑をまとい、また六臂《ろっぴ》である。

実は、空海はかつて、恵果和尚に尋ねたことがあった。つまり、『大日経』に説かれる天竺の土で作る曼荼羅では、般若菩薩の位置が通門となっていて、灌頂の阿闍梨がここに坐し、般若経などを読誦し、投花得仏の所作をすべき場所ではないか……と。恵果和尚が答えるに、図画化された曼荼羅では、この持明院の中央、般若菩薩の位置は空位とならざるを得ないが、般若経が読誦されるのであるから、般若菩薩が描かれたのであると……。恵果和尚は、さまざまな曼荼羅を工夫されていたのであり、空海が伝授された曼荼羅は、その最終的に仕上げられたものであった。

かくして、灌頂壇に入った人々は、頭頂に香水を注がれ、それぞれが縁を結んだ本尊の真言と印契を授けられ、三密加持の法を教えられた。最澄禅師ら僧たちと沙弥たちは受法灌頂であり、翌十五日以後、受法と行に励まねばならなかった。近士や童子、音声人たちは、結縁灌頂であったから、在家やそれぞれの寺にあって本尊修行と写経に励むように言われた。高階遠成と大神《おおみわの》広野《ひろの》、そして音声人二十人は、灌頂の儀式を終えると、お斎《とき》にあずかったのち、この日のうちに高雄山を下って行った。

最澄禅師とその弟子たちは、一尊法の修行や経典の書写・学習に入ったのであるが、わけても梵語の学習は遅々として進まなかった。それに各々は自らの料物を持ち来たったとはいえ、食料事情が急速に悪化しつつあった。禅師は、経典の書写に力を注ぐ傾向があった。彼の頭の中には、叡山における一切経書写事業を完遂する思いが大きく働いていたからである。それに食料事情という問題もあって、思い余って空海に尋ねた、「大法《たいほう》の儀軌《ぎき》を受けるには幾月経てば得られましょうか」と。空海は答えた、「三年にして功を畢《お》えん」と。それを聞いた禅師は嘆じた、「もともと長くして三ヵ月はかかるものと考えていたが、数年もかかるとすれば、しばらく、叡山に帰り、本宗の事を遂げて、後日に来て学ぶより仕方あるまい……」と。かくして、禅師は、十二月十八日、『虚空蔵経疏』四巻など七部の経疏を借り受け、弟子たちを率いて叡山に帰って行った。泰範法師は、残って修行すると言うので、禅師は、光定《こうじょう》法師をその目付役として残したのであった。

高雄山寺三綱を定む

大勢の人々が潮を引くようにいなくなったとき、空海は、寺に人が満ち溢れていたときの、一種の混乱状態をふり返り、やはり寺には組織を統御する三綱《さんごう》を定めねばならないと感じた。三綱とは、寺を経営する三役のことで、上座・寺主《てらし》・都維那《ついな》である。上座は寺衆を統率し、寺主は堂塔の造営管理を司り、都維那は寺の規則によって日常の諸事を司る役である。

上座には、空海は、年長で衆僧によって選出された杲隣《ごうりん》を就け、寺主には、実慧を選び、都維那には智泉を任じたのであった。また、寺そのものの営繕管理などの庶務をつかさどる直歳《じきさい》には、この寺にもとからいた義恵を任じたのであった。

36　最澄禅師とその弟子たちの苦悩

永忠法師の少僧都辞任の書状

弘仁三年（八一二）の年の瀬も押し迫った頃、雪が降りしきる高雄山寺の山門をくぐる旅人の姿があった。近江国大津の梵釈寺から永忠《ようちゅう》法師の書状を携えてやってきた法師の近士であった。彼の語るところによると、法師の体はまだ健康であるものの、寄る年波には勝てず、団茶《だんちゃ》を削って湯に投じて煮ては喫するのが唯一の楽しみであるが、僧綱のために都の西寺に出掛けることも多く、その楽しみもままならないようだと言う。

法師の書状によれば、法師は弘仁元年九月十七日に、大法師から律師を経ず、少僧都に任ぜられて以来、僧綱のために尽瘁してきたのであるが、はや七十歳となり、足腰も衰弱してきたために、死期も間近であるから、少僧都を辞したい、ついては、辞するための上表文を空海に書いてもらいたいという文面であった。と同時に、茶湯を啜りながら、ゆっくりと語り合いたい、という空海への想いがこめられていた。

空海は、法兄永忠法師のために、簡潔に少僧都辞意の上表文を代筆した。

……況《いわん》や如今《いま》行年七十にして筋骨劣弱なり。窮途《きゅうと》将《まさ》に迫りなんとす。残魂《ざんこん》の余喘《よぜん》、能《よ》く幾《いく》ばくの時をか得ん。……謹《つつし》みて闕《けつ》に詣《もう》でて進表《しんぴょう》以聞す。……

ましてや今や七十歳であり、筋骨もすでに衰弱し、死期も間近い身であり、このうえはいつまで存命が叶いましょうか……謹んで宮中に詣でて表を奉り奏上します、と。

しかし、この永忠の少僧都辞任の願いは、かなえられなかった。年が明けた正月四日、嵯峨帝は、勅答をもって、「……つとめて良医の薬を服用し、気持をたしかにし、天寿を保つように心がけよ。永く僧綱たるの功績に報いられよ。今後、頑固《かたくな》に辞任などすること無かれ」と仰せられた。

紫宸殿での論議

弘仁四年（八一三）、例年の正月の御修法《みしゅほう》は、八日から禁中で七日間行なわれた。この法会で、最澄禅師は、大阿闍梨を勤められ、三十口の浄行僧を率いて国家豊饒を祈り、年分度者受戒の沙弥戒和尚も勤められた。また、大安寺三論宗の勤操《ごんぞう》法師もこの法会に加わっていたのである。最終日に、宮中大極殿での『最勝王経』の法会が終った後、紫宸殿で、高僧たちの教理の論議が行なわれた。そこでは、三論宗と法相宗との対立が顕在化したのであるが、その際、勤操法師は、「三論は主君に相当する宗門で、法相は臣下・子供に匹敵する教えである。理由は、法相宗の祖の無着《むじゃく》は、三論宗の祖である龍樹菩薩の『中観論』を注釈し、同じく法相宗の護法《ごほう》は、龍樹の弟子である提婆《だいば》の『百論』を注釈したが、それぞれの帰敬《ききょう》の序文においては、龍樹と提婆に対して弟子の礼をとっていることからみても、三論宗に対して法相宗は臣下・子供に相当するのである」と論じた。その結果、法相宗の高僧たちは、敗退せざるを得なかった。そこで嵯峨帝は、勤操《ごんぞう》を即座に律師に任ぜられたのであった。

最澄禅師、六通の書状を発す

正月の半ばすぎ、高雄山寺では、光定法師が叡山に一旦戻ると言い出した。そこで空海は、付法継続の呼びかけの書状を禅師宛てに託した。叡山に戻った光定法師は、高雄山寺に三綱《さんごう》が定まったことを告げたのであろう、正月十八日になって、禅師から高雄山寺に宛てて六通の書状が発せられた。

空海宛ての第一通は、「受法の志、片時だも忘れ」ないのであるが、「小々の仏事ありて」、また「神分転経《しんぶんてんぎょう》の事あり」、「暫《しばら》く学筵《がくえん》を辞す」とあり、「神文転経」とは何か分からないが、真言門付法の継続的学習を、禅師は、ある意味ではあきらめる心境の変化が起こりつつあったようである。叡山に戻って、改めて我に返り、あるいは正月の御修法で導師を勤めている間に、やはり、禅師は、天台法華一筋に徹すべきであると、臍を固めつつあったようである。この事に関連して、空海宛ての第二通は、禅師の高弟である円澄法師が深く真言道を仰ぎ、その修行を欲しているところから、自らの代わりに円澄法師を空海の許へ送り込み、受法させようと考えたもので、空海に円澄法師を推挙派遣する旨を述べた書状であった。

第三通目は、去年の暮れに借り受けた七部の経疏の返却に付した添え状であり、また、第四通目は、禅師から空海に献上する『大荘厳論』一部十三巻の添え状で、『大日経疏』に副えて高雄山寺の経蔵に収められんことを望むと書かれたものであった。これは、ある意味では、禅師における天台法華と真言門とは同等であるとする禅師の主張でもあった。

さらに、禅師は、高雄山寺三綱に宛てて二通を発していた。その一通は、杲隣《ごうりん》、実慧、智泉の三人に宛てたもので、自分は決して同門の志を空しくするのではなく、同じく真言門の弟子の列に依然として加わっているのであると強調し、何事かあれば告げ知らせてくれと記したものである。もう一通は、かつて故和気広世が自分に恵施して下さった厨子《ずし》は、現在、高雄山寺北院に置いてあるが、それを弟子の泰範禅師に貸し与えるものとする、と同時に、北院そのものは依然としてわが住持のもので、そこに残る家屋、材木や板などは、十分に注意をいただき、損わないようにしてもらいたいというものであった。

これらの書状は、真言門付法の挫折に対する無念の思いと、禅師から見るならば、いわばなしくずしの形で空海が高雄山寺の住持となり、三綱まで定めたことに対する一種の思いが重なり合い、せめて北院だけはわが住持としておきたいとする禅師の胸の内が表白されていたのであった。それに高雄山寺に留まっているわが弟子の泰範の帰趨も気がかりであった。故但馬守和気広世からいただいた厨子を泰範に貸し与えるとは、まさに、泰範に対する師としての憂情の表われであった。

法華儀軌による一尊法

一月の下旬、最澄禅師は、真言法受法のために、円澄法師、光定《こうじょう》法師、長栄法師、康教法師という主だった弟子の四人と、それに付けた沙弥十二人を食料などとともに、高雄山寺に送り込んできた。中でも光定法師は、われらは法華一乗を奉ずる者であるゆえ、法華経の儀軌に依る真言の法を授けてもらいたいと、強く空海に迫った。このような法師の願いの背後に、最澄禅師の意志を感じた空海は、微笑みながら答えた。「定法師が縁を結ばれたのは般若菩薩であるのだが、わが真言門においては、般若菩薩が観自在菩薩に姿を変えることも可能である。もっともそれは修行を通じてのことではあるが……」と、言葉を止めて、光定法師の眼をじっと見つめたうえで、「妙法蓮華経の尊格は観自在王如来である」と言い切り、如来とは無量寿如来のことであり、無量寿如来とは王たる大日如来の一尊格である。無量寿如来は極楽国土に住するのであり、その如来が観自在菩薩の姿となって現世に住するのであると語り、その意味では『法華経』は、観自在菩薩の境地を表した文字曼荼羅であると続けた。したがって、観自在菩薩を中心とした曼荼羅を描かねばならないと告げたのである。

かくして、二月に入って、空海は、光定法師らに法華儀軌に基く一尊法の授法に踏み切った。まず曼荼羅を描くことから始まったのであるが、その中心の観自在菩薩はともかく、天台法華の止観業を学んできた光定法師たちにとって、この菩薩の四方に描かれる金剛法や金剛利・金剛因・金剛語といった四菩薩や、四隅の四供養菩薩などは、全く新しい尊格であり、それこそ金剛界の菩薩であると教えられ、驚愕しかつとまどったのであった。

その曼荼羅を前にして、観自在菩薩の真言である梵字の紇里《キリク》（𑖮𑖿𑖨𑖱𑖾）字を自分自身の心に瞑想し、その真言を開いて梵音の真の意味を解き開いていくのが、心そのものである蓮華の八弁の花を開いて曼荼羅の八葉蓮華を現出する……という段になると、なかなかついていけなくなるのだ。空海は、「心を開け、さすれば花も開く」と励ますのであったが、光定法師たちにとっては、全く新しい修行の仕方であり、特に梵字が大きな躓きの障害となっていったのであった。

金剛界灌頂

ここにおいて、円澄法師は、われわれは去年の暮れに大悲胎蔵の灌頂は授けられたが、金剛界灌頂は授けられていないことに思い至った。法華儀軌一尊法においてさえ、真言門では胎蔵法と金剛界とは密接な関係にあることを思い知らされたのである。そこで、金剛界灌頂を願い出たのであった。それは、空海が予期していたことでもあった。

三月六日、空海は金剛界灌頂を開壇した。叡山から来山した四人の僧に泰範法師も加わり、沙弥十二人が入壇した。しかし、金剛界においても梵字の壁は大きく立ちはだかり、しかも法華儀軌一尊法の場でもそうであったが、たとえば、金剛法菩薩の境地とは、世間のあらゆる煩悩は本来的に清らかであると空海阿闍梨は説く。世間のあらゆる存在、生きとし生けるものは清らかであるという。確かに、一切衆生に仏性あればこそ、そう言えるのであるが、現実の問題として、わが欲望や罪障はわが心身を苦しめるのだ。そのゆえに、具足戒を授けられ、僧侶となって以来、煩悩とは断つべきものであり、またそのように修行してきたのだ。煩悩即菩提とはいうものの、事はそう簡単にいかないのである。

その上、金剛界には、見慣れない新しい尊格が次々に現われるのだ。円澄法師や光定法師たちは、なかなか本意が遂げられず、朝夕に顧慮して、寝食安からずといった有様であった。

そのうち食料も尽きようとしてきたため、いったん叡山に帰山することにした。光定法師は、泰範法師にも帰山を促したのであったが、泰範は首を横に振り、決然として高雄山寺に留まると宣言したのであった。四人の法師と十二人の沙弥たちは、不本意な真言受法にふっきれない思いを抱きながら、高雄山寺を下山して行った。

37　中寿感興詩

十善戒

弘仁四年（八一三）五月三十日、空海は、弟子や近士・童子たち全員を集め、改めて、真言門における三昧耶戒の厳修を命じた。それは我と仏だけでなく衆生とが平等に一体となるべきものであるから、そのゆえに十善戒として示した。

十善とは、身体についての不殺生・不偸盗・不邪淫、言葉についての不妄語・不綺語・不悪口・不両舌、意《こころ》についての不慳貪《ふけんどん》・不瞋恚《ふしんに》・不邪見という行為であった。そして具足戒などに示されるすべての戒は、この十種の善行為が本《もと》になっているのだと説いた。これらの戒を身につけておれば、智慧の眼は開かれ、即身成仏への径路ともなろう。そもそも戒とは己れに課すべきものではなく、戒そのものとなるべく、一体化すべきものであり、行住坐臥、戒そのものとなれば、戒はもはや戒ではなくなり、仏と異なることもない。我と衆生と仏とに区別はない。もし、ことさらにこの三昧耶戒を犯すものがあれば、仏の弟子ではない。わたしの弟子でもない。わたしもまた彼の師ではない。彼は成仏する可能性のないものである。往き去るがよい。住んではならない、往き去るがよい……と戒めたのであった。

それは、去年の暮れ以来、空海の弟子たちと最澄禅師の弟子たちとの間に生じていた、わだかまりの感情を一掃するためでもあったし、弟子たちが修行に没頭するための心構えを立て直すためでもあった。

泰範への書状

かくして、空海の指導の下に、弟子たちがそれぞれ本尊の三摩地《さんまじ》（瞑想の境地）の修行に励んでいた最中の六月十九日、最澄禅師から泰範宛の書状が届いた。泰範が所持する『止観弘決《ぐけつ》』一部十一巻の返還を求めてきたのであった。それによれば、この書は極めて書写しがたく、後進の者はこの天台止観の注釈書がなければ『止観』を解読できず、しかも泰範はすでに実践修行の段階にあって、この書は必要でないものの、わが天台宗にとっては深要のものであるから、返していただきたいというのであった。「棄てられし老同法最澄」と署名してあった。宛名は「高雄範念《ねん》誦瑜伽《じゅゆが》」とあるから、泰範はもはや真言門における「瑜伽」（修禅観法）の修行者となり、天台止観業を見捨てたものと判断していたに違いなかった。それでも天台宗と真言門との間には差違はないとする禅師の思いがこめられていた。

小野岑守、来山す

八月も下旬になったある日、一人の貴人が伴の者を連れて高雄山寺の山門をくぐった。神泉苑の宴で顔馴じみとなった式部少輔《しきぶしょうふ》小野岑守《おののみねもり》であった。内蔵頭《くらのかみ》兼美濃守でもある。空海は、納涼《どうりょう》房《ぼう》とも称する己れの居院で対座した。「さすがにここまで登りますと、涼しいものですな」と岑守は、開け放たれ、樹々の間に見遥かす景色を見やりながら、ホッと息をつく。空海が、嵯峨帝のお体を気遣うと、岑守は、帝が皇太弟（大伴親王）の南池《なんち》（淳和院《じゅんないん》）に行幸《みゆき》されて遊ばれたり、葛野川《かどのがわ》に行幸されたりして、すこやかであらせられると言うと、改めて空海の健康を祝した。

岑守の来意は、彼が創建中の氏寺の開山を空海の手に委ねたいためであった。書状でのお願いは失礼かと、わざわざ自ら足を運んだのであった。創建中の氏寺は、大和の旧都から南に若干里、上つ道（山辺の道）の東、小野氏の本拠地にある山上にあった。来年三月には完工予定であるという。ご本尊は、小野家に伝わる仏さまでもよいが、それは、阿闍梨さまにおまかせするともいう。また、真言門における在家の信者にもなりたいという。

それを受けて、空海は、当寺に一泊することを勧め、翌朝、結縁灌頂を行ない、投花得仏によって、ご本尊が定まりましょうと言い、実慧と智泉にその準備をするようにと命じた。氏寺の創建については、すでに嵯峨帝のお許しをいただいてあり、帝から、弘仁寺《こうにんじ》という寺号も授けられているということであった。

開山の儀式の手順や、そのために準備しなければならない事どもを、空海は丁寧に教え、あとは、茶を啜りながら、別の話題に移っていった。中納言藤原葛野麻呂や左少弁良岑安世《よしみねのやすよ》、さらには大和介高階遠成の動静なども話題になったが、岑守は想い出したように、今年の二月に定まった僧尼の出家にかかわる官制の変化について語り出した。

それによると、僧尼は、出家すると度縁《どえん》を与え、受戒の日に戒牒《かいちょう》（かっては公験《くげん》）を授け、度縁は破棄してきたが、度縁を破棄しないことになり、僧の度縁には太政官印、尼の度縁には治部省の印を捺すこととなった。また、これまで発給されている戒牒はすべて僧綱へ提出させて、治部省玄蕃寮へ送って審査し、詐《いつわ》りのないことが判れば、末尾に署名・捺印して返却するというのであった。しかし、この事については、空海は、僧綱からの通知を受けていた。

さらに岑守は、勅撰の漢詩文集を撰する仕事に携わってきたが、それもほとんど仕上がり、『凌雲集』一巻として成り立ったことを言い、海阿闍梨の詩を入れることができなかったと、残念がった。空海はにこやかに目を細め、「貧道は、修禅一途に相勤め、詩を作る暇などない有様」とカラカラ笑うのであった。

翌日、小野岑守《みねもり》のために結縁灌頂が厳粛に執り行われた。その際、岑守が胎蔵生曼荼羅に向かって、目隠しのまま投じた花は、虚空蔵院の中尊虚空蔵菩薩の上に落ちた。この菩薩が岑守との縁を結んだのである。「弘仁寺のご本尊は虚空蔵菩薩ときまり申した」と空海は言い、岑守にその菩薩をよく観るようにとすすめ、「解脱の果を示すために五智の宝冠をかぶり、蓮華座に坐し、一切の繫縛より解脱する妙慧を示す利剣を右手に執り、左手にはその解脱の徳を衆生の楽欲に応じて与えることを示す蓮上の如意宝珠を持っています」と説明した。さらに語を継いで、「しかし、この尊容は有《う》であるととらわれてはいけない、と同時に、これは無《む》であるということにとらわれてもいけない……そういう境地に住することが肝心なのです。これは解脱という出世間の悉地《しっち》（成就）であると同時に、名聞利養の世間の悉地をも教えている。世間は溺れるべきものではないと同時に捨てるべきものでもないのです」と丁寧に諭すのであった。

その上で、三密の修行法として、ご本尊を前にして、手に印契を結び、口にその真言「オーンバジュラトナ　フーン」を誦し、心にその尊の内証（さとりの境地）を観ずることを嚙み砕くように伝授した。また、虚空蔵菩薩と一体になれば、この菩薩の本体で大日如来の一尊格宝生如来《ほうしょうにょらい》とも一体となり、即身成仏への道が開けるのだとも教えた。もちろん、三昧耶戒の厳修を命じたのは当然のことであった。四歳年下で古代戦士の風格を持つ岑守は、深い感動に襲われ、思わず五体投地して空海を仏と仰ぐのであった。

一方、比叡山では、最澄禅師がある種の危機感に襲われていた。泰範法師の場合のみならず、弟子たちの中で叡山を去り、法相宗など他宗に走る者たちが出ていたからであった。六月には、光定法師を従えて興福寺に赴き、臨席した藤原冬嗣公の前で、同寺の義解法師や義延法師と法論を交え、天台の奥義が法相宗よりも秀いでていることを宣揚したのであった。大和旧都の学匠たちと法論の火蓋を切ったのであった。

八月から九月にかけて、禅師は、法論の資とするために、あるいは、天台宗が他宗より優れていることを証明するために、大唐や新羅の天台宗以外の学匠たちが、天台の宗義を用いている文例を集めた。それによって天台宗が他宗に卓越していることを示そうとしたのである。これはのちに『依憑《えひょう》天台義集』一巻となって、内外に明示されることになる。いわば、法論のための理論武装であった。

藤原葛野麻呂の願のために供養する

十月八日、高雄山寺を訪れたのは、中納言藤原葛野麻呂であった。かつて遣唐大使として空海と苦楽を共にした懐かしい人物である。もう五十九歳である。「昨日はお上《かみ》が櫟原野《いちはらの》に狩りをなされてな、お伴したのであるが、妙に海阿闍梨のことが想い出され、どうしても、顔を見たかったのじゃ」と普段人前では見せない柔和な表情で空海を見る。二人は、大唐での想い出を語り合って懐かしがったが、葛野麻呂がやおら切り出したのは、願文《がんもん》代筆の件であった。

遣唐船が船出したときのこと、彼は、目的が無事に遂げられるようにと、ひそかに、百八十ヵ処の天神地祇に祈り、もし遂げられた暁には『金剛般若経』を一神ごとに一巻を写し奉ると誓ったというのであった。さらに、貞元二十年（八〇四）十月二十五日、福州城で存問の儀が行なわれたときにも、遣唐の目的がたっせられるよう、改めて天神地祇の力添えの願掛けを行なったという。しかし、帰朝後、公私に追われてそのことを果たすことができなかった。今年に入って、十月二十五日を結願の日と定めて、『金剛般若経』を書写してきたのだが、たまたま、昨日、海阿闍梨のことを想い出し、願文代筆を願おうと思い立ったのであった。

そう語りながら、葛野麻呂は、かつて福州観察使への書状を空海が代筆してもらったときのことを想い出していた。あの時、空海の文筆の力は驚嘆すべきものがあった。今、真言門の阿闍梨たる空海に文筆を託せば、全国の天神地祇も納得できようというものであろう。長い間願を果たしていなかった慙愧《ざんき》の念を空海の法力によって晴らしてもらえるのだ。

空海は、快く引きうけた。この、葛野麻呂との邂逅は、空海に、己れの生れてよりの来し方を回想させるのであった。十月二十五日、空海は智泉を伴って山を下り、葛野麻呂の邸宅に赴き、願文を読み上げ、葛野麻呂が書写した『金剛般若経』百八十巻を供養したのであった。

中寿感興詩を詠ずる

葛野麻呂の邸宅からの帰途、空海の頭をよぎったのは、中寿《ちゅうじゅ》という言葉であった。上寿を百歳とすれば、中寿は五十歳ではないか……と思った。実際のところ人間の寿命は八十歳が普通であって、それこそ上寿ではないのか……とすれば、中寿は四十歳ではないのか。悟りの世界に生きる者は永遠であるものの、迷妄の世界に生きる時間は次々に消え去っていく。砂いじりして遊んだのは昨日のようなのに、すでに己れは四十歳になろうとしている。十月二十七日という己れの生誕の日が迫っていた。

その日、空海は、第六祖不空三蔵が訳された『大聖文殊師利菩薩讃仏法身礼《だいせいもんじゅしりぼさつさんぶつほっしんれい》』一巻の四十行の頌《じゅ》（教理を説く詩）を、円形と方形の二図に作った。いずれも義注を施し、一晩中くりかえして読誦した。戸外の鳥獣草木や風、滝の音は、すべて仏の御言葉となって聞こえてくる。かくして、空海は、次のような四十字の詩を詠じた。

黄葉索山野　　黄葉　山野に索《つ》くるも
蒼蒼豈始終　　蒼蒼《そうそう》　豈《あに》始終あらんや
嗟余五八歳　　嗟《ああ》　余　五八の歳
長夜念円融　　長夜に円融《えんゆう》を念《おも》う
浮雲何処出　　浮雲　何《いず》れの処よりか出づ
本是浄虚空　　本《もと》是れ浄虚空
欲談一心趣　　一心の趣《おもむき》を談ぜんと欲すれば

三曜朗天中　　　三曜　天中に朗《あき》らかなり

韻は終、融、空、中である。「五八の歳」は四十歳のこと。一句五字、八句の詩形がそれに対応している。「三曜」とは日月星の曼荼羅であり、そのような明るい光輝こそ、わが心の世界だというのである。第二句は「蒼き天は、いったい始めと終りがあろうか」という意味だが、これには空海自身の生身としての始終と、永遠の法身とが重ね合わされている。特に「始」には生身の誕生が暗示されており、それに「豈《き》」を合わせた「豈始《きし》」は、「いったい誕生ということがあろうか、ない、と同時にある」という意味をもたせ、十月二十七日である「癸巳《きし》」を音韻的に重ね合わせたのであった。

十一月にはいって、この詩に、『文殊讃仏法身礼』の四十行の頌を、四十の歳を期して一晩中循環して感通した旨をしるした序をつけ、幾人かの知己に書き送ったのである……最澄禅師や修円律師、永忠《ようちゅう》少僧都らに。

十一月二十五日、最澄禅師の弟子である沙弥貞聡が、空海と泰範に宛てた二通の書状をもたらした。空海宛の書状には、

書を借らんと請う事

新撰文殊讃法身礼、方円図ならびに義注、釈理趣経一巻

とあり、泰範宛の書状には、

……今、和詩を奉らんとするに、未だその礼仏図というものを知らず。伏して乞う、阿闍梨に聞せしめ、その撰するところの図義、ならびにその大意を告げ施せ。その和詩は忽ちに作《な》しがたく、著筆《ちゃくひつ》の文は後代に改めがたし。惟《おも》うにその委曲を示さば、必ず和詩を造り、座下に奉上《ぶじょう》せん……

とあった。つまり、空海の中寿感興詩に対して和韻の詩を作って、空海の四十の寿齢を慶賀したいのだが、「文殊讃法身礼」や方円図、義注というものを知らないから、和韻の詩を作るに当たって、これらについて目を通しておきたいというのであった。

空海は、泰範の手を通じて、『文殊讃仏法身礼』一巻と「方円図」、義注を貞聡に託した。その結果、十二月二十六日、これらは、最澄禅師の和韻の詩を伴って空海に返却された。空海は、禅師の和韻の詩に対して、即座に、「中寿の……に和せる詩は、再三諷詠す。目《まなこ》を豁《ひら》き、心を瑩《みが》く……」という礼状を書き送った。

ところで、先の空海宛の書状には、借りたい書として、「釈理趣経一巻」の文字があった。このことについては、別に書状をしたためて、貞聡に託したのであった。その書状の中で、空海は、まず、禅師との交友は香しい限りであると述べ、顕教たる天台一乗の法は禅師でなければ伝えられず、秘密仏蔵は我が伝えるものであると記した。次いで、『理趣釈経』借覧のご要望があるようだが、禅師の求められる理趣とは、何を指しておられるのかと問うた。

そもそも禅師ご自身の身口意の三密のはたらきがすなわち理趣であり、わが身口意の三密のはたらきがすなわち『理趣釈経』である。禅師ご自身の三密は不可得であり、わが三密も不可得である。誰がよくこれを求め得て他に与えることができましょうか。

秘密の法蔵の奥旨は、文章を得ることを貴いとはしない。ただ心を以って心に伝えることにある。釈尊も修行なされた結果、さとりを得たのであり、後代の祖師もみな実修実行してさとりをひらかれた。教えどおりに修行を積まれれば、さとりを得られましょうし、ましてや、『理趣釈経』を貸し惜しみなどしましょうか。努力自愛なされるよう……と書きしたためた。

要するに、空海は、禅師が教えどおりに修行励まれるならば、『理趣釈経』を貸し与えるのだが、それもせず、ただ一切経書写事業の一環として借覧したいだけなら、この『理趣釈経』はお貸しできないと暗示し、日頃の禅師に対する思いを書き綴ったのであった。

この書状を受け取った禅師が、どのように感じられたかは分からない。ただ、真言法受法の熱意は冷めていたから、醒めた目で空海の筆跡を眺めていたに違いない。以後、空海と禅師は、それぞれの道を歩んで行くのである。

修円律師の頼みと堅慧法師

十二月早々、興福寺の修円律師から、空海の中寿の詩に対する和韻の詩を書いた書状が届いた。その書状を携えて来たのは、童子を一人伴った室生山寺の堅慧《けんえ》法師であった。修円律師の書状によれば、空海が作った方円二図は、かつて律師に語った字輪観に相当するものでありましょうか、といった内容とともに、この書状を託した堅慧はわが弟弟子であり、海阿闍梨の真言法受法を願っており、弟子の一人に加えていただきたいという願いが書かれ、さらに、来年正月の宮中御斎会で『金光明経』の講義が予定されているため、この経典を称える伽陀《かだ》を作っていただきたいという願いも記されていた。伽陀とは、仏教儀式のはじめに一定の音律に従って読み上げる偈《げ》のことであり、詩の形で仏徳を讃嘆し教理を述べたものである。

空海は、早速、『金光明経』全八十巻の各巻の要点を、密蔵の視点から四言詩と七言詩にまとめ、「金勝王経秘密伽陀」と題し、堅慧が連れてきた童子に託して修円律師に送った。それは、『金光明経』にちりばめられたすべての陀羅尼が真言そのものであって、それを唱えて身口意を浄化するならば、法身の悟りの世界は、即座に現実の生活と一体化することを主張したものであった。

堅慧法師と対座したとき、その眼をじっと観た空海は、この者は、稀にみる密蔵の器であると悟った。こうして堅慧は空海の弟子となったのであった。

38 大和国・弘仁寺開山

嵯峨帝から綿と詩を賜う

弘仁五年（八一四）三月一日、内舎人《うどねり》の布勢海《ふせのあま》が、荷を負うた者たちとともに、高雄山寺の山門をくぐった。嵯峨帝が百屯の綿を空海に下賜され、あわせて七言の詩を一篇賜わったのである。帝より下賜された詩は次のようなものであった。

閑僧久しく住《とど》まる雲中の嶺　遥かに思う深山の春尚《なお》寒きを
松柏は料知す甚しき静黙を　煙霞は解せず幾年の飡《さん》
禅関　近日　消息断え　京邑　如今　華柳寛し
菩薩よ嫌う莫《なか》れ此の軽贈　救施者の世間に難きが為なり

その字勢は、龍のようにとぐろを巻き、再三これを諷ずると、金玉が響きあうかのようだった。

空海は身のおきどころもないほど喜びを抑えきれなかった。そこで、帝の詩の韻字、寒、飡、寛、難をそのまま用いて次のような謝す詩を作り、布勢海に託した。

方袍《ほうほう》　苦行す　雲山の裏《うち》
風雪情無く　春夜寒し
五綴《ごてい》持錫《じしゃく》して妙法を観じ
六年蘿衣《らい》して蔬飡《そさん》を啜《くら》う
日与月与《ひよつきよ》　丹誠を尽くし
覆盆《ふくぼん》　今見る堯日《ぎょうじつ》の寛なるを
諸仏威護して一《ひとえ》に子愛あり
何ぞ惆悵《ちゅうちょう》することを須《もち》いん人間《じんかん》の難《かた》きを

方袍《ほうほう》とは仏僧のこと、つまり、空海自身のことである。五綴は托鉢の鉢。覆盆《ふくぼん》は伏せた瓮《ぼん》の中の、闇のように無知なわたし、と空海は謙称し、太陽のような堯帝すなわち嵯峨帝の寛大さをまのあたりにした、と感謝し、諸仏が威護して、子に対するのと同じように愛を注いでくださるから、世間の冷たさを歎く必要はありません、としめくくったのであった。

弘仁寺開山

三月中旬のある日の早朝、星のまたたくまだ暗い中を、空海は智泉を伴い、大和国春日《かすが》の地、上つ道を小野氏の氏寺弘仁寺に向かって錫を衝きつつあった。

弘仁寺が建立された山は、小野氏の根拠地、春日の地の南端にあり、南西の山麓には、和珥《わに》の里が控えていた。そこは古代の豪族和珥氏の根拠地で、和珥氏はかつて后妃を輩出する有力氏族だった。小野氏は、その同族であるという伝承を信じている。

払暁《ふつぎょう》、清冽な天空には明星が光っていた。空海が桧笠を傾けてその方を見たとき、明星は、一瞬、光をゆらめかせたと思うと、次の瞬間、金色の輝きを放ち、流星と化して弘仁寺の建つ山の南腹に落下した。「おお、明星太子のご来臨じゃ！　智泉にも観えたかな」「はい、確かに」と智泉は答えた。明星太子のご本体は虚空蔵菩薩である。空海は、かつて土州（土佐）のお鼻（室戸崎）で経験したことを想い出していた……あの虚空蔵求聞持法成就の瞬間を……。

弘仁寺は欝蒼とした樹木が生い茂る山頂の南腹に建っていた。高床式で単層の入母屋桧皮葺《いりもやひはだぶき》の本堂は、間口が七間、奥行き三間、まだ木の薫りが漂う初々しさを見せていた。一段下がった南側境内の南端には、工匠《たくみ》たちが作業や寝泊りしていた宿坊と、その東側に連なる庫裏《くり》が建っていた。

小野岑守《みねもり》が一族の者たちや工匠たちとともに空海と智泉を迎えた。岑守のそばには、一人の少年が立っていた。いかにも多情多感を思わせる風情を湛えていた。お互いに両手を合わせて挨拶すると、岑守が「まずは」と言って、掃き清められた宿坊の方へと案内しようとしたが、空海は、立ち止まったまま、あたりを見渡している。そして、本堂の東側の少し低い地に生い立っている桜の古木に目を止めた。幹のあたりが光っていると感じたからだ。「明星太子が宿られている」と呟く……。

空海は、四日後の早朝に開山式を執り行なうと告げ、その日から、伐り取らせた桜の古木の幹を彫りにかかった。ご本尊たる虚空蔵菩薩を彫り始めたのだ。三日三晩、丹精を篭めて打ち込んだ。智泉がかいがいしく身の世話をする。その三日三晩、不思議なことに、空中から涌き出るように読経の声が続いた。恐ろしく鍛錬された読経の声である。ピーンと張りつめた艶のある低いが力強い声であった。四方八方から読経の声が合わさり、三晩目の暁には、全山が震えるほどの読経の合唱となり、それが夜風にのって美しい旋律を奏でていた。虚空蔵菩薩が彫り上がったのだ。

開山式には、摂津国から駆けつけた摂津守小野野主《ののぬし》や陰陽頭《おんようのかみ》小野諸野《もろの》も列席した。また、東大寺の僧が二名加わった。というのは、弘仁寺が創建される以前、この地にあった小堂は、東大寺の管轄下にあったからだ。これら列席者たちを驚かせたのは、ほかならぬあの空中から沸き起こる読経の声であった。

開山式の間中、空海が経をあげると、それに導かれるように、空中から読経が沸き起こり、合わせるのであった。それは、空海を導師とする仏・菩薩の読経に違いなかった。人々は、この不思議に、ただ茫然とするだけであった。

かくして、空海はこの寺を虚空蔵山弘仁寺と号し、その開山となった。以後、弘仁寺を擁する山は、虚空蔵山と称せられるようになった。また、虚空蔵菩薩を生み出した桜の古木の跡地には、明星太子を祀る明星堂が建てられたのであった。

小野篁

小野岑守《みねもり》がいつもかたわらに引連れていた少年は、後、天下に詩才を轟かせる小野篁《おののたかむら》であった。この年、十三歳であったが、空海の、海の深みのような瞳をまっすぐに見る直情径行の性格は、早くも現われていた。岑守は、この少年が、学問には全く見向きもせず、ひたすら弓馬に熱中するのを歎いていたが、空海は、「そのうち、時が至れば学業に精励することになろう」と予言した。岑守の父の永見《ながみ》が征夷副将軍であったように、小野氏の一族は武人の風骨を引き継いでいることを思い、空海は、この子がそれを受け継いでいることを、むしろ喜びとして目を細めたのであった。

空海の予言どおり、小野篁は、やがて学業に精励するようになり、弘仁十三年（八二二）、文章生の試験に及第、しだいに昇進を重ね、天長十年（八三三）、右大臣清原夏野らと共に撰述した『令義解《りょうのぎげ》』の序文を書いた。その年、東宮学士、弾正弼《だんじょうひつ》となり、翌年、遣唐副使に任命される。その時の遣唐大使は、空海が渡唐したときの遣唐大使藤原葛野麻呂《かどのまろ》の子、藤原常嗣《つねつぐ》であった。

渡唐は二度失敗、三度目の渡唐の際、常嗣が、篁《たかむら》の乗る第二船が堅牢であることに目をつけ、船を取り返ると主張、そのため、篁は病と称して出航を拒み『西道謡《さいどうよう》』という詩を作って常嗣《つねつぐ》の専横を風刺した。それが嵯峨上皇の怒りに触れ、隠岐国に流される。その道中、篁は、

わたの原　八十島かけて漕ぎ出でぬと　人にはつげよ海人の釣舟

という歌を詠じた。承和七年（八四〇）、京に召還され、翌年、本位に復し、承和十四年、参議に昇進、仁寿二年（八五二）、左大弁となるが、同年、病を得て没するのである。『文徳実録』では「当時文章天下無双」、『三代実録』では「詩家ノ宗匠」と称される。篁の孫である小野道風は、和様書道の創始者として喧伝されている。

空海大阿闍梨が、小野篁の眼にどう映っていたかは分からない。しかし、後年、「文章天下無双」「詩家ノ宗匠」と言われるほどの篁の心の中には、空海の鮮烈な印象が焼き付けられていたのではないだろうか。

帝に梵字並びに「不空三蔵の影の讃」等を献ずる

四月の中旬から始まった夏安居で、空海は、弟子たちを総動員して、密蔵経論の書写を命じた。

それは、一つの経論に対して何点も書写するという大がかりなものであった。空海は、いよいよ密蔵宣布の準備にとりかかったのである。諸国の寺々に密蔵経論を配り、真言門の存在を宣布するための下準備であった。

閏《うるう》七月の八日、内舎人《うどねり》の布勢海《ふせのあま》がやってきた。弘仁寺開山のことをお聞きになった嵯峨帝は、帝自ら賜わった寺号を持つ寺に、空海が開山となったことを嘉《よみ》される御勅《みことのり》を口伝えてきたのであった。

空海は深く感謝するとともに、この機会に、帝のお目を真言門に向けられるような手立てを考えた。帝は書に大変興味があらせられる。それならば、真言の書体である梵字を、まずはお目にかけるべきであろう……と。それに合わせて、帝が楽しまれるよう、唐《から》の文字の古書体である篆《てん》書《しょ》や隷書《れいしょ》の類い、南朝梁《りょう》の武帝の草書評や王右軍の蘭亭《らんてい》碑なども添えて……さらに真言第六祖不空三蔵の影《えい》（肖像）につけられた讃……これには「天子の灌頂阿闍梨」という印象的な語句が入っている……も加えて、と考えたのであった。

こうして、『梵字悉曇《しったん》字母並びに釈義』一巻、「古今文字の讃」三巻、『古今篆隷《てんれい》の文体《ぶんてい》』一巻、「梁武帝の草書評」一巻、「王右軍の蘭亭の碑」一巻、「曇一《どんいち》律師の碑銘」一巻（草書）、「大広智（不空）三蔵の影の讃」一巻を、布勢海に託し、中務省画工司《えだくみのつかさ》で繕い表装した上で献上することにした。

これらに添えた上表文で、まず、「天皇の政道が天に感応するときは不可思議な文字が出現し、天皇の徳風が地を動かすときは霊妙な文字が世に興る」と書き出し、その「不可思議な文字」こそ、梵字であり、この梵字をご覧になれば、梵字を創った梵天の守護があり、「霊妙な文字」こそ、篆隷の古書体で、これらをご覧になることによって、唐で初めて文字を作ったとされる神人蒼頡《そうけつ》がお身を護ってくださるだろう……と記したのであった。

中璟法師の罪の許しを乞う上表文

閏七月の半ばすぎ、元興寺の護命法師から書状が届いた。彼は五月に少僧都に任ぜられたばかりであった。その書状によれば、護命の弟子で、法相唯識学の逸材中璟《ちゅうけい》なる者が、一時の魔にとりつかれ、宮廷に仕える女人に艶書を送り、その女人と通じてしまったというのであった。中璟は師の護命に懺悔して、今では厳しい修行に明け暮れているという。中璟の罪は川掘りの懲役にも当たる重いものであるが、その才は惜しむべきものがあり、痛々しい懺悔の様子は見るに忍びがたく、海阿闍梨のお力をもってして、罪の許しをお上に願ってもらえないか、という趣旨のものであった。

空海は、さて、と考えた。不邪淫戒は十善戒の一つである。そもそも邪淫とは、妻または夫でない者と淫事を行なうことである。しかし、妻とか夫とは方の内のきまりごとではないか。世間では男が妻以外の女の許にひそかに通うことが、むしろ当たり前に思われている。男と女が通ずるのは、無上の喜びを得るためではないか。中環《ちゅうけい》の場合、女人の方にも情があったと思われる。

女犯《にょぼん》という言い方があるが、相思相愛の男女が睦み合うのに、そのような言い方は当たらないではないか。お互いの魂が通い合うのを魂合《たまあい》と言うが、これがどうして邪淫と言えようか。ただ、男女の交わりは、執着という迷いの闇に彷徨しやすい。釈尊も「執着を去れ」と言われた。男女の交わりにおける執着はまことに断ちがたいものがある。密蔵経典の重要なものの一つに『理趣経』がある。最澄禅師が借覧を求められた『釈理趣経』は、この経について不空三蔵が注釈されたものであった。

この経典には、世間におけるすべての欲望は、清浄であると書かれ、「男女の交わりの完全な恍惚境は実に菩薩の境地である」と世尊は説いている。そのような大楽《だいらく》の境地には、中環がいかに法相唯識学に精通していようとも、及ばないであろう。とすれば、彼の修行にとって、不邪淫戒は厳守しなければならない戒律である……しかし、中環はすでに深く悔い改めているようだ……と。

空海は筆を執った。まず、古代の聖賢の書にも「責めを宥《ゆる》す」という言葉があることから書き起こし、中環の罪は、その身を亡ぼし、仏法を汚すものではあるが、大樹《だいじゅ》仙人のような呪力の達人も美女に迷い、釈尊の弟子阿難《あなん》尊者も女人に悩まされた故事を引き、さらには昔の帝王たちが罪を許した例を挙げて、どうか観世音菩薩の慈悲の心を起こされるよう、と記して、中環の罪が赦されることを請う上表文をしたためたのであった。

39　勝道上人、補陀落山に上るの碑文

勝道上人

弘仁五年（八一四）八月の下旬、思いがけない人物が空海に面会を求めてきた。下野《しもつけ》国の国学の博士（国の子弟に学問を教授する官）として赴任し、任期を終えて帰京したばかりの、伊予部連家《いよべのむらじやか》継《つぐ》であった。家継は、伊予部連家守《やかもり》の子で、空海がまだ真魚であって、阿刀大足の邸から家守の許に通い、春秋二伝の私的講義を受けていた頃、家守の邸で見知った少年であった。家継は、「父家守は、去る延暦十九年（八〇〇）十月十五日に亡くなりましたが、あの魚公《おぎみ》（真魚）が阿闍梨さまであるとは……」と絶句して、空海をまじまじと見つめるのであった。「よくぞ、立派に父公の跡を継がれましたな」と、空海も懐かしい想いにふけった。

家継がわざわざ高雄山寺まで足を運んだのは、下野国都賀郡《つがのこおり》華厳寺の勝道《しょうどう》という人物からの頼まれ事を果たすためであった。

勝道法師は、下野国芳賀《はが》の出身で、俗姓は若田氏である。十五、六歳で沙弥となり、二十歳で具足戒を受け、天台の法門に学んだが、それにあきたらず、世間の喧騒を嫌って、林泉の清らか

さを慕った。ところで、下野国には補陀落山《ふだらくせん》（日光山）と称される名山があり、その蒼い峰は銀河をつきさし、白峰は碧空を衝くようで、古来、誰も登った者がいないという。勝道法師は、釈尊の山中修行を想い起こし、勇を奮って補陀落山登攀に挑んだ。

称徳女帝の天平神護三年（七六七）四月上旬、法師は登頂を試みたが、雪深く崖はけわしく、雲と霧にとざされ、雷鳴に迷わされ、頂きに達することができなかった。中腹に二十一日止まって下山した。次いで桓武帝の天応元年（七八一）四月上旬に再度試みたが失敗した。その翌年の三月半ば、命を捨てる覚悟で試み、お経と仏の絵姿を背負ってついに山頂に辿り着いた。延暦三年（七八四）には、山上の湖南のほとりに、伽藍を建てて神宮寺と名づけ、四年居住して修行した。延暦七年四月には、湖の北岸に移住して修行に励んだ。

このことが桓武帝のお耳に達し、法師を上野国《こうづけのくに》の講師《こうじ》に任ぜられた。その後、下野国都賀郡城山《しきのやま》に華厳寺を創建した。平城帝の大同二年（八〇七）、国に旱害が起こったため、国司は勝道法師に命じて雨を祈願させた。法師が、補陀落山に登って祈雨をしたところ、たちまち甘雨が澎湃として降り注ぎ、百穀が豊かにみのったという。

ところで、下野国国学の博士となって赴任した伊予部家継は、やがて、勝道法師と知己の仲となった。法師は、補陀落山という勝境の地についての記述がないのを嘆き、それを家継に求めたのであったが、家継は、己れの浅学非才を盾に断りつづけた。

弘仁三年（八一二）、下野守《しもつけのかみ》藤原道継《みちつぐ》、下野介《すけ》安倍豊柄《とよえ》が新たに赴任してきた。この両者に家継が同道して華厳寺の勝道法師と懇談した折、法師は道継らに対して、補陀落山《ふだらくせん》についての碑文を書ける人物が都にはいないだろうかと尋ねた。道継と豊柄は、「先頃、大唐より新しい仏法をもたらした空海阿闍梨という人物は、文筆の才がずば抜けているという噂であり、お上の御覚《おんおぼ》えも大変なものだそうだ」と語った。「空海阿闍梨の文筆の力は、大唐の高官の心さえ動かしたとのことだ」とも語った。空海の才能については、官人の間に広く知れ渡っていたのだ。こうして、勝道法師の願いは、任期を終えて帰京する伊予部家継に託されたのであった。

碑文を作る

「貧道には、道公（勝道）や下野補陀落山についての知見がない」と、空海は固辞したのであったが、家継《やかつぐ》は、必死になって、勝道法師の清らかな人柄や事績、さらには法師を通じて知らされた補陀落山の荘厳な景観や山上の湖のこと、神宮寺のことなどについて熱っぽく語り続けた。それを聞きながら、空海は、かつて吉野から高野《たかの》への道なき道をたどった雪中行のことを想い出していた、高野の地か……と。

「伊公（家継）の父公には恩義がある」と空海は言い、家継の熱い語りを聞きながら、次第にでき上がってくる文章の全体像を組み立てながら、山は須弥山《しゅみせん》に、湖は蓮華蔵《れんげぞう》世界に喩えればよかろう……と、早くも空海の頭脳は旋火輪《せんがりん》となって燃えていた。

須弥山や鷲峰山《じゅぶせん》は仏・菩薩や神仙が住む所、阿耨達池《あのくだっち》は竜王の棲む所、どうしてそのような所を住む場所とするのであろうか。

夫《そ》れ、境《きょう》は心《しん》に随《したが》って変ず。心垢《しんけが》るれば境濁《きょうにご》る。心は境を逐《お》って移る。境閑《しずか》なるときは心朗《ほが》らかなり。心境《しんきょう》冥会《みょうえ》して道徳玄《はるか》に存す。

心と境とが一体化できる清浄な場所だからである。心境冥会すれば、森羅万象の根源である絶対的実在の奥深いはたらきがある。だから、釈尊も佉羅提耶山《きゃらだいやせん》に住して、衆生を利益《りやく》し、見そなわされたのではないか。さとりを目指して修行する者が山に踏み入るのもそのためなのだ。文殊菩薩にお会いしようと山に登るのもそのためなのだ。

沙門勝道も、悟りを求めて下野補陀落山に登ろうとした。登攀は二度失敗した。三度目、山に踏み入る直前、山麓で入山の儀式を行なった。これは修行者が入山する際には誰もが必ず行なう儀式である。およそ名山には、不可思議な霊力を持つ神霊が棲み、狼や熊、蛇など山の精霊、魑《ち》魅魍魎《みもうりょう》の類いが人を迷わせ、あるいは死に至らしむることもある。仏道の修行者ならば、まず下《した》袴《ばかま》を引き裂いて足をつつみ、写経をし、仏のお姿を画き、山麓にて経を唱え、仏を拝して七日七

夜、かたく誓いを発し、

若使《もし》神明にして知《ち》有らば、願わくば我が心を察せよ。我が図写するところの経及び像等、当《まさ》に山頂に至りて神の為《ため》に供養し、以《もっ》て神威を崇《たか》め、群生《ぐんじょう》の福を饒《ゆたか》にすべし。仰ぎ願わくば善《ぜん》神威《しんい》を加え、毒龍《どくりょう》霧を巻き、山魅前導《さんびぜんどう》して我が願を助け果《はた》せ。我若《も》し山頂に到らざれば、亦菩提《またぼだい》に至らじ。

と願をかけねばならない。勝道法師は、山頂に至らざれば命を捨てる覚悟であった。こうして山に入った法師は、二夜を経て山頂に立つことができた。

恍恍惚惚《こうこうこつこつ》として夢に似たり、悟《さ》めたるに似たり。

これは、かつて、空海が高野《たかの》の地に立ったときの感慨でもあった。

「山の状《かたち》は……」と、勝道法師は伊予部家継《やかつぐ》の口を借りて語る。東西は龍が臥《ふ》しているかのごとく、南北は虎が蹲《うずくま》るようである。住むには興趣があり、あたかも妙高山（須弥山）の頂上に居るようだ。北方を眺めれば東西に狭く南北に長い湖が、また西方をふり返ると小さな湖がある。

西南方に目をやれば大きな湖がある。東西は広くないが、南北に長く伸びている。四面の高い嶺々はその影を水中に逆さに写し、種々の草木や石が自ずから具わり、白銀の雪が地に敷きつめられている。

池鏡《ちけい》私《わたくし》無《な》く、万色《ばんしょく》誰か逃れん。山水相映じて、乍《たちま》ち絶腸《ぜっちょう》を看《み》る。

と空海は詠じた。法師は眺めたたずみ、まだ見飽きないうちに、風と雪に追い立てられ、南湖の西南の隅に小さな庵を結び、礼拝懺悔して二十一日間留まり、願も遂げたのでもとのすまいに帰った。

延暦三年（七八四）三月下旬、あらためて二、三人の者を伴って登り、五日かけてかの南湖の辺《ほとり》に至る。四月下旬に、長さ二丈、広さ三尺の小舟を造り、湖に棹《さお》さして遊覧した。……西湖にも北湖にも遊んだが、その美しさは南湖には及ばない。

其《そ》の南湖は碧水澄鏡《へきすいちょうけい》にして、深きこと測《はか》るべからず。千年の松柏《しょうはく》、水に臨みて緑蓋《りょくがい》を傾《かたぶ》け、百囲《ひゃくい》の檜杉《かいさん》、巌《いわお》に竦《そば》ちて紺楼《こんろう》を構《かま》える。……霧の帳《ちょう》、雲の幕、時時《ときどき》難陀《なんだ》（竜王）が霹歴《へきれき》する。星の燈《ともしび》、雷《いなびかり》の炬《ともしび》、数数《しばしば》普香《ふこう》（明星太子）が把《と》り束《つか》ねたり。池中の円月を見ては、普賢《ふげん》（菩薩）

の鏡智《きょうち》を知り、空裡《くうり》の慧日《えにち》を仰ぎては遍智《へんち》の我に在ることを覚《さと》る。

この景勝の地に、いささか伽藍を建て、神宮寺と名づけ、ここに居住し修行しつつ四年を経過した。

華蔵《けぞう》を心海《しんかい》に観じ、実相《じっそう》を眉山《みせん》（須弥山）に念ず。蘊蘿《うんら》に寒を遮《さえぎ》り、蔭葉《いんよう》に暑を避く。菜《さい》を喫《くら》い水を喫うも楽しみ中《うち》に在り。……

さらに空海は、法師が上野国講師《こうじ》に任ぜられたこと、華厳寺創建のこと、また祈雨に成功したことなどを記して序文を作り上げた。その上で、四字句の韻文を作り、碑銘としたのであった。それは天地創造から始まり、あの世とこの世が分け隔てられ、世俗の世界は生成消滅を繰り返すが、真理は人の道を先導することを詠じ、神仙の住む雪の嶺に沙門勝道が仏果を慕って観音に帰依し、釈尊を礼拝して修行のために登り……山水に抱かれて遊び、

……

一覧　憂《うれ》いを消し

……

天上にも寧《なん》ぞ儔《とも》あらん
人間《じんかん》比《たぐい》莫《な》し
百煩《ももののわずらい》自《おのずか》ら休《きゅう》す

と詠いあげたのであった。かくして、「沙門勝道山水を歴《へ》て玄珠《げんじゅ》を瑩《みが》くの碑　并《なら》びに序　沙門遍照金剛文并びに書」が仕上がった。弘仁五年（八一四）八月三十日のことであった。ここに「玄珠」とは、さとりを求める心を喩《たと》えたものである。

40　渤海国使節大使王孝廉

渤海国使節

十二月の下旬、雪の中を訪れたのは、式部少輔小野岑守《みねもり》であった。来朝した渤海国の使節に下賜すべき位階をどのようにすべきか、空海に参考意見を聞きに来たのであった。岑守の話によれば、渤海使は、渤海国南海府の吐号《とごう》浦を出航、大宰府に向かうため、対馬の竹室《たけむろ》の津を目指したのであるが、風に流され、九月三十日、出雲国の港に辿りついた。朝廷は使者を発して渤海使を慰留させ、出雲国に給養させてあった。それが十二月の中旬、京に入り、客館（鴻臚館《こうろかん》）に落ち着いたばかりという。来年の節会《せちえ》（一月七日）の日には、彼らに位階を授けねばならないのだが、海阿闍梨は大唐の制にも詳しいことであろうからと、意見を求めてきたのであった。

渤海国は、高句麗の故地に、大祚栄《だいそえい》によって建国された。唐の聖暦三年（七〇〇）のことで、はじめ震国と称した。唐睿宗《えいそう》が渤海郡王忽汗州都督の称号を与えたことにより、国号を渤海国とした。国民は高句麗人と靺鞨《まつかつ》人（ツングース系）とからなり、漢字を使用し、しだいに唐制を用いるようになった。仏教信仰も盛んで、要地に五京を設け、上京竜泉府に王都があった。都城は長安を模しているが、宮殿には、オンドル（暖房）の設備が施されていた。

第二代大武芸のとき、渤海国の北にいた黒水靺鞨が、唐と通交を始めたため、双方から挟撃されることを恐れ、また南方の新羅との間にも緊張があったため、日本との連携を求めて、聖武帝の神亀四年（七二七）、初めて使節を送った。それ以来、たびたび渤海使が日本を訪れるようになった。

唐や新羅との関係が緩やかになるにつれて、日本との通交は交易が主体となってきた。それにつれて、唐への日本の留学僧や唐からの情報が渤海国を中継地とするようになった。永忠《ようちゅう》法師が在唐の折、その書状が、延暦十五年（七九六）四月、渤海使によって日本にもたらされ、その使節が帰国する際に、太政官の書が託され、砂金三百両を永忠法師に届けるよう依頼したのが、その一例である。

空海は、己れのような一介の僧侶が国の政《まつりごと》に口をはさむことはすべきではなく、また許されることではないと言いながらも、授けるべき位階は、相手の国の地位に応じて、先例にしたがって定めるべきではあろう……と述べた。さらに、自らも加わった前遣唐使一行が、大唐の朝廷から賜わった大使以下の官爵の辞令書があるはずであるから、それを参考にされるのもよろしかろうと、助言した。また、大唐での官位は、一品《ぼん》から九品まであり、それぞれに正と従があり、たとえば正五品、従五品などとされ、四品以下はさらに上下の別があり、たとえば、正五品上、正五品下といった形をとり、全部で三十六の階級に分けられているなどと、知る限りのことは説明した。

その上で、かつて、在唐の折、福州観察使に対して大使の代筆で書いた啓では、当時の大使藤公（葛野麻呂）は、日本では従四位であったのだが、正三品と記して、大唐の親王と同等の位階で藤公の地位の高さを強調したものです……と語ってカラカラ笑った。

その後は、空海が弘仁寺に遣わしてあった弟子の様子などの話に移り、やがて、岑守は、大変参考になりましたと礼を述べながら、帰って行った。

渤海国大使王孝廉

明けて弘仁六年（八一五）正月一日、嵯峨帝は、大極殿に出御され、群臣から朝賀を受けられた。渤海国の使節も大使王孝廉《おうこうれん》、副使高景秀《こうけいしゅう》らが列席した。その後、前殿で宴が催され、御衾《みふすま》が下賜された。三日、渤海使は、渤海国王大言義《だいげんぎ》の啓を奏上し、国の特産物である貂《てん》や虎、羆《ひぐま》の毛皮、薬用人参、蜂蜜を献上し、それぞれの地位に応じて禄を賜った。

その際、大使王孝廉に対して、次のような疑義が発せられた。すなわち、弘仁元年に来朝した高南容《こうなんよう》に託された啓には、「南容は再び小船に乗って大海を渡りますので、伏して、朝廷が使人を差し向け、南容を送り届けることを要望します」とあったため、その要請を許可し、林東仁《りんとうじん》（林宿禰東人《はやしのすくねあずまひと》）を使人として二艘の船を手配して送らせた。しかし、東仁は帰国に際して、渤海王の啓を持ち帰らなかったから、その理由を聞いてみると、「渤海国が差し出した書は、旧例に反して啓を状と改めていたので、出航の日に棄てて受領しませんでした」と語った。渤海国と日本との修好は長期にわたっており、国書のやりとりには決まりがあり、それに背くのは傲《おご》りを増すというものではないかというのである。

これに対して王孝廉は、「世が移り、国王も定王大元喩から僖《き》王《おう》大言義に替わり、以前の事が判らなくなっていたのです。今回の啓は慣例に反していません。しかし、東仁に託された先の啓が慣例に従っていないとすれば、過ちは渤海側にあり、それに関して謝していない罪については、朝廷のお裁きに従う所存であります」と答えた。この王孝廉の堂々とした潔い答弁に、並み居る群臣は感動した。結局、過去の事は咎《とが》めだてしないことになったのである。

一月七日の節会《せちえ》の日、嵯峨帝は豊楽《ぶらく》院に出御され、五位以上の者および渤海使たちと宴を催され、女楽《じょがく》が奏された。この時、列席者たちに位階が授けられた。渤海使の場合、大使王孝廉に従三位、副使高景秀に正四位下、判官の高英善と王昇基には正五位下、録事の釈仁貞と烏賢偲《うけんし》および訳語《やくご》（通訳）の李俊雄には従五位下が授けられ、身分に応じて禄を下賜されたのであった。

如宝大徳の入滅

この日、大和旧都の唐招提寺では、少僧都如宝大徳が入寂された。七十余歳であった。人々からは、戒律を固く守り、破ることがなく、法語を唱えて願の成就を祈る呪願にかけては天下の誰よりも優れており、器量が大きく、大唐出身の趣きがあり、当代の仏教界の師僧たるにふさわしい僧であったと評されていた。その悲しい報せは、ただちに空海の許に届いた。

招提《しょうだい》の法統律将《ほうとうりっしょう》、体《たい》 浮花《ふか》の世に潔《いさぎよ》く、心《こころ》 濁濫《じょくらん》の時に清《す》めり

と呟きながら、空海は、かの緑眼紫髯《りょくがんしぜん》の相貌を想い浮かべながら、落涙するのであった。如宝大

徳との交情は、空海にとって誠に深いものがあったのだ。

小野岑守、陸奥守となる

十日、朝廷では任官が行なわれたのであるが、式部少輔小野岑守《みねもり》は、陸奥守に任ぜられた。岑守は文武双方に秀でていたから、陸奥国の国司に選任されたのであった。

そもそも、陸奥国では、宝亀五年（七七四）の蝦夷《えみし》の反乱と桃生城《もものうのき》への進攻以来、朝廷は、蝦夷征討に苦しんできた。桓武帝のとき、故坂上田村麻呂公が、蝦夷の居住地奥深く攻め入り、あらかた平らげたのであったが、山谷に逃げ隠れた者たちがおり、全滅させることはできなかった。

嵯峨帝の御代となり、弘仁二年（八一一）、陸奥国の国府（多賀城）からは遠い、爾薩体村《にさちて》（岩手県二戸市から青森県南部一帯）の伊加古《いかこ》が兵衆を訓練し、都母村《つも》（青森県上北郡内）に依り、幣伊村《へい》（岩手県上閉伊郡・下閉伊郡）の蝦夷を誘って侵犯を企てていた。朝廷は、文室綿麻呂《ふんやのわたまろ》を征夷大将軍に任じ、六月に征討を開始、ついに蝦夷を全滅させ、辺境の守りを固めた上で、防衛態勢を解除した。帰順した蝦夷は内国の各地に移住させ、その公民化が推進された。したがって、弘仁六年正月という時点では、陸奥国は比較的平穏ではあるのだが、いつ不測の事態が生ずるかもしれず、治めるのが難しい国であることには変わりはなかった。

小野岑守《みねもり》が近く陸奥国に赴任するという報せは、岑守の使者を通じて、ただちに高雄山寺にも

たらされた。空海は、早速書状をしたため、「貧道と君と遠く相知れり。山河雲水何ぞ能《よ》く阻《へだ》てん」と記し、

……戦《せん》せず、征《せい》せず……今見る。野公《やこう》が略《はかり》ごと疋《ともがら》無きことを……愁《うれ》うること莫《なか》れ、久しく風塵《ふうじん》の裏《うち》に住《とどま》ることを。聖主《せいしゅ》は必ず万戸《ばんこ》の秩《ちっ》を封《ほう》ぜん。

と餞別の歌を贈った。岑守は、子の篁《たかむら》を伴って赴任して行った。

王孝廉死す

一月十六日、嵯峨帝は豊楽院に出御され、五位以上の者および渤海使と宴《うたげ》を催された。踏歌が奏され、身分に応じて禄を下賜された。この宴たけなわのころ、中納言藤原葛野麻呂は、渤海の訳語《おさ》李俊雄を通じて、大使王孝廉と親しく話すことができた。かつて遣唐大使として長安宣陽坊の官宅に在った折、渤海国王子の使者として訪れた王孝廉と対面したことがあったのだ。

王は、「あの時、われわれの訳語をしてくれた僧は、なかなか学識のある御仁でしたが、二十年の留学とのことでありましたから、今でも大唐にて勉学に励んでおられるでしょうな」と懐かしげに問うた。葛野麻呂《かどのまろ》は、「おお、空海阿闍梨のことですな。海公は、青龍寺の恵果大阿闍梨

に師事し、わずか二年で伝法阿闍梨位となり、すでに日本に帰国して真言門という新しい法門を開いております。今では京の西北高雄山寺に止住しておりますぞ」と答えると、王はしばらく絶句して、やがて満面に笑みを湛えながら、「そう、あの御坊なら、それほどのことはやってのけられるでしょう……懐かしい、ぜひお会いしたいものだ」と溜息をついた。葛野麻呂は、嵯峨帝が空海を書の師と自認されていることや、空海の名声が朝廷はおろか、京の都や大和旧都に知れわたっていることなども語った。

翌日、客館の一室で、王孝廉は、葛野麻呂をはじめとして、知己となった何人かの高官宛の書状をしたため、さらに空海宛の書状には、新たに作った詩を添えて贈ることにした。それを誰かに託そうかと考えていたとき、空海の近士三上部信満《みかみべののぶみつ》が客館を訪れてきた。信満は、渤海使一行がどのような位階を授けられたのか知るために遣わされたのであった。しかし、王孝廉は、位階については具体的に語らず、ただ、「国家の寵遇《ちょうぐう》は恒品《こうひん》（通常の位）の百倍するほど」とだけ語った。さらに、今回は帰国を急ぐゆえにお会いできないが、次の機会にはぜひお会いしたいとも語った。信満は、王のために、その書状を高官たちに届ける役目を引きうけ、高雄山寺に帰山するのが遅かった。そのために、空海が王孝廉宛の書状をしたためたのは、十九日であった。

渤海使一行は、二十日、朝集堂で饗応を受け、嵯峨帝から渤海国王宛の啓を賜わり、さらに、絁《あしぎぬ》、絹、絹糸、真綿を大量に賜わった。使節個人たちにも地位に応じて禄を賜わった。一月二十二日、渤海使は京を出て、帰国の途についた。

出雲国の港から出航したのは、五月中旬であったが、五月十八日、海上で逆風に遇い、漂流して船の楫《かじ》が裂折、越前国の海岸に辿りついた。その報せに朝廷は五月二十三日、越前国に大型の船を選定させ、それに乗船させるように命じた。しかし、大使従三位王孝廉は、不幸にも瘡《そう》を病んで六月十四日死去してしまった。嵯峨帝は、それを哀れんで正三位を贈り、渤海国王への信物と使人たちに禄を賜わった。先に賜給したものが湿損したからであった。

王孝廉の死を聞いた空海は、

一面の新交聴くに忍びず　況《いわ》んや郷国故園の情

一度お会いしただけの浅い交わりのわたしでさえ、あなたの訃報を聴くに忍びないのに、ましてや故郷の親縁者の心のうちはいかばかりであろうか、と悼《いた》んだのであった。

41　真言法門宣揚

「勧縁疏」

弘仁六年（八一五）三月、空海は、真言法門宣布の機が熟してきたことを悟った。そもそも真言門は、その本質において、師資相承を軸とするもので、師と弟子との濃密な感応があってはじめて真実伝授が可能であるのだが、衆生救済という方面から見れば、それは多くの人々と縁を結び、それら縁ある人々に真の信心を確立させることでなければならなかった。それでは、どのようにして縁を結ぶか。人々がこの高雄山寺にやって来るのを待つだけでよいのか。確かに弟子たちも増えてきたし、やがてそれらの弟子たちも世間に散って人々の中に入って往くであろう。しかし、それ以前に、弟子たちや人々は、この真言門が、世間に流布している仏の教説とどう違うかをはっきり認識しておくべきではないか。そのような認識を踏まえ、真言法の経論を書写することこそ、多くの人々と縁を結ぶべきではないのか。とはいえ、世間では、真言門の存在すら知らない者がほとんどである。まずは、秘密蔵の法の書写、これこそ優先すべきであろう。諸国の国衙や諸寺にこれらの経論を置くことが、先決だ……と。

讃岐国や伊予国は、空海が蒔いた種が芽を出し、確実に育っている。二年前には、善通寺の金堂や大塔、講堂が完成している。時折、弟子を派遣して教線の維持と拡大を図ってきた。善通寺や曼荼羅寺との往来も頻繁になってきたし、讃岐守や介《すけ》として赴任した官人も任期終えて都に帰ると、必ず高雄山寺に足しげく通うようになった。田租を納める諸郡家《ぐうけ》の者たちも必ず寺を訪れ、相応の恵施をして帰る……空海は、ふと、陸奥国へ赴任した小野岑守《みねもり》のことや、勝道上人のことを思った。

東国への真言法宣布……のみならず、西国にも……否、大和旧都の官大寺などにも経論を置くべきだ……まずは、書写によって縁を結ばねば……と考えた。

書写を求める経論はどれを選ぶか……胎蔵法を説く善無畏三蔵訳の『大日経』七巻、それについて三蔵が講説されて一行《いちぎょう》禅師が記録された『大日経疏《しょ》』二十巻。金剛界を説く不空三蔵訳『金剛頂大教王経』三巻、金剛智三蔵訳『略出念誦経』四巻。これに加えて即身成仏を明記する不空三蔵訳『金剛頂発菩提心論《ほつぼだいしんろん》』一巻、合わせて三十五巻を、ひとまず、諸国の国司や著名な高僧、あるいは知人に書写を請うことにしたのであった。

空海は、まず、東国の地の主だった人々に密蔵経論書写を求める書状を書きだした。下野国都賀郡《つがのこおり》大慈寺の広智禅師や、補陀落山《ふだらくせん》碑文を依頼された勝道上人、陸奥国会津恵日《えにち》寺の徳一《とくいつ》法師など、名だたる高僧に、さらには、甲斐国国司で年来の知己たる藤原真川《まかわ》、常陸国国司の藤原福《ふ》当麻呂《たぎまろ》など……しかし、書写を願うだけでは真言門の立ち位置が明確になるとは限らない。ただ単に従来の教説と同じようにとられては、真言法宣布の意義がうすれてしまう。これはぜひ、真言法宣布の意義を明確にした疏《しょ》（意義書）を添えねばならないと考えた。かくして、四月二日、「諸《もろもろ》の有縁《うえん》の衆《しゅ》を勧《すす》め奉《たてまつ》って秘密の法蔵合わせて三十五巻を写し奉るべし」で始まる「勧縁疏《かんえんしょ》」が書き上げられた。

勧縁疏の中で空海は、華厳、天台、三論、法相など世間にすでに流布している従来の教説を顕《けん》教《ぎょう》と名づけ、それに対比するために、わが密蔵を密教と表現した。顕教とは、修行する立場から説かれた教えであって、かくかく修行すれば、必ずさとりの境地に至ると、世間の言葉を使って説くのであるが、さとりの境地そのものは説かれていない。しかも、そのさとりへの道程は、ほとんど無限といってもいいほど、長い時間がかかる。

しかし、密教は、法身大日如来が具体的に真理の言葉によって、さとりの境地そのものを説かれた教えであって、その教え通りに修行するならば、父母所生の肉身のまま成仏できる。この教えは、大日如来以来、師資相伝して弟六代不空三蔵に至り、三蔵の付法の弟子たる大唐青龍寺の恵果阿闍梨から、わたしが受学した秘密神通《じんづう》最上の教えである。わたしは、阿闍梨に、この教えを広く宣布することを誓った。帰朝後、多年経過したが時機至らず、広く流布できないままである。そこで、教法流布のため、弟子の康守《こうしゅ》・安行《あんぎょう》らを各地に発遣させることにした。もし、わたしの志と同じくする者があれば、この密教の法門に縁を結んで書写し、読誦《どくじゅ》し、教えの通り修行するならば、速やかに成仏するであろう。あえて有縁の方々の助勢を煩わすしだいであると書き記し、「謹んで疏《もう》す」としめくくった。

かくして、三十五巻の経論とその目録、および勧縁疏《かんえんしょ》に、それぞれの宛先の書状を携え、康守法師と沙弥の安行たちは東国に向けて出立した。西国へは大宰府を中心として、紙や筆の恵施を願うことも兼ねて、沙弥の真栄たちを遣わした。

康守たちは、下野、常陸、陸奥などの名高い僧の許へ、安行たちは甲斐の国司らの許へ向かった。たとえば、陸奥国恵日寺の徳一法師に宛てた空海の書状は次のようなものであった。

　摩騰《まとう》遊ばずんば振旦《しんたん》久しく聾《ろう》し、康会《こうえ》至らずんば呉人長く瞽《めしい》ならん。聞道《きくならく》、徳一菩薩は戒珠《しゅ》氷玉のごとく、智海泓澄《こうちょう》たり。斗藪《とそう》して京を離れ、錫《しゃく》を振って東に往く。始めて法幢《ほうとう》を建てて衆生の耳目を開示し、大いに法螺《ほら》を吹いて万類の仏種を発揮す。咨《ああ》、伽梵《がぼん》の慈月《じげつ》、水あれば影現《ようげん》す。薩埵《さった》の同事《どうじ》いずれの趣《ところ》にか到らざらん。珍重《ちんちょう》、珍重。

　空海、大唐に入って学習するところの秘蔵の法門、その本、未だ多からずして広く流伝すること能《あた》わず。衆縁の力に乗じて書写し、弘揚せんと思欲《おも》う。所以《かるがゆえ》に、弟子康守を差して、かの境に馳せ向かわしむ。伏して乞う、かの弘道を顧《かえり》みて、助けて少願遂《と》げしめなば、幸甚《こうじん》、幸甚。委曲は別に載《しる》す。嗟《ああ》、雲樹長遠なり、誰か企望《きぼう》に堪えん。時に風雲によって金玉《きんぎょく》を恵み及ばされよ。謹んで奉状《ぶじょう》す。不宣。

摩騰《まとう》は、後漢の永平七年（六三）に明帝の要請に応じて中印度から仏教をもたらし、康居国の康僧会は、呉国の赤烏十年（二四七）に仏教を呉国に流伝した。そのように、徳一菩薩は、東国の教化に尽くされたと称えたのである。徳一《とくいつ》法師は、はじめ興福寺の修円律師に法相を学び、のちに東大寺にも住したが、都の塵垢《じんく》華美を嫌い、陸奥国へ移り住んだのであった。

また、甲斐守藤原真川への書状では、年来の知己でもあったところから、

久しく音札《おんさつ》を承《う》けず、馳仰《ちこう》の惟《おも》い積《つ》む。季春《きしゅん》甚だ暄《あたたか》なり。伏して惟《おもん》みれば動止《どうし》如何に。空海、大唐より将来するところの法門は、その本いまだ多く写し得ざるによって、衆の為に講読すること能わず。年月徒《いたずら》に邁《す》ぎたり。風燭《ふうしょく》の奄《たちま》ちに及ばんことを恐る。衆縁の功を仮《か》りて金剛一乗を流布せんと思欲《おも》う。これを以て求寂《ぐじゃく》安行を差して、かの国に発《た》ち向かわしむ。冀《こいねが》わくは一言の風勧《ふうかん》に乗じて、秘蔵の教を写さんことを。云々。

このような書状とともに、真言法の経論を、東国や西国の名高い僧や、国司・知人の許へ送り、書写を乞うた。この活動は、四月、五月……と続き、大和大寺の護命少僧都、勤操律師、修円律

師たちにも向けられていった。

その反応はしだいに現実のものとなってきた。たとえば、上野国緑野郡《みどののこおり》浄土院の教興法師には五月に書写を勧進したのであるが、六月十八日には書写されて空海の許へ届けられた。また、夏に依頼した大宰府の安倍少弐《あべのしょうに》からも届けられ、空海は九月三日に礼状をしたためた……「小師真栄《しんえい》帰るに書を枉《ま》げられ、兼ねて秘蔵の法門を書し送らる。随喜の深きこと物において喩《たと》えがたし……」と。

書写した経論を送ってもらい、その原本は書写した者の手許に置かれるという空海の真言法門宣揚の方法は、しだいに効果を現わし、真言門の存在は、ようやく日本の各地に知られるようになってきた。

嵯峨帝、永忠法師の茶を喫す

夏四月二十二日、嵯峨帝は、皇太弟（大伴皇子）以下多数の群臣を従えて、御輿《みこし》にゆられながら、近江国滋賀の韓埼《からさき》（琵琶湖西岸）に行幸《みゆき》された。帝の一つの目的は崇福寺に寄られることでもあった。崇福寺は天智天皇が即位された年に建立されたのであるが。孝謙女帝の御代、天平勝宝八年（七五六）八月四日に、近江朝（天智朝）の書法（手本）百巻が崇福寺に施入されていたことをご存じであったからだ。それらの書法の中には、かの書聖王羲之の書も含まれていたという。施入以来六十年近い歳月の間に、散逸したものもあろうが、何がしかの名筆も残っていようと期待されたのであった。

崇福寺の山門の前には、大僧都になったばかりの永忠《ようちゅう》法師と護命少僧都が、多くの僧を率いて奉迎した。帝は、御輿を降りられ、永忠、護命両名の先導で金堂に上られ、ご本尊に敬礼された後、寺僧が恭しく持ちきたった書法類を検分された。隋や初唐の格調の高い書体のもので占められていたが、王羲之の筆跡は見当たらなかった。聖武帝の時代に抜かれたのかもしれなかった……。

次に帝が向かわれたのは、梵釈寺であった。この寺は桓武帝が天智帝を追福され、延暦五年（七八六）に建立された。大和旧都七大寺の学閥争いを憂慮され、華厳、法相、三論など六宗兼学・兼修の道場とされたのであった。寺の山門を過ぎたところで、帝は、御輿を止め、詩を作られた。皇太弟以下群臣もそれに唱和する。

梵釈寺の第四代住持である永忠法師は、手ずから団茶を煎じて帝に差し上げた。帝は、その茶の清清しい味わいを愛でられ、永忠に御衾を下賜された。法師が、唐から茶の種を請来し、寺の境内で茶の木を育てている由を申し上げると、帝は何度も頷かれた。よほど茶がお気に召されたのか、翌々月の六月八日には、畿内はおろか、近江、丹波、播磨などに茶の木を植えるようにお命じになったほどであった。

茶を愛でられた後、淡海（琵琶湖）の湖面に舟を浮かべられ、近江の国司たちは土地の歌舞を奏して、帝をお慰めしたのであった。

永忠法師、空海を励ます

四月から八月にかけての真言法門宣揚の活動は、空海にさまざまな反応をもたらしたのであったが、わけても、顕教《けんぎょう》と密教との違いについて、特に密教が法身大日如来の説法であるということについての疑義が多かった。それらの疑義は、法身仏《ほっしんぶつ》は生ぜず、過去にも未来にも生ぜず、しかも永遠に滅せず、ましてや即身成仏などあり得ようか、どの経論にもそのように書かれてあったとする牢固とした信条に支えられていた。さまざまな経論に精通している者ほど、この傾向は強かった。こうした人々の思い込みを、空海の勧縁疏《かんえんしょ》は打破できなかったのだ。

しかも書写を求めた『大日経』や『金剛頂経』は、たとえば、真言は梵音を漢字音によって綴ってあり、そうであればこそ、師から口授されねばならなかったのであり、修行法は、従来にはない全く新しいもので、論理的追求を超えた、まさに実践による体得でなければならないものであった。おそらく書写していても、何の事やらさっぱり分からない経典であったに違いない。もちろん他の経典にも出てくる語句が頻繁に出てくるのであったが、それらの語義は全く違った意味合いで用いられているように見えたであろう。

ひとまずは、密教の法門に縁を結ぶことが弟一歩なのだ……と空海はつぶやいた。空海は、永忠法師が盆釈寺で嵯峨帝に茶を供養し、それが縁となって、各地に茶の木が植えられるようになったという噂を想い起こしていた。茶もそのようにして広がってゆくのか……と、現在の真言門の在り様を踏まえて、久し振りに永忠法師に音信を発した。

それに対する九月一日付の法師の返書は次のようなものであった。

久しく顔色《がんしょく》見ず、懐《こころ》に惆悵《ちゅうちょう》す。甚だ涼し。惟《おもん》みるに、動用安和《あんな》ならん。思いを山路の絶《へだ》たりに遣《や》り、近《ちかごろ》、数言の話を遂げず。深く思詠す。閑居の山室、如何が侍誦するや。早晩《いつか》、下山して迷因を暁喩《ぎょうゆ》せよ。この際《あいだ》、雲箋《うんせん》を披《ひら》くに、先ず手書《しゅしょ》に憑《よ》る。如何が請付せん。深媿《しんき》、深媿《しんき》。望むらくは、下情《かじょう》を悉《つまびらか》にせん。不宣。老兄忠状《しる》す。

九月一日

内供奉海禅伯弟《ないぐぶかいぜんはくてい》　侍童

兄である永忠より、弟の内供奉禅師の空海へという、親しみのこもった返書であった。「早晩《いつか》、下山して迷因を暁喩《ぎょうゆ》せよ」とは、いつか山を下りて人々の迷妄をただし、教えを宣《の》べられよ、という意味であるが、これは真言法宣布に関して、書写を求めるだけでなく、山を下りて人々に面授し教えを宣布されよと力づけてくれたのである。永忠法師にも真言の法門は、書写して読誦するだけではだめであることがわかっていたのだ。師が直接教えて修行が成立つことを知っていたのだ。「この際《あいだ》、雲箋を披《ひら》くに、先ず手書《しゅしょ》に憑《よ》る」は、かつて、永忠法師が少僧都を辞する上表文を空海が代筆したことがあったが、その事を感謝しているのである。空海は、しかし、永忠法師の筆跡に力の衰えを感じていた。

（以下、下巻）

著者紹介

西宮 紘（にしのみや・こう）

1941 年生。京都大学理学部物理学科卒業。卒業後，哲学，心理学，宇宙論，進化論，分子生物学，脳生理学，真言密教等を広く渉猟する。著書に『空海——火輪の時空』（朝日出版社）『多時空論——脳・生命・宇宙』（藤原書店）ほか多数。2017 年没。

釈伝《しゃくでん》空《くう》海《かい》 上　（全二分冊）

2018年 3 月10日　初版第 1 刷発行©

著　者　西　宮　紘
発行者　藤　原　良　雄
発行所　株式会社　藤　原　書　店

〒 162-0041　東京都新宿区早稲田鶴巻町 523
電　話　03（5272）0301
FAX　03（5272）0450
振　替　00160 - 4 - 17013
info@fujiwara-shoten.co.jp

印刷・製本　中央精版印刷

落丁本・乱丁本はお取替えいたします
定価はカバーに表示してあります

Printed in Japan
ISBN978-4-86578-164-9